JN109462

紀行 忘却を恐れよ

TATENO Masahiro
立野正裕

彩流社

目次

第一部　遠野物語をめぐって

第一章　花冷えの道　吉里吉里四十八坂《きりきりしじゅうはっさか》

一　浪板海岸

　四月中旬の週末、遠野に数日帰省した。帰省する数日前から再読しかけていた小説があった。エミリー・ブロンテの『嵐が丘』である。沿岸部の吉里吉里《きりきり》と四十八坂《しじゅうはっさか》に出かけるその日の昼前には読み上げてしまうはずだったが、遅くなってしまった。時計を見るともう四時を回っていた。小説はまだ最後まで読み終わっていない。出かけるのを見合わせようかとも思ったがやはり思い直し、家を車で飛び出した。仙人道路を突っ走り、釜石から鵜住居《うのすまい》と大槌をとおって吉里吉里へ直行した。日が暮れてしまうにはまだ少し間があると思い、かねて見当をつけていた「風の電話」がある鯨山の高台に向かった。わたしの見当はあながち的はずれだったわけではないが、（あとで聞くと右に曲がるべきところをまっすぐ進んだため）行き着いた先は工事現場であった。引き返してまた探しにかかったものの、いったん見当が外れてしまったあとはもう当てずっぽうでしかなかった。吉里吉里の町の大半の家屋は山の斜面にびっしりと建て込んでいる。震災のあとはいよいよ山際から斜面にかけて家屋が建ち並び、こういう比喩は適当でないがその密集ぶりがまるでカスバを思わせるようである。行きつ戻りつ、地元の人の軽トラックと危うく衝突しそうになったり、角からふいに現われる老人を引っ掛けそうになったり、気が気ではない。

とうとう日が暮れてきた。山襞に薄闇がはびこり出している。浪板海岸のほとりまで戻ってみると、改築されたホテルの前に観光バスが三台停まっていた。道路わきの駐車場もかなり車がはいっている。だいぶ混んでいそうだ。飛び込みは無理かなと思ったがフロントに行くと、ちょうどキャンセルされたばかりの部屋があるという。ただし時間が六時半を回っているため夕食は出ないと言われる。朝食付きで一万なにがし。八千円前後かと思ったがやや高い。しかしかまわない。「風の電話」のほかにも見たいところがあってやってきたのだ。どっちみち訪ねるのは明日のことになる。そこで予約したが、部屋を見せてもらいたいとも言わなかった。フロントの青年には夕食を済ませてくるからと言っただけである。浪板海岸の向こうに四十八坂があってその手前にドライヴインがある。営業中の看板が出ていたのをいましがた見てきたばかりである。そのドライヴインもかつてなんども利用したものだったが、代も変わっているだろうし、津波後はそもそも経営者が入れ替わっているのではなかろうか。

事実、店の構えもずいぶんちがっていた。引き戸を開けてはいってゆくと、夕食どきの店内はどのテーブルもふさがっているようだった。しばらく待たされるかと思ったが、よく見ると窓際のテーブルが一つだけ空いている。メニューを眺めて磯ラーメンといくら丼のセットを注文したあとで窓の外に目をやる。夕闇はすでに海面まで立ち込めていてなにも見えない。運ばれてきた料理は食材が新鮮で、気のせいかむかしの味がするようだった。やはり経営者は変わったようだが、味のよさは変わっていないと思われた。

ホテルに戻り、部屋に案内してもらう。フロントの青年が鍵を持って先に立ち、わたしが室内にはいると設備を要領よく説明してくれる。親切そうなので部屋を辞去しかける青年にわたしは切り出した。

――じつは風の電話を訪ねたいと思ってやってきたんですがきょうは探しあてられなかった。あした出直そうと思っています。ついては略図なりと手に入れることは出来ませんか。

すると青年はすぐさまこう応じた。

――その高台は麓からも見えるのでかんたんに行けると人は考えるらしいですが、道順が分からないとなかなかたどり着けない場所です。よろしければあしたわたしの車で先導しましょう。あとからついて来てくだされればまちがうことはありませんから。

じつは略図ぐらいでは方向音痴の気味があるわたしにはそもそも十分ではなかったかもしれない。だが、思いがけず道案内に立ってくれると申し出てくれたので安心した。

持参した小説を広げ、物語もエピローグに差しかかったページを読みながら、頭に思い浮かぶ感想めいた片言を書き留める。こうして一時間あまりでしまいまで読んでしまった。この英文学屈指の傑作を読むのは何度目かになるとはいえ、さすがに読了後の興奮で目が冴えている。それでこんどはこれも持参した『遠野物語』を読み始めた。収録されたあれこれの話を読むうちに夜が更けた。時計を見るととっくに二時を回っている。わたしは横になった。国道が近いが往来する車輛も絶えている。波の音も聞こえない。浪板海岸とは打ち寄せる波音の静かさが際立っているところから名付けられた。だが、夕刻宿にはいる前に駐車場の端から眺めやると、もはやかつての明媚な風光は失われ、きれいだった砂浜は姿を消していた。代わって護岸のコンクリートが段々状に敷き詰められていた。あたかも海に向かって野外劇場がしつらえられたかのようだ。ただし舞台は太平洋の海原そのものであった。

このように浜辺はすっかりさま変わりしている。むかしながらの浪板海岸にいるのだという実感だけが失せなかった。いまも言いかけたように、浪板の砂浜に寄せる波は静かで音を立てない。というのも典型的な片寄せ波だからである。寄せ波が板のようにすべってくるだけである。夏も終わりの土用波の時期になるまでは穏やかそのものなので、波の音がまったく聞こえてこない。

わたしは小学校時代から大学時代にかけて、なんどか友人らと遠野から出かけてきてここでキャンプをした。また、わたしの子供たちが幼いころは、夏休みになるとよくその浜辺に連れて行きもした。浪板海岸から山田町と山田港に寄った少し北に四十八坂というところがあり、亡母がそこからの眺めを気に入って木立に囲まれた高台に小さなバンガローを建てた。（あとにもさきにも立野家が「別荘」らしきものを持ったのはこの一軒だけだ。）

夜になると水平線に漁り火がほぼ途切れることなしに連なるのだった。内陸部ではけっして目にすることの出来ない印象的な海の光景を呈した。バンガローの庭のはずれに行ってフェンスにもたれながらじっとその光景を眺めていると、暗く深いところへいざなわれるような妖しい幻想さえ掻き立てられるような気がしたものだ。思い出しているうちにいよいよわたしの目は冴えた。

二　彼方の声

『嵐が丘』の主人公ヒースクリフが頭のなかを出たりはいったりする。常人ばなれしていてむかむかするような厭なヤツだが、小説を読み終わってみると、常人ばなれしているのは、かならずしもその非情さや冷酷さや邪悪さのためというだけではないように思われる。

ヒースクリフは目に見えるはずのないものを見ようとしている。それを見るためにあらんかぎりの力を注ぎ込んで止まない。見えるはずのないものとは、亡き恋人キャサリンの亡霊だ。

ヒースクリフがキャサリンの柩の蓋を引き剥がし、一年も前に埋められたキャサリンの遺骸と対面する場面はすさまじい。いや、おぞましい。だが、ヒースクリフ自身はそのおぞましさにたじろがない。かれは朽ち果てた遺骸を目にすることになろうとも覚悟の上だと言ってのける。その徹底した執着。それがものすごい。およそ人間ばなれした熱烈さであり、激しさである。

いっぽう、『遠野物語』を読み返していると、先住民族としての山人の残存を信じていた初期の柳田が浮かび上がってくる。山人のイメージには、平地人の埒をはるかに超えた情念の猛々しさが感じられる。たとえば同書に書き留められている母殺しの話などもそうであろう。これは現実に起こった陰惨な物語である。

じつの息子に殺されながら母親が断末魔の悲鳴を上げると、それが母親のじつの兄の耳に聞こえる。このとき兄は山中深いところにはいっていた。惨劇の際にいくら叫んだとしても聞こえるはずはないのである。聞こえるはずがないのに聞こえたのである。読み返すたびに、ここのところにわたしは興味尽きないものを感じるのである。

眠れないままにわたしの連想は膨らんだ。山と平地ということで言えば、藤村の『破戒』を思い出してもよかろう。小学校教員をしている主人公が、ある日当直になる。その晩なにか気配を感じて外へ出てみると、まっ暗な校庭の闇の向こうから声が聞こえる。自分の名前を呼ぶ声である。その方向をずっと行った山中に炭焼をしている父親がたった独りで暮らしている。声はその父親の声である。そのとき、ああ、父親がいま死んだ、と主人公は悟る。

山にいて炭焼をしながら独り暮らしをしている父親は、息子に山を降りさせるとき、次のような戒めを与える。未解放部落民という自分の出自を固く秘して生きろ。なにがあってもけっして山に戻って来てはならない。これは柳田が考えたような先住民族としての山人ではない。しかし周辺に追いやられ、結果として山に追い上げられた存在であるという意味では山人と変わらない。

見えるはずのないものを見ようとする人間。聞こえるはずのないものを聞こうとする人間。かけがえなきものを喪失した人間は、だれしもヒースクリフや、妹を殺される兄や、父親の死にさえ立ち会えない息子のようなものであろう。かれらは状況から余儀なく常人ばなれした側面を身に帯びて生きる。だがかれらの激しさはけっして外からばかりではない。同時にそれは人間の内部から衝き動かされるものとしてやってくるのではないか。そういうことをとりとめもなく考えているうちに、とうとうわたしは眠りに落ちたらしかった。

三　風の電話

目が覚めるとすでに八時半を過ぎていた。朝食は七時から八時半までなので間に合わない。シャワーを浴び、茶を一杯だけ飲んで九時過ぎにフロントに行くと、昨夜の青年がいた。前夜同様きちっと蝶ネクタイを締めている。わたしを見るなり、では行きましょうかという顔をした。朝食を食べそこなったのでコンビニかどこかでサンドイッチでも買って食べてからでもかまわないだろうかと言うと、どうぞどうぞと言ってくれた。

ところがそのコンビニが国道沿いに見当たらないのである。ひっきりなしに大型のダンプや輸送トラックが行き来する。酒屋の看板を見かけて道路脇に車を止めようとしたら、すぐに大型トラックがはげしくクラクションを鳴らして立ち退かせようとする。しつこいのでやむを得ず車を先に進めたが、わざとスピードを落とす。相手がクラクションを鳴らさないのは、のろのろ運転のようでも法定速度での走行だからである。町外れまで来るとわき道が右についていて急角度ではいり込んでいる。ハンドルを切ってそこへ車を入れる。すぐに気がついたがその道はきのうすでに通っている。ここで曲がったなと思う角を曲がらずまっすぐゆく。すると広い道のまま左に折れ曲がる。きのうは通らなかったところだ。坂になっている。上がってゆくと突き当たりに門があって、そこをはいると広場になっている。吉里吉里小学校のグラウンドである。いましも昇降口から児童たちが走り出てくる。みな赤白どちらかの帽子をかぶっている。体操か運動会の練習だろうか。うっかり車を回せないからそのまま車を止めて見ていると、校舎のわきから老人がこちらへ歩いてくるところだ。気のせいかわたしをにらんでいる。見慣れないよそ者の車を警戒しているような目つきである。

子供たちはもう全員がグラウンドの中央に集まったようだ。わたしはハンドルを切って車を回し、老人に軽く会釈をしてから早々にその場を退散した。途中まで戻ってある角を左にはいると、道路工事か電柱の設営か、工事車輌が前方に数台停車していて、そのため道が極端に狭くなっている。その向こうに赤い色をした自動販売機らしいものが立っている。そのわきに酒屋という大きな文字を記した看板が見えた。さっき表通りから酒屋の看板を見かけたが、大型トラックに追い払われた。あの酒屋がそうらしい。

誘導員が工事区域のこちら側と向こう側に一人ずつ立っていて、こちら側の誘導員がわたしに向かって手招きしている。そろそろと車を進めるが道は思ったよりずっと狭い。実際通れるかどうか分からない。思いきり右に車体を寄せながらゆくと、側溝にかぶせたコンクリート蓋がガタピシと危なっかしい音を立てる。側溝が崩れなければよいが。もっともこれは震災後に作られたものにちがいない。まだ劣化していないはずだと思い直す。そこでガタピシにかまわずその上に車体の右半分を預けて押し進む。左側の工事車輌とこちらとの隙間は一センチあるかないかだ。念のためバックミラーを折りたたむ。誘導員がヘルメットをかぶった頭をひん曲げて通行よしの合図をする。通過し終わるときわたしに向かって頭を下げたが、こちらこそ会釈したい。誘導がなかったらおそらくボディをこすっていたろう。

酒屋に見当をつけたのはよかった。雑貨屋を兼ねていて、サンドイッチもあったがおにぎりもあった。後者を選び二つ買い込んだ。ツナマヨネーズ入りと昆布入りである。それに缶入りの温かい茶も忘れない。

そのあたりに車を回すところはないからそのまま進行方向に進むと、突き当りに神社があった。周囲は空き地である。あるいは野外駐車場であろうか。境内の横に桜の木がある。花が満開である。さすがに太平洋沿岸部は気温がちがう。内陸に位置する盆地、遠野は蕾《つぼみ》一つまだつけていないのである。とにかく絶好の場所を見つけたものだと思い。木の下に駐車して車内でわたしは握り飯をほおばった。フロントガラスに花びらがさかんに落ちてくる。太平洋側のこちらは春の到来も早いが過ぎ去るのも早い。桜の花が微風に乗ってもう散り始めている。

ホテルに戻ると車を降りないうちにフロントの青年が飛び出して来た。蝶ネクタイを外し、カーディガンを引っ掛けている。とっくにシフト明けで帰宅するばかりだったのだろう。待ちかねていたにちがいない。従業員用の駐車場から軽自動車を出してきた。ついて来てくれと手であわただしげに合図をする。詫びを言う暇もない。方角はきのう最初にわたしが見当をつけたのと同じ道である。だが途中から直角に右に折れた。その角を昨日わたしは直進してしまったのである。矢印もなければ看板も立っていない。むろん「風の電話」などと掲示や標識が出ているわけでもない。なるほどこれでは初めての人間には分からないはずだ。

道なりに行って、坂の途中でこんどは左にぐいとカーブを切った。先導するのは軽自動車であるからかんたんに曲がれるが、わたしの車では無理だ。少しバックしてハンドルを切り直す。だがそこからすぐであった。テレビでかたちを見て覚えていた電話ボックスが立っていた。手前に家があり、その横に車寄せもあった。わたしが案内の礼を言うと親切なホテルマンはすぐに帰って行った。

四　風の音

車を降りると風が吹いている。きのうほど強くはないし、冷たくもない。鯨山と名づけられているその高台は、かたちが鯨を思わせるところからつけられた名称かもしれないが、それよりも、むかしそこに登って沖合に出没する鯨を見分けたところからそう呼ばれるようになったと考えるほうが、漁師町の生活にはいっそう理に適っているようでもある。

鯨山のうえにベルガーディアという名称を持つ西洋風の庭園が作られている。一〇〇〇坪ほどの広さのいたるところに、花壇や植え込みがしつらえられている。そして一つの白い洋風の電話ボックスが庭園のちょうど中央に立っている。ボックスのなかには電話機が一つ置かれている。それが風の電話だ。

林のなかでウグイスがさえずっている。ほかの小鳥の声も聞こえるようだ。小さな池があった。つがいらしい雁が二羽、池の縁をよちよち歩いている。人を恐れないところを見ると餌付けされているらしい。目を凝らすと広い庭園のいたるところに水仙が黄色い花を咲かせている。敷石を踏んでアーチ形の門をくぐり、吊り下げられた小さな鐘を鳴らしてからボックスに近づいた。鍵のかかっていない扉を引いてなかに入る。

腰高の棚が設けてある。その棚の右の隅にダイヤル式の古風な黒い電話機が置かれていた。受話器を取り上げて耳に当てる。ダイヤルは回さない。もとよりなんの音も聞こえない。ぐるぐる巻きにして束ねられたコードが電話機の向こう側に置かれているのが見える。コードはどこにもつながっていないのである。電話の向こうに誰かを想定してダイヤルを回したところでそもそも仕方がない。受話器をとおしてこちらから語りかける声は、丘のうえを吹き抜ける風になるほかはない。それでもわたしは受話器を耳から離さない。

立っている向きを変え、ボックスの格子に嵌められたガラス越しに高台の下のほうに視線を投げた。国道が見えている。一時間前にわたしがトラックに追い立てられたあたりも視野のうちである。その向こうに吉里吉里湾が見える。湾口に向かって新しい道路が伸びている。こうして高いところから眺めていると、S字型に屈曲する国道も、脇へ伸びるY字型に分かれる道やX字型に交差する道も、そこをひっきりなしに往来しているのはダンプとトラックだけである。巻き上げられた砂埃が風に乗って上方を覆っている。

しかしなんとなくそらぞらしい。沿岸部の町も村もどこも同じであるが、山を切り崩しての土地の嵩上げと宅地の造成に余念がない。段々式に積み上げて押し固められた盛り土はまるで古代オリエントのジグラットかマヤの神殿を思わせる。ところが近寄ってみると斜面はいたるところに亀裂が出来ている。雨水が流れ落ちて作った溝である。この程度の盛り土がその上に家屋を建てる際の基礎となり得るのであろうか。いくらブルドーザーで押し固めても効果はない。雨が降ればジグラットは無数の亀裂を生じ、縦に深く切れ込みを作る。沿岸部いたるところに嵩上げと称して作られているのは、文字通りの砂の楼閣にすぎないのではなかろうか。大量の降雨があれば地盤はたやすく崩れ、安定を失った家が傾いてしまうのは目に見えている。

こういう復興工事がいったいだれにとって有益な意味を持つのだろう。莫大な費用を湯水のようにつぎ込んで、じつはとんでもないおろかなことをやっているとしか思えない。だが、そんなことをわたしが送話口に向かってつぶやいたとしても、愚痴にさえならないことは言うまでもなかった。第一、そういうことを言うためにわたしはここへやってきたのではなかった。ふと目を落とす。電話機が載っている棚の上にノートが広げられ、ボールペンが乗せてある。左わきに一枚の紙が置かれている。「風の電話」と題する一編の詩が書かれていた。

人は皆過去を持ち
現在があって未来がある
又その時々に出会いがあり
別れがある
風の電話はそれ等の人々と話す電話です
あなたは誰と話しますか
それは言葉ですか
文字ですか
それとも表情ですか

詩は風の電話を設置した佐々木格《いたる》さんの手になるものだった。
もういちど視線を落とし、ボックスのなかにたたずむ自分の足を見つめながら、わたしは自分に問いを投げた。いまいちばん語りかけたい相手はだれだろう。あの日の津波で亡くなった親類や知人のだれかであろうか。六年前に逝った亡母であろうか。わたしは語りかけたい死者をはっきり念頭に置いてここへやってきたのではなかった。むしろ、受話器を握って耳にあてることで、自分が語りかけるべき相手がだれであるかを突きとめたかった。ここへきて受話器を取ればその相手が分かるような気がしていた。過去があり、現在があり、未来がある。そのときどきに出会いがあった。別れがあった。だが人には唯一無二の出会いというものがあり、唯一無二の別れというものがあるのではないか。

わたしの胸に浮かんで来た相手はまだ亡くなっていない人だった。亡くなってはいないが、わたしの前に姿を現わすことはもう二度とあるまいと思われる人だった。その人に向かってわたしはどういう言葉を口にすることが出来るだろう。自分で自分の言葉がうつろにしか聞こえまい。どんな言葉もうつろでしかあるまい。いや、そうではない。わたしがそれを口にすることによって、言葉をうつろなものにしてしまうのだ。佐々木さんの詩には続きがあった。

風の電話は心で話します
静かに目を閉じ
耳を澄ましてください
風の音が又は浪の音が
或は小鳥のさえずりが聞こえたなら
あなたの想いを伝えて下さい

想いはきっとその人に届くでしょう

わたしは無音の受話器を耳に当てたままボックスのなかに立っていた。

五　賢治の「旅程幻想」

風の電話を訪ねてわたしに分かったことは、わたしが語りかけたい人はただ一人だけなのだということであった。そしてその人はこの世の人なのだった。もう一つのこともわたしに分かった。その人に語りかけるどんな言葉も自分が持っていないということだ。ボックスのなかに一人で立つことまでは出来る。受話器を耳に押し当て、送話口に向かうことは出来る。耳を澄ますことも出来る。風の音に耳を澄まし、波の音に耳を傾け、小鳥のさえずりを聞くことも出来る。言葉を発することは出来ない。想いはある。だがそれを言い表わす言葉はないのだった。その人が彼方に去ってからすでに八年もたとうというのに、その人との過去の思い出がいまも自分を圧倒し続けているのだった。

第一、想いを言葉に託す。それはどういう性質の言葉だろう。わたしはまさに想いを言葉に託そうと思ってやってきたのだった。風の電話がそれを可能にしてくれるように思われた。前夜、わたしが浪板海岸の宿で読んでいたのは『嵐が丘』と『遠野物語』だった。夜が更けてからもくり返し読んでいた個所が後者にあった。有名な第九九話であった。従来なんどとなく読んできたが、この五年のあいだにさらに数えきれないくらい読み返した。明治二十九年の津波後の出来事を物語った第九九話は、あの大津波以来、いっそう切実な迫真性をわたしに感じさせずにはおかなかった。

九九　土淵村の助役北川清と云ふ人の家は字火石《あざひいし》に在り。代々の山臥《やまぶし》にて祖父は正福院と云ひ、学者にて著作多く、村の為に尽したる人なり。清の弟に福二と云ふ人は海岸の田ノ浜へ壻《むこ》に行きたるが、先年の大海嘯《おほつなみ》に遭《あ》ひて妻と子とを失ひ、生き残りたる二人の子と共に元の屋敷の地に小屋を掛けて一年ばかりありき。夏の初めの月夜に便所に起き出でしが、遠く離れたる所に在りて行く道も浪の打つ渚なり。霧の布《し》きたる夜なりしが、その霧の中より男女二人の者の近よるを見れば、女は正しく亡くなりし我妻なり。思はず其跡をつけて、遥々と船越村《ふなこしむら》の方へ行く崎の洞《ほら》ある所まで追ひ行き、名を呼びたるに、振返りてにこと笑ひたり。男はと見れば此《これ》も同じ里の者にて海嘯の難に死せし者なり。自分が壻に入りし以前に互に深く心を通はせたりと聞きし男なり。今は此人《このひと》と夫婦になりてありと云ふに、子供は可愛くは無いのかと云へば、女は少しく顔の色を変へて泣きたり。死したる人と物言ふとは思はれずして、悲しく情なくなりたれば足元を見て在りし間に、男女は再び足早にそこを立ち退きて、小浦《をうら》へ行く道の山陰を廻《めぐ》り見えずなりたり。追ひかけて見たりしがふと死したる者なりしと心付き、夜明まで道中《みちなか》に立ちて考へ、朝になりて帰りたり。其後久しく煩《わづら》ひたりと云へり。

津波にまつわるこの話にただよう喪失と落莫の感覚は、なんど読んでも色褪せることがない。船越も田之浜もここから向かえばすぐそこである。だが、物語は場所や映像によっては特定しきれない。たとい特定し得たとしてもそれがなんになろう。なぜならこの物語が伝えるのは、devastation（打ちひしがれてあること）そのものにほかならないからである。受話器を握ったまま、わたしは自分の心の内側をおそるおそる覗き込もうとした。だがたじろいだ。勇気がなかった。わざわざここまで来たのはなんのためだ。おのれの devastation の本体を見届けるためだったのではないか。だが、出来なかった。

通話を断念したわたしはボックスから出るほかはなかった。広い庭園をあちこち歩き回った。石造りの図書館があった。「森の図書館」と書かれた札がぶら下がっていた。それを眺めるともなく眺めながらためらった。もういちどボックスに戻るべきではないか。いままで言葉に出して言わないできたことを思い切って言ってみたらどうなのだ。風は十分吹きとおっている。風に向かって言ってみたらどうだ。あいていない図書館の扉の前でわたしはぐずぐずした。

すると、母屋のドアがあいて中年の婦人が顔を見せた。

――こちらにコーヒーをいただける喫茶室があると聞いてうかがったのですが。

わたしは会釈しながら婦人より先に言った。われながら思いがけず言葉がするりと出た。

――いま喫茶のほうはちょっとお休みにしていますがよろしければこちらへどうぞ。

そう言って親切に招じ入れてくれたのは、すぐに思いあたったが佐々木格氏の夫人だった。

最前からたったいままで、自分の胸のなかに去来させていたことにはつゆ触れず、大槌で津波にさらわれた親類のことなどをわたしは話した。それは嘘ではなかったし、かなり真剣ではあった。とはいえ上品な夫人の前で、やはりここを訪ねた自分のほんとうの動機を隠したことに変わりはない。そこへ佐々木氏が帰ってこられた。長身痩躯、ゴマ塩頭を短く刈り上げ、戸外で長時間過ごす人とすぐに分かるほど色黒で、目には穏やかだが精悍な光がある。自宅に上がり込んでいる初対面の客を一瞬訝しげに見る眼差しをしたが、風の電話を訪ねてやってきたことを伝えると、じきに胸襟をひらいてあれこれと語ってくれた。

あの日の午後、白い巨大な波のかたまりが海岸に激突し、瞬く間に吉里吉里の町をなめつくした。すぐ眼下の浪板海岸の観光ホテルが三階の窓まで突き破られ、松林がなぎ倒された。その日の一部始終をこの高台に立って佐々木氏は目撃したのだった。

風の電話の発想についてわたしが尋ねると、「グリーフ・ワーク」ということを佐々木氏は言った。「悲嘆の仕事」という意味であるという。わたしは「喪の仕事」という言葉を思い出した。フロイトが初めて用いた言葉で、その後も精神科医が使う概念である。二つの言葉はドイツ語では同一の言葉であるから同じ意味で用いられる。

——喪失感に打ちのめされる状態を人間は人生のなかで経験することがあります。

なにか自分のことを見透かされでもしたような気がした。devastation ですねとあやうくわたしは言いかけた。だが、佐々木氏がたとえばと言って挙げたのは、宮沢賢治が妹のトシに死なれた直後の状態のことであった。風の電話のことをわたしが最初に知ったとき、風の連想から宮沢賢治の世界ともそれがつながるような気がしていたが、やはりそうだった。だがトシの死のことまでは思いおよばなかった。

佐々木氏は話を続けた。

――賢治にとっての悲嘆の仕事は、トシの死による喪失感をどのように乗り越えるかということだったと思うのです。身内のなかで心から信頼し、いちばん親しみを感じていた妹に先立たれて、しばらくは茫然自失といった生活を賢治は送りました。やがて詩を書き始めるのですが、それまではほとんど抜け殻のようだったのです。

死にゆくトシをうたった「永訣の朝」や「松の針」や「無声慟哭《むせいどうこく》」などがわたしに思い出された。だが、すぐに思い浮かんできたのは後者の冒頭付近にある次の三行であった。

わたくしが青ぐらい修羅をあるいてゐるとき
おまへはじぶんにさだめられたみちを
ひとりさびしく往かうとするか

なぜこの三行がすぐさま来たろう。暗誦できるほどしばしば読んでいる詩というわけでもないのに。おそらく昨年ぐらいに読んだ山根知子の著書(『宮沢賢治　妹トシの拓いた道』)にそれが引かれていたからではなかろうか。いずれにせよ「青ぐらい修羅」がdevastationの比喩でもあることは明らかと思われた。そんなことを頭に揺曳させながら話を聞いているうち、佐々木氏は風の電話に話題を戻した。

――震災から五年も経ち、風の電話に訪れる人たちに徐々に変化が見られるようになってきたように見受けられます。ボックスに置いたノートに記された文言を見ると、最初は現実を受け入れられず、悶え悲しむ人たちの心中をつづったメモが多かった。ところが最近は、もう帰らないのだということを受け入れたうえで、故人の冥福と生き残った自分たちの生活の報告が多くなってきました。五年におよぶその過程の全体が悲嘆の仕事にほかならないと言っていいのでしょうね。

佐々木氏によると、大槌町の人口はこの五年のあいだに減少の一途をたどっているという。平成二十七年十月の国勢調査の速報によって衝撃的な事実が明らかにされた。五年間の減少率が二三パーセントにもなるというのだ。震災後の人口の四分の一に近い人々が故郷を捨てて出て行ったことになる。これでは、いくら道路をとおし、橋を架け、住宅や店を再建したとしても、町の活気を取り戻すことはおぼつかない。活力を新たに作り出すような対策を立てることが急務である。産業振興策や観光事業に真剣に取り組む必要があることは言うまでもないが、それに劣らず重要なことは、被災した住民の心の復興をどうするかという重い課題である。肉親縁者を失い、深い心の傷を内側にかかえたまま故郷にとどまり続けることの苦痛が、人口流失の一因ともなっていると考えられる以上、物理的な復興と同時に心の復興が真剣に考えられねばならない。

そのように考えた佐々木氏や氏の仲間が思い立ったのは、宮沢賢治の詩碑を建立することだった。昨年から募金運動をおこなっているところで、いまも留守にしていたのはそのための打ち合わせがあったからだと言った。趣意書を見せてくれたので、それをコピーしてもらい、一部譲り受けた。それを見て合点がいったのだが、佐々木氏は大槌宮沢賢治研究会会長なのだった。趣意書にはこう書かれていた。

「まだ五年十年とかかるであろう復興までの長い道のりを進むためには、みんなで復興を成し遂げるという気持ちを切らさないことが大切です。精神的な強さも必要ですし、その強さを維持し続ける支えが欠かせません。（改行）宮沢賢治は世界中の人々の幸せを願い、たくさんの詩や童話を残しました。その作品に込められた賢治の精神は、私達の心に将来への希望を灯し、復興への強い気持ちを維持する支えとなるものです。大槌町に建立しようとする宮沢賢治詩碑はその象徴として大きな力になると確信します」

趣意書では賢治自身の心の立て直しについては触れられていないが、「グリーフ・ワーク」と関連させながら語る佐々木氏は、三陸をたどる賢治の旅は、トシの死から三年を経ていながら、なお癒しがたい心の疼《うず》きが思い立たせた旅であったにちがいないと考えていると語った。出立に際し、「異途への出発」として「みんなに義理を欠き、荒んだ海辺の原や／林の底の渦巻く雪に／からだをいためて来るだけ」と詠んでいるところから、「心象的な文学者」から「求道的な生活者」へと大きく転換する心理状態に賢治はあったのではないかとも氏は付け加えた。

ときに賢治二十九歳。一九二五年一月初旬、東北本線を夜行列車で花巻から出発、一路北上して八戸に向かった。五日間の三陸沿岸小旅行である。八戸から沿岸部を発動機船に乗って南下した。山田または大槌で下船して釜石までは徒歩で歩いた。そのときに作った詩が七編あり、そのうちの二編が大槌付近のどこかで作った可能性が高いとみていると佐々木氏は語った。「暁穹への嫉妬」と「旅程幻想」がそれであるという。

現実的なもくろみを言えば、全国的に知名度の高い賢治に一役買ってもらい、大槌、吉里吉里、山田の観光交流の振興をはかりたいという狙いもあるのです、と佐々木氏は率直に認めた。メルヘン街道というドイツの例にならい、賢治のメルヘン街道をゆくゆくは立ち上げたいのだとも語った。だが、趣意書からも明らかなように、復興が宅地造成と道路建設に集中しがちで、なにか目に見えない大事なものが見落とされたままになっているという危機感が佐々木氏にはあるのだった。したがって詩碑の建立は、たんに賢治の顕彰のためばかりではなく、利他精神にもとづく賢治文学の根柢を見つめることで、被災した沿岸部の人々の心の復興の基礎をなすものを、生者と死者との、また生者同士の「絆」のなかに見いだすよすがとしたいという強い思いがあるようだった。

――縁とか絆という言葉が震災後ほど切実に感じられたことはなかったと思うのです。実際世のなかのあらゆる生き物がみな深い絆で結ばれ合って生きているんですよね。賢治は人のために自分はなにが出来るかを生涯考え続けた人でしたが、被災地住民の方たちにとって、それこそがこれからのほんとうの精神的なよりどころとなるものではないかとわたしは考えているのです。死者との共生があってこそ、生ある人々の生き方も変わってくる。風の電話は生ある人々の想いを風に乗せて彼方の愛する人々へと伝えようとするものです。風は目に見えませんけれどね。しかし、宇宙ともつながる彼方の世界との通信を運ぶ飛脚が風なのだ、と賢治は信じていたと思うのです。

佐々木氏はそう語った。わたしは『農民芸術概論綱要』に「風とゆききし、雲からエネルギーをとれ」という言葉があったのを思い出していた。

六　四十八坂

風の電話がある佐々木格さんのもとを辞して、わたしは山田湾の手前の四十八坂に向かった。そこはかつてのわが家のバンガローがあったところである。高台に位置しているので津波の被害をまぬがれた。その代わりバンガローとその周辺にも歳月の移ろいはすさまじい変化をもたらしていた。つる草や茨が生い茂っていて、かつて車ではいることが出来た道はすっかりふさがれ、見分けもつかぬほどだった。ただ、目を上げてよく見ると、背の高い杉の木立ちのあいだに屋根の一部らしきものがかろうじて見分けられる。だが藪をかき分けて建物の近くまで行けたとしても、わたしを待っているのはかつて人家だったものの無残な痕跡だけであろう。浅茅が宿を思わせるような廃屋だけであろう。

内陸部とちがい沿岸部であるから、きのうも見たように藪椿や山桜があちこちにいまを盛りと花を咲かせている。年々歳々花同じうして人同じからずの感を深くさせる。自分が浦島太郎になったような感傷がきざしかける。胸のうちを寂寥感のようなものがよぎる。ああ、ここにも落莫の風が吹いているのだと認めないわけにはいかなかった。

バンガローの残骸を見に来たわけではなかった。『遠野物語』第九九話のことを書いたが、次の第一〇〇話が気になるのである。昨夜もくり返し読んでいた。というのもその話の舞台がここ四十八坂《しじゅうはっさか》にほかならないからだった。

一〇〇　船越の漁夫何某。ある日仲間の者と共に吉利吉里《きりきり》より帰るとて、夜深く四十八坂のあたりを通りしに、小川のある所にて一人の女に逢ふ。見れば我妻なり。されどもかゝる夜中に独《ひとり》此辺に来べき道理なければ、必定《ひつじょう》化物ならんと思ひ定め、矢庭《やには》に魚切庖丁《うをきりぼうちょう》を持ちて後の方より差し通したれば、悲しき声を立てゝ死したり。暫くの間は正体を現はさゞれば流石《さすが》に心に懸り、後の事を連《つれ》の者に頼み、おのれは馳せて家に帰りしに、妻は事も無く家に待ちてあり。今恐ろしき夢を見たり。あまり帰りの遅ければ夢に途中まで見に出でたるに、山路にて何とも知れぬ者に脅かされて、命を取らるゝと思ひて目覚めたりと云ふ。さてはと合点して再び以前の場所へ引返して見れば、山にて殺したりし女は連の者が見てをる中につひに一匹の狐となりたりと云へり。夢の野山を行くに此獣の身を傭《やと》ふことありと見ゆ。

殺された狐は哀れであるが、話の眼目は狐にあるのではあるまい。哀れは夫婦相互の想いの深さ、ちぎりの強さにこそある。愛おしまねばならないのはその情愛のかくも深きことの哀れさなのだ。

目の前に落ちかかる桜の花びらが首筋を撫で、一枚二枚が貼りつく。風が急に冷たく感じられる。藪を前にして立っているところへいきなり吹いてきた風であるからなおさらだ。にわかに震えがきたようだった。どうやら風向きが変わったらしい。車を止めたところへ戻ることにしよう。

山桜が国道をはさんで山際にも海側にもあちこち咲いていることは述べたとおりである。風にあおられて花びらが宙に舞い、断崖に沿って雪崩《なだ》れながら、海面へ向かって流れてゆく。そのさまはいかにも沿岸地方の春の風情を感じさせるようである。ところがその同じ風情にこのあと思いがけずわたしはびっくりさせられることになった。

というのは、車に乗り込んでみると、風に吹かれてフロントガラスに飛んできた桜の花びらが、じわっと溶けて消えてしまったのである。あとには小さな水滴が貼りついたままだ。風に乗って舞うのは花びらとばかり思っていたがちがった。あとからあとから貼りつく花びらが次々に溶けてゆく。てっきり花吹雪とばかり思っていたがさにあらず、ほんものの雪が降ってきたのだった。風の向きが変わったと思ったとたんに気温が冷え込んできたのも道理だったのである。これは内陸部の北の山からおろしてくる冷たい風のせいだ。五年前の大津浪襲来のあの日の午後も、沿岸部には雪がちらちらと舞っていた。あれはまだ三月中旬だった。桜はようやくつぼみをつけたばかりだった。時節から言えばきょうはちょうどひと月後の四月なかばである。花吹雪とほんとうの吹雪が混じり合って独特の花冷えの風情を作り出す。北国の自然がなせる業だろう。

日が暮れかかる前に帰路につこう。来たときとはちがう道を帰る。大槌、鵜住居を経て沢田、橋野をとおり、笛吹峠を越えて遠野へ戻る。だが沢田を過ぎ橋野のあたりに近づくにつれ、雪は次第に激しさを増した。借りた車のタイヤがまだ冬仕様だったのはさすが東北である。降りしきる雪のなかの峠越えはさながら真冬に舞い戻ったような錯覚すらわたしに起こさせた。内陸の遠野で桜花見をするのは四月ではなく、五月の連休のときとむかしから決まっている。そのころでも遠野では、花を見上げて浮かれているところへにわかに雪が降り出すことがある。だが、遅ればせにそれがわたしに思い出されたのは、遠野に帰着して実家の門の鍵をポケットから取り出したときであった。

参考文献
エミリー・ブロンテ著『嵐が丘』講談社文庫、一九七一年
柳田国男著『遠野物語・山の人生』岩波文庫、一九七六年
島崎藤村著『破戒』新潮文庫、二〇〇五年
宮沢賢治作「永訣の朝」「無声慟哭」『宮沢賢治全集　1』ちくま文庫、一九九八年
宮沢賢治作「農民芸術概論要綱」『宮沢賢治全集　第十二巻』筑摩書房、一九六七年
山根知子著『宮沢賢治　妹トシの拓いた道―「銀河鉄道の夜」へむかって』朝文社、二〇〇七年

第二章　沖縄と遠野　三つの手紙

第一の手紙

二〇〇九年九月××日朝、沖縄県石垣市から

東京の今朝の日和はいかがでしょうか。こちらはきのう到着したときにはなんとか持ちこたえていた空が、夕方からくずれ出し、やがて雨が降り出しました。夜どおし降っていましたし、風もありました。東京から早朝より飛行機を乗り継いで移動してきた疲れもあるので、容易に眠れるはずとばかり思っていたのですが、妙に寝苦しい晩でした。おそらくは気圧の関係でしょうか、それとも風土が激変したせいでしょうか。ようやく夜明け前になって少しは眠ることが出来ましたが、それでも睡眠は十分とは言えません。きょう昼からの講演を控えて、緊張があることもむろん否定出来ない事実ではありますが。

わたしは八重山地方に伝わるある伝説と、『遠野物語』や『山の人生』のなかの話をいくつか取り上げて、日ごろ考えていることを話してみようと思っています。

岡本太郎が『沖縄文化論』のなかで、岐阜県美濃の山中の炭焼小屋で起きた惨劇について書いているのはごぞんじでしょう。それは『山の人生』の冒頭に柳田国男が記した話ですからよく知られていますが、岡本は宮本常一たちが編集した『日本残酷物語』で読んだようです。

炭を売りに出かけた父親が町から帰ったら自分たちを殺してもらおうと思って、子供たちが二人がかりで斧を研いでいます。秋のころで、その刃先に夕陽が当たって鋭い光を放つ。その一瞬の「光のなかに悠久があらわになる」と岡本は言うのです。そういう一瞬のとらえ方、また悠久というもののとらえ方に、わたしは感動をおぼえました。

また、岡本が引用している八重山地方の恋人たちの話があります。強制的に引き離されることになり、二人は自分たちの運命を嘆き悲しみながら一夜を明かすのです。悲しみがあまりにも深かったので、泣きながら二人が拳で打った石には二つの穴が空いた。だが女が打った石のほうが穴は深かった。

たった一晩で石に穴が穿《うが》たれるわけもないのですが、それは考え方によるのです。たった一晩とはいえ、石に穴が空いて行く時間の果てしなさが、恋人たちの悲しみの深さの比喩になっていると考えるならば、この物語のリアリティがわれわれに惻々《そくそく》と迫ってくるように思われるではありませんか。

「女の方が深かった——それは執念でも、諦めでもない。いのち自体、そのたしかめであり、その悲しみの深さである。女における人間の運命、そして沖縄全体が、そのくぼみに現われているように、私には思える」

一瞬と悠久という一見矛盾し合うように見えるものが、この話のなかで緊張を孕んで対峙していると言えます。その緊張、その対峙を、岡本は「運命」と言い変えているのにちがいありません。

そういう意味での「運命」を、あるいは「いのち自体」を、現代のわれわれが精神のなかに取り戻すことはけっして不可能ではないと岡本は言っております。ただ、そのためにはわれわれの生から失われてしまったものがなんであるかをまず痛切に認識する必要があるのです。すなわちそれは、悠久を感受する力にほかならない。こう岡本は指摘しております。

いっぽうで一瞬一瞬消滅するしかない時間のなかで生きている人間が、その定めにもかかわらず、他方でたしかな手ごたえとしての悠久の感受性をつかまえ直すこと。むろん、そのままで「悠久」を取り戻せるはずもありませんから、なんらかの方法をわれわれは構築しなければならないわけです。

人間精神と想像力との所産である文化は、本来民族の生命力の内側からの盛り上がりであって、その高度な緊張から爆発が起こる。事実、自分の芸術の課題もそこにあると岡本太郎は言っています。

いっぽう、たいがいの現代人はその盛り上がりを待つことが出来ない。なぜか。岡本に言わせれば、ぎりぎり高めて行って爆発させるためには辛抱が肝心だが、その辛抱するだけのエネルギーが稀薄だからであるということになります。

すなわち、人々が誤解しているのは、そもそも自分らに爆発のエネルギーそのものが欠如しているのではないかと考えていることである。そうではなくむしろ、辛抱すること、忍耐すること、つまりエンデュアランスのエネルギーがないがしろにされていることに、まずわれわれは気がつかなければならないと岡本太郎は言うのです。きょうわたしが語ろうと思っている話の一部もそのことにほかなりません。

同月同日昼過ぎ、石垣市市民ホール

小一時間まえに会場にやってきたところです。あいにく雨が強く、相変わらず風もおさまってはいません。このぶんですと、講演の参加者の出足はあまりかんばしくはないでしょう。主催者側はせめて三十名はきてもらいたいものだがと話し合っておりますがどうでしょう。

しかし空模様とは逆に、朝の時分にくらべると、自分が語りたいことが次第にはっきりしてきたような気もしています。と同時に、緊張の度合いも高まるせいでしょうか、こめかみがずきずきと疼いているのをさきほどから感じないわけにはいきません。

同月同日深夜、石垣市内××ホテル

わたしはたったいまホテルの自室に戻りました。講演会が終わってから懇親会があり、そのあと二次会があり、それも終わって戻ったらこの時間になっておりました。

きょうの講演会は参加者が百数十名もありましたから、期待した以上の盛会だったと主催者側は喜んでおります。たしかに雨は依然として止んでいなかったので、わたしとしても予想のほかだったと言わなくてはなりません。悪天候だったにもかかわらず、これほどの人数の人々の足を会場に運ばせたのはどういう理由によるものでしょう。地元の新聞がきょうの講演会の案内を報じてくれたことも小さくないにちがいありません。現に地元数紙の記者やカメラマンが会場に姿を見せていました。

しかし同時に、テーマに対する人々の関心の高さもまた過小評価されてはならないでしょう。三人の講演者のなかでわたしが最後に演壇に上がりましたが、講演会が終了するとすぐに何人もの人々から熱心な、好意的な声をかけていただきました。同僚たちもまずはほっとしたようです。

二人目の講演者だったK教授いわく、「きょうのあなたのお話をそのとおりだと思って聴いていました。文学を研究する学問もまた文学なのであって、研究論文が文学についての論文に安住しているようではだめだということ、それから論文そのものもまた文学になっていなければならないというあなたの主張、それを柳田国男の仕事から読み取っていられることに、わたしもまったく賛成ですし、同感します」

東京や関西からも参集した古代日本文学や民俗学の研究者や専門家が何人も列席するなかで、わたしが僭越を顧みずに主張したことは、岡本太郎の言葉をそのまま借りるなら「ベラボー」な話であったかもしれません。すなわち学問や理論はどんなに勢力を持っても、いずれは乗り越えられる。柳田国男の仕事といえどもその例には漏れないであろう。現に柳田民俗学は終わったとはばからず言い放つような若手民俗学者も出てきている。そしてそれは言われるとおりかもしれない、とわたしは申しました。

しかし、柳田の立てた理屈が古くなったとしても、柳田の著作は読み継がれるだろう。たとえば三島由紀夫は『遠野物語』を愛読し、自分は永らくこの本を文学として読んできたと書いています。その言葉を引用しながら、いまや柳田の全著作が文学なのではないかとわたしは言いました。

そして柳田が古いと言ういまどきの学者は、自らの学問が文学としてのほんとうの力を持っているかどうかをよく吟味してみるべきではないかとも言いました。柳田の仕事を文学として読むとは、柳田の文体がかもし出すヴィジョンの力に注目することにほかならないともわたしは言いました。話が込みいるのをおそれる必要がなかったならば、わたしは小林秀雄をそのとき引用してもよかったでしょう。小林は柳田国男について語った講演『信ずることと知ること』でこう述べているからです。

柳田はたくさんの弟子を持っていたし、その学問の実証的方法は受け継いだでもあろう。だが、柳田自身の「持って生まれた感受性」をかれらの誰一人として受け継ぐわけにはいかなかったであろう、と。これは次のような柳田の八十を過ぎてからの回想を踏まえて言われたものです。

十四歳のときの柳田少年が田舎の家に預けられていた時分の話です。ある春の日だった。いたずら心を起こして庭の一隅にある石でできた祠の扉をあけてみたことがあった。なかには御幣や鏡の代わりに石の珠《たま》がおさまっていた。じつに美しい珠であった。見ているうちにフーッと興奮してきて、なんとも言えない妙な気持ちになった。

しゃがんだまま空を見上げると、真っ青な空の奥に数十の星がきらめくのが見えた。真昼間から星が見えるはずがないといちおうは考えた。それでも奇妙な昂奮はさめず、気分がぼんやりとしてきた。そのとき高ぞらを一羽のひよどりがピーッと鳴いて通った。その拍子に身がギュッと引き締まった。あのときひよどりが鳴かなかったら、あのまま自分は気が変になっていただろう。

柳田はそう語ったのです。もしもひよどりが鳴かなかったら発狂していた。その回顧の仕方に小林は感動し、柳田という人が分かったと感じた。つまり、そういう経験に対する柳田の感受性こそ、柳田の学問のうちで大きな役割を果たしている。そういうふうに小林は述べています。

小林秀雄が「感受性」と言ったところを、わたしは「ヴィジョン」と言ったまでで、それほどちがいがあるわけではありません。八重山に伝わる哀話をいずこにもありそうな感傷的な物語として済ませず、そこに一瞬と悠久の両方からなる「運命」、つまり「いのち自体」、あるいは魂という緊張を孕んだ対峙を見た岡本太郎の言葉を、この手紙の初めのほうに引きました。それをここでの柳田国男の回想の話につなげて考えることが重要だろうとわたしは思います。

なぜなら、柳田少年が春昼の空の底に見た数十もの星というのは、まぎれもない「悠久」とみなしてよいと思われるからです。そして、ひよどりがピーッと鳴いて通ったというのは、まさに「一瞬」であったにちがいないからです。わたしはホフマンスタールの次の言葉が好きなのですが、それをここに引用したら場ちがいになるでしょうか。

「こと魂に関するかぎり、何が琴線に触れるか、前もって予感できはしないのだ。七絃琴《リラ》のかたちにひらけてまったく人の気配すらない熱帯の谷のうえを、ただ一羽弧を描いて飛ぶ鳥、ということもありうる」(『帰国者の手紙』)

静寂のなかの映像とはいえ、ここにも悠久と一瞬が緊張を孕んで交錯する魂の出来事が、言いようのないある予感のうちに鮮やかにとらえられていると申せましょう。

講演の際にわたしの紹介役を務めてくれた文学部の先輩、永藤教授は、二次会で隣り合わせになったとき、わたしに向かってこう言いました。

「きみのきょうの話は、早く言えば学問否定とも受け取れるな。文学になっていない学問の文体は意味がないと言っているわけだ」

先輩の解釈は、さきのK教授の評言とも重なるところがあると言っていいのですが、小林秀雄の言葉で言えば、文学になっていない学問の文体とは、「おのれの感受性」を欠いた文体ということになりましょう。あるいは岡本太郎の言葉で言えば、斧を研いでいる子どもたちの手のなかで夕陽を浴びて刃がきらりと光る。「その光の中に悠久があらわになる」と言うときの「光」を帯びた文体の不在ということになりましょう。

日ごろ自分が考えていることをわたしはしゃべっただけでした。それを雨のなか、わざわざ聴講に来てくれた人々が、率直に喜んでくれたということがいちばんうれしかったのです。

第二の手紙

二〇一一年九月×日、遠野から

遠野から書きます。きょう九月×日に帰省しました。予定ではきのうのはずでしたが、台風の影響で岩手の各地も大雨に見舞われています。それで帰るのを一日遅らせることにしました。しかし新幹線で新花巻に降りてみると、在来線である釜石線に運休の掲示が出ていました。昨年のいまごろのことを思い出しました。やはり大雨が降ったため釜石線が動かず、代行バスが新花巻駅まえから出ていました。バス一台では間に合わず、チャーターされたタクシーも駅まえのロータリーに待機していました。

きょうはさいわい遠野までは列車が行ってくれるということでしたからわたしはホームに行きました。吹きさらしの駅頭は雨よりも風のほうが強烈で、なるほどこの風では釜石までは無理だろうと納得せざるを得ませんでした。雨が降っても運休、風が吹いても運休、釜石線はとても気候に鋭敏な路線なので、運休となるのはけっして珍しいことでもありません。

今回の牛歩の台風はたぶん明日ものろのろと道草を食いながら進むと思われます。盛岡・遠野間はピストンで列車を往復させるときもありますが、花巻と遠野、遠野と釜石のあいだの路線途中にはそれぞれむずかしい場所や区間があり、雨量が多ければ全線がストップしますし、風が強く雨量が少ないときは遠野より先の釜石方面がストップします。きょうは後者というわけです。

けれども実際に乗り込んでみますと、遠野のはるか手前の鱒沢《ますざわ》という駅で降ろされてしまいました。路線が単線であるため、上り列車の通過をこの駅で待つというのですが、ダイヤが乱れているためかなり長時間の待機となる見込みだということです。釜石までゆく人たちのためはやばやとこの駅まえに代行バスが待機していて、遠野駅にも停車するので乗り換えても差し支えないということでした。乗客はみなバスに乗り換えています。わたしもそうすることにしました。

昨年も今年も、こういうことがあると、やはり自分の故郷は依然として辺境にあるのだなあとつくづく思わされないわけにはいきません。大雨で線路が冠水してしまう区間は、地下水が線路の真下から噴き上げてきて、線路を浮かせてしまうのです。コンクリートで分厚く塗り固め、地下水を封じ込めてしまおうとなんども工事をくり返したそうですが、あらゆる企てが効を奏さず、いまだに噴水状態になるその区間のため、大雨のたびごとに人間の技術のほうがギヴアップして運休にせざるを得ないのです。

遠野から先の釜石に近いほうの区間は風の吹き抜ける強さで二、三輛しかないローカル列車を横倒しにしてしまうことがあります。いってみれば弾丸列車のようなスピードの風の流れが、あたかも新幹線のように在来線を直角に横切るのです。戦後の高度経済成長期の時流に乗った時期というか時代は、太平洋沿岸部も発展したかに見え、観光客を始め人の往来も顕著だったのですが、不況がうわさされるとともに人の足は遠のいてゆき、それにつれてほんらいの辺境性がふたたび地域のなかに戻ってきました。発展と見えたものは俗化に過ぎず、表層に過ぎず、風土の根柢にあるもの、奥底にあるものは、一時のブームや流行の波にもかかわらず、改善も改良もされぬまま頑強に残存し続けているのです。それがたとえば、交通の要《かなめ》と言われるべき鉄道に現われる。すなわち風土の不思議な特性による人間に対する執拗な抵抗なのです。

大雨が現出させる線路の冠水は、単純な自然現象に過ぎないと言ってしまうことは出来ず、通常の地下水の流れに雨のため山から駆け下りてくる雨水の流れが合流して、すさまじい奔流を形成するために線路を浮き上がらせてしまうのであろうと言われています。いわば水力発電所の水流を山の斜面の勾配を利用して得るのと同じで、その流れが鉄道線路の真下を突進するわけです。勢いのついた水のエネルギーが鋼鉄のレールをかんたんにひん曲げることが出来ることは、今回の津波の怪物的なものすごさが疑問の余地なく証明しています。

風もまたしかりです。突風が一瞬にして列車を横倒しにしてしまう。偶然でも偶発でもなく、もともと風の通り道なのですから、そこをあえて横切って線路を敷設した人間の企てのほうが無謀なのです。横車を押すとはまさしくこのことを言うのでしょう。

自然の力を利用することと、自然の力に抗うことと、その二つの考え方の衝突が、近代と前近代との境目をなしていますが、人間にとってどちらがいいということは単純には申されません。エコロジー一辺倒も非現実的と言わなければなりませんし、テクノロジー礼讃も自然破壊につながるだけでなく、原発事故のような大惨事を引き起こしてしまうからです。

近年、従来にもまして、わたしは頻繁《ひんぱん》に遠野に帰ってくるようになりましたが、昨年の母の死とともにその頻度がいっそう増えました。まだまだ後始末に時間を割かざるを得ないので、ほんとうに落ち着ける気分にはなかなかなれないのですが、それでも切れ切れの思いのなかで、遠野物語や宮沢賢治の文学のことを胸に去来させることがしばしばあるのです。数日前までわたしは泉鏡花の『高野聖』について書いた原稿に手を入れておりましたが、そのときも柳田国男や宮沢賢治の仕事に思いを馳せていたのでした。

とくに文学の風土としての東北地方に思いを凝らすと、賢治の想像力の基礎には、前述したような風土そのものの辺境性が硬い川床《かわどこ》のように横たわっていて、賢治はその岩盤に立ち向かっていたという気が強くします。辺境というと語弊があるかもしれませんが、風土の原始性と言い換えてもよいと思います。『高野聖』も土地は同じではありませんが、やはり原始性を感じさせる自然の無気味な相貌が描かれております。同様に賢治の『注文の多い料理店』や『風の又三郎』なども、東北の無気味で破壊的な、そしてそれだけに魅惑的でもある自然の奥の顔が、そう思って見ようとする人の目にはうかがわれるのです。

第三の手紙

二〇一一年九月××日、遠野から

遠野の実家に帰って一週間あまりになります。三日まえに、借りた車に乗って沿岸部に向かい、釜石、鵜住居、大槌を回って、被災した親戚や知人を見舞いかたがた訪ねました。このたびの大津波に遭遇したおりのこと、惨状のことを、なまなましい現実として聞きました。

沿岸部から遠野に帰ってきてきょうで三日もたつというのに、どういうわけか、依然として『遠野物語』のこと、またそれと合わせて宮沢賢治のこと、なかんずく『銀河鉄道の夜』や『イギリス海岸』のことなどが思い浮かんできて、いっこうにわたしの脳裡を去ろうとはしません。

『遠野物語』のことというのは、具体的には明治三陸大津波（一八九六年）の際の不思議な出来事を語った第九九話のことです。この物語について、『銀河鉄道の夜』などとともに、あなたと語り合ったことがありましたね。それは昨年のことでしたから、むろん大津波に襲われるまえです。そのおりわたしが申したことをおぼえていらっしゃるでしょうか。

田之浜に壻に行った人があって、津浪で妻と子を失い、かろうじて自分は二人の子供たちとともに助かった。海岸にほどちかい自宅があったところに、急ごしらえながら小屋をかまえ、一年近く暮らした。ある晩、父親は小用に立った。霧の深い晩であった。波打ち際の霧のなかからこっちに向かって歩いてくる二人の男女を見た。近づいてきたところをすかし見ると、女はまぎれもなく死んだはずの妻だった。

声をかけると懐かしそうな微笑みを浮かべた。連れの男を見ると、それは妻が結婚まえまで好き合っていた相手であった。津浪で二人とも死んだので、晴れてあの世で夫婦になれたと言った。生き残った子供たちを不憫《ふびん》とは思わないのかと訊くと、悲しい目になって涙を流した。夫も落涙して下を向いたが、顔を上げてみると、二人が向こうに歩き去って行くところであった。あとを追いかけずにはいられなかった。とうとう小浦《おうら》へゆく道の山陰のところまできた。二人は姿が見えなくなった。夫は立ち止まって思案にふけった。かれらはもうこの世の者たちではない。子供たちのもとに帰ってくれというのも詮なきことだ。こうして夫はその場から引き返した。

この物語を思い出しながら、わたしは同時に山下文男氏のことに思いを馳せないわけにはいきませんでした。山下さんは東日本を襲った大津波の災害の直後にあらためて注目を集めることになった人です。というのも、柳田が記している明治の大津波のときに、祖母を始めご親族をなくしておられ、また昭和の津波（一九三三年）のときは、ご自分も津波被害のおそろしさを身をもって経験されているからです。「つなみてんでんこ」という岩手沿岸部に伝わる言葉を広められたことでも知られる方です。この言葉は、津波をからくも逃れた直後に、山下さんのお父さんがつぶやいて、当時小学三年生だった文男少年の脳裡に刻まれた言葉であったと言います。

「つなみてんでんこ」の意味するところはこうです。各自、それぞれ、銘々、別個にという岩手方言なのですが、なにもそれは勝手にしろという投げやりな意味で言われるのではなく、津波のときはてんでに、一分一秒でも早く逃げようというのが真意で、津波というものはそれほどスピードが速く、おそろしいものだということをおしえる意味合いがあるというのです。山下さんのお父さんは明治津波のときに次のような経験をしていました。

「まだ十五歳の若者だった父は、自身は必死になって逃げ、かろうじて助かったが、母と幼い妹、それに許嫁《いいなずけ》を失う哀しい体験をしていた。母(私にとっては祖母)の最期は、取り分け痛ましいものであった。津波の翌朝、地域の奥地に押し込められていた家屋の残骸のなかで、まだ息をしているうちに見つかったのだが、両腕には、すでに事切れた乳飲み子が抱かれたままだったという。父がその母を背負い、十歳になる弟(私の叔父)が死んだ小さな妹を抱っこして、半壊になった自宅に運んで来た。しかし医者も薬もなく、二日後には、乳飲み子の後を追うようにして母も死んでしまった。無論、葬式など出来る情況でなく、草花を手向けただけで、乳飲み子の亡骸とともに埋めてしまったという」(『津波の恐怖』)

緊急時には日常の倫理観が機能せず、利己的な行動を優先させなくてはならない。津波のような途方もない大きな災害に際して、日常の人情も、いわんや肉親の情愛をも、かえりみてはいられない場合があることを人は銘肝しなければならないというのです。

共倒れの事例は枚挙にいとまのないほどであったと山下さんは書いています。共倒れを避けるためには、各自がてんでに逃げる算段をすべきである。助け合うのは津浪が完全に去ってからである。

このことを鉄則にしないかぎり、助かる命も助からない。緊急災害時のこのような非情なリアリズムの必要性を、いくつかの著書を通じて山下さんは力説してこられました。

ただし、誤解のないように申し添えますが、山下さんは「津浪てんでんこ」だからといってほかの人々はどうなってもよいと言っているわけではないのです。家庭内にからだの不自由な人や幼児がいる場合には、津波にかぎらず災害時にどのように対応するかをふだんから話し合っておく必要があること、また地域としても、避難先や避難道路、所要時間の確認など、住民みんなで地域独自の防災マップを作製するというふうに、いざというときにそなえておかなければならないと述べることも忘れてはいません。

しかし、これにほとんどまっこうから対立するかに見える考え方があることも事実です。宮沢賢治の場合がそうで、山下文男さんとはまったく対蹠的《たいせきてき》な考え方に立っていると言わざるを得ません。たとえば『銀河鉄道の夜』のなかに、ジョバンニ少年とその友だちのカムパネルラが、かれらと同じ車輛に乗り合わせることになった一人の青年と男女二人の子供と言葉を交わす場面がありますね。その青年の述懐がある沈痛な響きをもって叙述されております。青年は二人の少年に向かって、こんなふうに語ったのでした。

自分は二人の子供の家庭教師兼後見人をしていた。両親から子供たちの保護をくれぐれもよろしくと言いつかったはずだった。船が氷山に衝突して沈没をまぬがれないと分かったとき、なんとかして子供たちを助けたいと思った。しかし救命ボートの数はかぎられ、デッキにはボートに乗りきれない人たちがあふれていた。子供たちも大勢いた。その子供たちを押しのけて、自分が保護を約束した二人の子供たちをボートのところまで連れてゆくべきか、後方に止まるべきか、自分は迷った。ついに決意した。ほかの子供たちを押しのけてまで前に出ることは出来ない。甲板に止まろう。このことのせめてもの償いに、自分は最後までこの子供たちのかたわらを離れずにいよう。

こうしておおぜいの人々ともに、二人の子供たちと青年は溺死してしまいました。かれらはどうやらあの巨船タイタニック号沈没の犠牲者かとも読者には思われるのですが、その惨事が起こったのは賢治が盛岡中学校の生徒だった十四歳のときで、『銀河鉄道の夜』を書く十数年もまえのことでした。しかし、青年が語った話を列車のなかで聞かされたジョバンニとカムパネルラは、一行が列車を降りて行ってしまってからも、深刻に考え込まないわけにはいかなかったのです。

人間がしあわせになるために、自分たちにはなにが出来るのだろう。生きるために、人間にはなにが課せられているのだろう。

こんなことを思案しながら、ふと顔を上げてジョバンニが見ると、カムパネルラの姿が見えないのです。ジョバンニが気がつかないうちに、列車からいつのまにか友だちは降りてしまっていたのです。やがてジョバンニも下車して病気がちの母親のために牛乳を買い、川のほうへ歩いてゆくと、橋のうえでみながなにか口々に語り合っている。話題になっているのはまぎれもなくカムパネルラのことにほかなりません。川で溺れた子供がいて、助けるためカムパネルラが飛び込んだというのです。溺れかけた少年はあとから駆けつけた人たちのおかげで助かった。いっぽう、カムパネルラは力尽きて流され沈んでしまったというではありませんか。

ジョバンニがその話を聞かされたとき、現場にはカンパネルラの父親の姿がありました。やがて時計を見つめて、父親はこう言います。「もうだめです。落ちてから四十五分たちました」

こうしてカムパネルラはとうとう戻らなかったのです。沈没する船とともに溺れて死ぬことを選んだ青年や、友だちを助けながら自分は溺れてしまったカムパネルラの自己犠牲的行動は、宮沢賢治その人の思想でもあったと申して差しつかえありますまい。

なぜなら、この童話を書くよりもかなりまえ、すなわち賢治が二十六歳のときに書いた『イギリス海岸』(一九二二年)という小品や、その翌年の『宗谷挽歌』(一九二三年)という詩などにも、その思想はすでに暗示されていたものだったからです。

花巻郊外を流れる北上川のある区域は、イギリス海岸と賢治が名づけた場所でした。そこは救助係の受け持ちを外れたところにありました。賢治や教え子が水遊びをしていると、赤い腕章をつけた救助係が近づいてきました。お暑うござんすとか言いながら、賢治は初めのうち平気で救助係と話していたのです。すると相手は、人手がなかなか足りないことや、救助のブイを浮かべてもらえるよう町の人々を説得しているところであることなどを語りました。生徒を連れてきて泳がせている自分の考えの足りなさに、遅ればせながら賢治は気づかされたと言います。

「何気なく笑って、その人と談《はな》してはゐましたが、私はひとりで烈しく私の軽率を責めました。

実は私はその日までもし溺れる生徒ができたら、こっちはとても助けることもできないし、たゞ飛び込んで行って一緒に溺れてやらう、死ぬことの向ふ側まで一緒について行ってやらうと思ってゐただけでした」

このくだりを読みますと、のちに書かれる『銀河鉄道の夜』の青年の述懐にも通じるものがあると言えるのではないでしょうか。それから『宗谷挽歌』にも次のような言葉が見えます。

みんなのほんたうの幸福を求めてなら
私たちはこのままこのまっくらな
海に封ぜられても悔いてはいけない。

ここに現われているのは、運命共同体的、一蓮托生的な生き方にほかならないでしょう。それが賢治に一貫してあった考え方ないし覚悟であったと思われるのです。

前に挙げた話と合わせて、これらの話はそれぞれわれわれに現在なお深刻な問題を投げかけていると言わざるを得ません。

それらは伝説や童話のモチーフにすぎないわけでなく、また遠い過去の記憶として受け取られるべきものでもありません。たんなる抒情でもない。それどころか、現在のわれわれの人生のいつかなるときそれが眼前の現実として不意に現われるか分からないのです。事故として出来するのか、事件として起こるのか、偶然として現われるのか、時代の必然的な趨勢として出現してくるのか。その出現の様態はそのときどきによってちがうかもしれません。しかしいずれにせよ、それらの現実性と確実性をわれわれは疑うことは出来ず、いつなんどき人生の脆い防御壁を蹴破ってわれわれの内部へと侵入してくるか分からないのです。宮沢賢治は身近には二十六歳のときに、二つ下の妹のトシの夭折をまのあたりにすることによって、それを思い知らされたのでした。

また、『山の人生』の冒頭に記されたあの美濃の山奥の炭焼き親子のあいだに起こった惨劇や、『遠野物語』第九九話の津波の後日談を読む人々は、柳田国男が『遠野物語』の序文に書いた「これはこれ目前の出来事なり。(中略)要するにこの書は現在の事実なり。たんにこれのみをもってするも立派なる存在理由ありと信ず」という言明に、あらためて同意をうながされずにはいないでしょう。そして三島由紀夫が『小説とは何か』で、『遠野物語』は「人間生活の恐怖の集大成である」と言っているのもうなずかれるものがあるでしょう。

われわれの生存の根柢につねに貼りついているこの「恐怖」とのたたかいを度外視して、文学というものはなく、学問というものもありません。

参考文献
岡本太郎著『沖縄文化論』中公文庫、二〇〇〇年
柳田国男著『遠野物語・山の人生』岩波文庫、一九七六年
柳田国男著『故郷七十年』朝日選書、一九七四年

宮本常一・山本周五郎ほか編『日本残酷物語1』平凡社ライブラリー、二〇〇三年
三島由紀夫著「柳田國男『遠野物語』――名著再発見」『三島由紀夫集――雛の宿』ちくま文庫、二〇〇七年
三島由紀夫著「小説とは何か」『三島由紀夫集――雛の宿』ちくま文庫、二〇〇七年
小林秀雄著「信ずることと知ること」『考えるヒント　3』文春文庫、二〇一三年
ホフマンスタール著「帰国者の手紙」『チャンドス卿の手紙』岩波文庫、一九九一年
泉鏡花著『高野聖』岩波文庫、二〇〇一年
山下文男著『津波の恐怖』東北大学出版会、二〇〇五年
山下文男著『津浪てんでんこ』新日本出版社、二〇一一年
宮沢賢治著『銀河鉄道の夜』岩波文庫、一九八五年
宮沢賢治著『イギリス海岸』青空文庫、二〇一三年
宮沢賢治著『宮沢賢治全詩集』青空文庫、二〇一三年
山根智子著『宮沢賢治　妹トシの拓いた道――『銀河鉄道の夜』へむかって』朝文社、二〇〇七年

第三章　遠野物語の土俗的想像力

一　回転する炭取り

夏の到来の近いことを思わせる陽気と暑気、いっぽうでそれに肩透かしを食わせるかのような冷涼な気温の日々とが、このところ交互に現われたり消えたりしておりますが、大兄はこの時期はどのようにお過ごしでしょうか。どちらにしても湿気の多い梅雨の時季の関東の暑熱は、わたしのような東北の人間にはとうてい愉快とは申しがたく、週末なども有効に使うべきところとはいえ、ややもすれば一日じゅうぼうっと暮らしてしまうようなていたらくです。

それできょうの午後は岩手の郷里に送る本の整理でもと思い立ち、紙の箱を七つ八つ組み立てて蔵書の一部を発送出来るように箱のなかにならべてみたのですが、雑書のたぐいまで詰め込めるだけ詰め込んだ書棚のほうはいっこうに空間を見せる気配もなく、汗と埃にまみれているうちにくたびれ果て、いい加減で止めてしまいました。ドストエフスキーの全集とこの作家に関連する内外の研究書のたぐい、それから小林秀雄の全集を詰めただけで、五つ六つの箱がまたたくまにふさがってしまいました。

小林秀雄と言えば、大兄は先日のお手紙に柳田国男と花田清輝のことをお書きでしたが、小林秀雄も柳田の学問に深く共感をそそられた一人ですね。

むろん小林は花田とはまるで観点がちがいますが、読んでいて深く共感出来るところもあり、とくにベルクソンが心霊学に関するある講演で語ったこととの兼ね合いで、小林がそのベルクソンと並べながら柳田の学問の性質について語っているところなど、伝承の生きた姿を伝える人々の心意とリアリティの受け止め方に気を配っていていよいよ興味深いものがあります。じつは郷里に送るため本を箱に詰めていて、ふと読み返してみる気になったのでした。急に『遠野物語』に連想が及んだのもそういう次第からです。

『遠野物語』の幻想的文学性の比類なき強密さと純度の高さは、右の小林、花田にかぎらず、古くは泉鏡花、折口信夫、芥川龍之介、島崎藤村らにも少なからぬ興味と衝撃を与えましたが、三島由紀夫にいたっては最晩年の著作である『小説とは何か』のなかで、「小説」の最も優れた例として『遠野物語』からいくつかの話を引いて、詳述にこれ務めているくらいです。事の行きがかりからそれも書架より取り出しました。つとに大兄は『小説とは何か』をお読みになっておられるとは思いますが、しばしお付き合い願えればさいわいです。

三島が『遠野物語』に感動というより作家としてほとんど愕然とするような衝撃を受けずにいられなかったのは、とくに第二二話ですね。「あ、ここに小説があった、と三嘆これ久しうした」と書いていることはあまりにも有名でありましょう。三島が注目したのは、祖母の通夜に戸口のほうから現われた幽霊がまさに祖母その人だったというところ、その幽霊が通り過ぎしな「裾にて炭取にさはりしに、丸き炭取なればくるくるとまはりたり」というくだりにほかなりませんでした。

ところで、菊池照雄という人が遠野におりまして(といってもしばらく前に物故されましたが)、遠野物語の背景となった事実や土地の歴史を克明に調べた『山深き遠野の里の物語せよ』という著書があります。それを初めて読んだときわたしは驚きました。同時に、わが郷里にこれほどのりっぱな散文を書く人物がいたとは、と自分の灯台下暗し同然の無知に恥じ入らぬわけにはいきませんでした。菊池氏は佐々木喜善全集の編集委員も務めています。帰省の機会がなんどもありながら、生前著者に直接お会い出来なかったことをいまさらながらに悔やんでおります。

その菊池氏が、同書でやはり三島の右の挿話を取り上げ、三島の「三嘆これ久しうした」理由について、次のように的確に要約しているのです。まず三島に戻ってその言うところを振り返ってみますと、こう書いています。

「亡霊の出現の段階では、現実と超現実は併存している。しかし炭取の廻転によって、超現実が現実を犯し、幻覚と考へる可能性は根絶され、ここに認識世界は逆転して、幽霊のはうが『現実』になってしまった」

次に菊池氏の解説が続きます。

「三島は、この幽霊が物を回転させることによって現実性をかくとくした。小説も幻想という幽霊の一種だが、これが現実性をかくとくするためにはこのように物を回転させる根源的な力が備わっていなければならない。柳田の採集したこの小話こそ本物の小説であると言ったのである」

菊池氏は遠野物語について、もう少し啓蒙的な著書『「遠野物語」を歩く』を書いています。そこでも三島の同じ言葉を再度要約して紹介していますが、具体的にはこう述べられています。

「つまり、三島由紀夫の論説はこうだ。つねに小説には「まことらしさ」が必要不可欠であり、この二二に語られる亡霊が炭取を回すくだりには、現実を震撼させることによって亡霊を現実化するところの根源的なエネルギーが備わっている。まさに一つの小説になっている、と指摘したのである」

右の三島とそれに対する菊池氏の所論に照らして言うならば、小説とは虚構つまり幻影の謂いであり、それ自体が幽霊であると申してもよろしいわけです。その幽霊に対して小説が現実性を獲得し、現実への関与能力を帯電するためには、現実の次元に属する物質を実際に回転させてみせなければならない。そのことによって現実を震撼させなくてはならない。そのようなとてつもない強烈な電力を小説が放つことが可能となるためには、現実を震撼させられるだけの「根源的エネルギー」が言葉とイメージにそなわっていなくてはならない。三島は明らかに柳田の文学的才能にその異常なまでの強烈なエネルギーがみなぎっていることを確信せざるを得なかったのです。

いっぽう菊池照雄は、柳田の表現と、それに対する三島の所論を的確に読み解きながらも、文学として表現された作品の外の現実のなかに、電力つまりエネルギーの源を発掘しようと試み続けた人であると言うことができましょう。菊池氏はそのため、柳田に素材を提供した佐々木喜善その人の語りのエネルギーと遠野郷という風土的出自から、そのエネルギーの源泉というものに注目し、エネルギーの本体をなんとか解き明かそうと努力しています。

二　血縁の絆とくびき

菊池氏の著書を読みながらあらためて思い知らされた次第ですが、第二二話にかぎらず『遠野物語』に収められた面妖かつ無気味な力を帯びた小話のそれぞれは、じつは孤立した物語ではない。それぞれの物語の水面の下では互いに引き合う緊密なつながりを持っております。

そしてそのつながりとは、言葉を変えてもっとありていに言えば、血縁の絆ないしくびきにほかなりません。

三島は、遠野物語は当初から血なまぐさい血縁の絆の物語であることを正当にも指摘していました。わたしもまさにその主題をめぐって考えてみようと思い、大学で開講されている『「遠野物語」を読む』という講座の題目として掲げたことがありました。話を十分深く展開させられないうちに時間切れとなったため、遠野郷の血縁をめぐる物語の特殊な緊密性について、もっと詳しく集中的に聞きたかったと受講生から批判的なコメントを受ける羽目になりました。

確かに、その講座でわたしが引き合いに出したのは、スペインのアンダルシアはグラナダ出身のロルカの戯曲の後期三部作でありましたから、遠野に興味を限定しがちな受講生の大半にとっては、この際スペインの話は無縁とは言わないまでも、少なくとも当面迂遠なものと思われたにちがいありません。

しかしロルカは、『血の婚礼』『イェルマ』『ベルナルダ・アルバの家』において、いずれもアンダルシアの半封建的な風土における酷烈な悲劇を、あたかもあの古代ギリシア悲劇に描かれるアトレウス家代々の連綿たる血縁惨劇の連鎖――『アガメムノン』の夫殺し、『オレステス』の母殺し、そしてモチーフとしての追放、放浪、復讐の神による狂乱など――を髣髴《ほうふつ》とさせるかのような生々しい現実性を帯びた「血縁」にともなう問題として掘り起こし、悲劇として描き出して見せたのです。

そのため、既得権と家父長的なカトリック・キリスト教的倫理を墨守するグラナダの地主層また中流保守層のあいだに、激しい憎悪を掻き立てる事態を招来しました。そしておりしもスペイン戦争が勃発するや、すぐさまグラナダの頑迷固陋《がんめいころう》なファシストたちに詩人は引き立てられ、取り調べも裁判もないまま大量虐殺された市民たちの一人として、かれらと運命をともにすることになりました。

数年前の冬のことですが、アンダルシアを旅したおり、グラナダ郊外のいまはロルカ記念公園となっているその現場にわたしはおもむきました。もとはオリーヴ畑だったその小高い場所で、多くの共和派グラナダ市民とともに詩人が強いられた非業の死に思いを馳せ、胸を打たれずにはいられませんでしたが、同時にわが郷里遠野の面妖なまでの血縁の裏面史にも、そのときおのずから連想を及ぼさないわけにはいきませんでした。

その旅にわたしが携行したのは岩波文庫のロルカ作『三大悲劇集　血の婚礼ほか』でしたが、その訳者解説にはジョージ・スタイナーの名著『悲劇の死』の一節が引用されています。グラナダ滞在の何日目かに訪れたロルカの住居(現在は記念館になっています)の外に据えられたベンチで読み返したスタイナーの言葉は、わたしにとってひときわ印象的でした。それはこういう文章です。

「ユダヤ的ヴィジョンは、災厄の中に、特定の道徳的欠陥なり理解の欠如なりを見てとる。これに対してギリシャの悲劇詩人たちは、われわれの人生を形づくったり破壊したりする力は理性や正義の及ばぬところにあるのだと考えている。いや、実はそれどころではない――われわれの周りには悪魔的なエネルギーがあって、それは人間の魂に取りついて狂気に追いやったり、われわれの意志を毒してわれわれ自身やわれわれの愛する者にとりかえしのつかぬ怒りを向けさせたりする――そう、彼らは考えているのである」

この「悪魔的エネルギー」の現存を、ロルカは自らの地方の言葉を用いて「ドゥエンデ」と呼んでいます。デーモンと言ってもいいそのドゥエンデに取りつかれた人々の情熱の劇こそが、現代アンダルシアの基層に根差した根本問題をなすものとして存分に描き出されねばならない、とロルカは考えたのでした。

ですから、わたしはロルカの戯曲に、現代になお通じる「悲劇」の典型を見いだすことができるのみならず、それが『遠野物語』の背景にもまた見て取れるということ、そこからさらに一歩を進め、東北地方の半近代的・半封建的な血縁の絆の矛盾と桎梏が根深く残存し横たわっているという事実を炙《あぶ》り出したかったのでした。

三　実家に関わる実話

大兄はつとに『遠野物語』をお読みになっておられるのでご記憶でもありましょうが、人間の女が人妻でありながら河童の子をはらんだ話とか、神隠しに遭った女が山のなかで異形の大男と暮らしている話とか、駄賃付けの男が笛を吹きながら峠に差しかかったところ、谷底から「面白いぞぉ！」と呼ばう大声に肝をつぶした話とか、ザシキワラシとはじつは豪農の家の外に出せない隠し子だという話とか、娘が馬と実質上夫婦となり、それを憎んだ娘の父親が馬の首を切り落とした話とか、息子がじつの母親を斬り殺した話とか、そのときの断末魔の叫び声が山中でキノコ採りのため野営をしていた者の耳にも届いたが、その者は殺された母親のじつの兄だった話とか、それにまた、最前の第二二話の死んだ人の通夜に本人が幽霊となって現われた話とか、その幽霊を見てその家に出戻っていた狂女が「おばあさんが来た！」と口走った話とか、よく引き合いに出される話がこの本には少なくありません。

しかし、それらもろもろの一見個別的に見える話の群れが、じつは柳田国男の文学によって表現を与えられた特異な物語とは一線を画しながら、山深き遠野の風土の背景に肩を寄せ合う集落のようにかたまってひしめいていたことが、菊池照雄の著書を読むと徐々に浮かび上がって見えてくるのです。

すなわち、文才に秀でた都会的学者への素材提供者にすぎないと見えた遠野の人間・佐々木喜善が、そのじつ『遠野物語』の核心をなす話の大部分を、ほかならぬ自らの家族親類や遠近の係累のだれかれに起こった一連の経験や出来事の見聞にもとづいて語ったのであるという事実。それが柳田の本からは見えにくいまま今日に及んでいるわけです。むろんその理由には遠野の人々のプライヴァシーに柳田が配慮したということがありましょう。

しかし喜善の話がいわば実家に関わる実話にもとづくということの意味は、改めて問われなくてはならなかった主題でした。じつに菊池照雄の著書に語られているものこそは、そういう新たな問いと思考へ向かって読者をうながす風土に根ざした者の調査であり、知見であり、指摘であり、同時に忘却されかかった郷土の過去の歴史の発掘でもあったのです。

狭い盆地の地形のなかに住まい、地縁によって凝縮され、それだけに血縁の濃い人間たち同士のあいだの因縁の深さ、不思議さ、怖ろしさ、哀しさ、はたまた可笑しさ。それらの要素を重層的に絡ませながら語られるさまざまな話は、裏付けとなる幾多の事実の指摘によって、それこそ表層的には個人主義を装って生きている現在の平地人の平面化した薄い心胆をも寒からしめる力を放つかのようです。

四　魔性の力

伝承と物語の背後には、飢饉をはじめ幾多の悲痛な人間経験が踏まえられております。山襞《やまひだ》に貼り付いて単調な日々を送り、生涯をそこで暮らさねばならない貧しい人間たちの生存にともなう太古以来の痛苦が息をひそめております。それでいてその根柢には、「悪魔的エネルギー」すなわち「根源的エネルギー」、つまりロルカの言うドゥエンデが、依然としてふつふつとたぎっていることをも現代人は想起しなくてはなりません。

それに関連して、最近たまたまですがわたしの目に触れた一枚の非常に印象的な絵があるのです。誰が描いたものか、わたしにはいまのところ作者が分かりません。

絵のなかで黒い馬のたてがみをつかんだ一人の女が、燃え上がる炎のような紅蓮《ぐれん》を背にして疾駆してくる。自らの黒髪をも馬のたてがみのように風になびかせ、暗闇から抜け出してきたように女の上半身のみを描いているのです。あたかも女と馬が一体になっているように見えます。

紅蓮のなかから現われたか、闇のなかから現われたか。女が紅蓮の化身なら、馬は闇の化身と言わねばなりません。どちらも情念がほとばしり、人馬一体の姿となって疾駆するのです。何処に向かうのか、向かう先になにが待ち受けるのか、それは定かではありません。はっきりと見て取れるのはすさまじいまでの情念の猛りです。

おのずとロルカの『血の婚礼』が思い浮かんできます。と同時に、『遠野物語』の娘と馬の物語が想起させられずにはいません。

わたしの知るかぎり、いまだ両者を結びつけて背後にあるドゥエンデつまり魔性の力に注目した人はいないようです。

だが、まごうことなく両者に共通しているのは土俗の想像力のすさまじさにほかなりません。すなわち辺境のフォークロアであります。フォークロアの真髄たる魔性の力であります。

それにしても『血の婚礼』と『遠野物語』とを結びつけるとは、さぞかし突飛な思いつきと思われるでしょうね。それも無理ないことと認めなくてはなりません。なぜなら、それを突飛と思うほどに現代人の魂にはフォークロア的な馬力がすでに衰弱してしまっているからです。

では、馬力とは?

それは牽引する力のことです。土俗の想像力がかつて持っていた力のことです。すなわちロルカの言うドゥエンデがそれにほかなりません。

遠野では、大いなる虚構を交えて経験を語る人々のことを、むかしからヒョウハクキリと称し、英語で言うトールテールズつまり大法螺を吹くという習慣を伝統的に歓迎してきました。

雪深い山里に暮らす人々の生存の孤独と痛苦と悲哀が甚だしければ甚だしいほど、逆に人々は、現実の悲惨をいっぽうでは超自然の存在の関与によるものと受け止め、他方では誇張を極限にまで広げ、しまいにはあらゆる悲惨をも笑い飛ばしてしまうだけの虚構の力を、肥沃ならざる風土のなかで、畏怖を込めながらも、同時にまた旺盛に育て上げてきたのです。

右の人間の娘と馬の逢引きから夫婦になるまでのいきさつのみならず、斬り落とされた馬の首にしがみついたまま天空に駆け上がり、そのまま飛翔し去ったというイメージのダイナミズムを作り出した想像力の土俗神話的なものすごい精力にこそ、われわれは思いをいたすべきでありましょう。沢庵を肴《さかな》にどぶろくを酌み交わし、各自が持ち寄った草餅やくるみ団子やカネナリ団子を夜食にしながら、興ずれば深更にまで及ぶ怪奇な物語や法螺話、エロティシズム、果ては卑猥きわまる性の経験と生態までもあけすけに語り合うというのが、喜善の育った土淵村山口の集落ではことに盛んだったと菊池氏も言います。

ですから、たとえば河童伝説一つ取ってみても、他の地方の河童伝説と同根の民話的心性に根ざしながらも、この遠野の地での伝承のなかでそれは恐怖と嫌悪と願望と好奇心と禁忌とがないまぜになり、現実は歪曲され、誇張され、ある場合には他愛もない笑劇のおもむきを呈し、またある場合にはむごい惨劇の様相を帯び、この地方の風土的・家族的・歴史的特性をも色濃く帯びないわけにはいかなかったのでした。

菊池氏も指摘しているように、地縁と血縁が結びついたこの土地では、そもそも当時の戸籍さえもがいい加減なものでした。喜善自身の出生についてもいくつもの噂があったのです。下駄の朴歯入れか靴の半張り職人の夜這いの子ではないか、などなど。喜善の出生にまつわるこうした噂は、一族が百姓であり、ときに土方や駄賃付けなどの仕事をしているのに、喜善だけが突然変異かなにかのように、文学などという異質のいかがわしい仕事をし出したところから囁かれ出したようでもあります。法螺話を一夜のこととして披露し、あとは「どんどはらい」にしてしまう黙契のもとでの語りの習慣を、古老や巫女の家を回って話のいちいちを帳面に記録し、本に書こうなどというのは、公然の秘密であるべきものをまさに公然とさらけ出そうとする禁忌違反であって、ヒョウハクキリの法螺話を許容する村々といえども、共同体の仁義に悖《もと》るふるまいと胡散《うさん》臭く思われたことでありましょう。

しかし、村の特異な神童の魂には並外れた好奇心が生き生きと脈打っていただけではありませんでした。いまだ因襲的なものの考え方をする家族血縁の者はもとより周囲に住まう余人にもとうてい理解しがたいことでしたろうが、喜善の精神のうちには近代人の自我の葛藤もまたすでに胚胎していたのでした。

五　深淵としての性

明治時代当時の戸籍のあいまいさについて、菊池照雄の本にはこう書かれています。

「喜善の母たけは十五歳で結婚し、十六歳で未亡人になり、戸籍では喜善を生んだ十五日後に再婚ということになっている。なにかを恐れ、なにかをかくそうとするごとく戸籍は整然とつくられていく。この複雑な一族間の人間のやりとりが、喜善と母を軸に進められている。

彼が、後年、山男、山女、ザシキワラシ、オシラサマなどに異常な関心をよせるのは、目に見えない運命の糸であやつられた自分を、これらのものにダブらせて見ていたからであったろう。

土淵村は、このように戸籍が事実を証明し、記録するものでない例が多いところだ。とくに夜這いの子を私生児にしないように、相手が承知すれば、その戸籍に入れてしまった。その事実関係の複雑さは、戸籍だけで明らかにできない」

いっぽう作家・三好京三の書いた喜善の伝記小説『遠野夢詩人』を読むと、やはりその戸籍問題について触れているくだりがあるのです。喜善が明治十九年十月五日に生まれたと戸籍にあるが、「しかしまちがいなくその八か月か九か月前に生まれた」と三好も書いています。だが続けて、タケの夫の「茂太郎は五尺八寸の好男子だったから、喜善の長身は生まれる前に死んだ実父似だ」とあっさり言ってのけて、夜這いの子という噂には三好は触れもしません。

「タケの生家には姉のイチがおり、久米蔵という婿を迎えていたが、この夫婦には子がなかった。それで父親の佐々木万蔵が厚楽家《あつらく》とかけ合って、茂太郎死後一か月か二か月で生まれた喜善を、佐々木家にもらいうけた。この交渉はそうかんたんには行かなかったから、戸籍へのつけ出しが大幅に遅れたのだ」

これが三好京三の解釈なのです。

抑圧された村里の若い者たちの性は、押しひしがれるからこそいやがうえにも旺盛となり、儒教的また仏教的な倫理のしがらみを越えた野性を帯びるものでありましたから、村々に夜這いの習慣を蔓延させ、また雑魚寝同然に同居する一族のあいだでの父娘間、兄妹間などの近親相姦を頻発させることになりました。娯楽に乏しく、きつい単調な労働と、ひしめき合う家族だけの人間関係のなかで、性をめぐる快楽の誘惑がいや増しに募ることそれ自体はけっして想像しがたいものではありません。

喜善の家があった山口村のある旧家の場合などはその典型的なものでありましょう。その家は砂金掘りと駄賃付けとで財を築き、長者と呼ばれて、七番嫁までいるという大家族をなしていましたが、この旧家に起きたことを菊池氏がこう書いています。

「人里はなれた山中に大家族が同じ屋根の下で重なりあって生活していたから、近親相姦の深淵にはいりこみやすかった。

二百年のうちに三十八人の首縊り自殺を出した呪われた家でもあった。最後の大正年間には長女の婿が、姉妹二人と関係をもち、このため同じ柿の木の枝に二夜、姉妹が首縊り自殺して村々に衝撃を与えた事件があった」

事実、こんなふうに連ねていけばきりがないくらいでしょう。

菊池氏も参画した佐々木喜善の全集を読んでいると、喜善がたとえば作家として島崎藤村のような異常な根気と「自分のようなものでも何とかして生きていきたい」という生存痛苦の感覚とを、その文学の根柢に据えて仕事をしていたならば、自己の精神と自家の歴史を掘り下げながら風土に根ざした一族の伝記を克明につづるだけでも、いったいどれほどの奥の深さを持った文学が東北から日本近代文学のなかに出現することになったであろう、と思わずにはいられません。

六　佐々木喜善の評伝

先ごろ帰省のおり、遠野市立博物館に足を運んで喜善全集の第三巻と第四巻を購入することが出来ました。第二巻まではすでに所有していたので、ようやく喜善全集全四巻を手元に置くことが出来たわけです。

以来、いっぽうでその全集を読みながら、他方では喜善の評伝をいくつも読んでいるところです。ごく最近になって読んだのは小著でしたが、遠野市在住の著者・佐藤誠輔氏によるもので、市長をはじめ柳田国男研究者として高名な学者が序文を寄せていました。

すなわち市長の序文に続いて、柳田研究者として知られる学者・石井正巳氏が、先行の喜善の伝記作者の名前を三人挙げ、こう書いているのです。

「喜善には、すでに菊池輝雄（ママ）や山田野理夫、三好京三などの評伝があります。小説家を志しつつも挫折し、柳田国男との出会いから昔話やザシキワラシ、オシラサマの研究に入って行った人生は、書き手の気持ちを刺激するものだったにちがいありません」

ここまでは問題ないでしょう。事実そうなのですから。問題はその次です。

「しかし、これらの著述は興味本位に書かれたという一面を、否定することができません。喜善が残した文章をさしおいて、その人生だけをドラマ化する傾向が顕著です」

この一文を読んでわたしはいささか奇異の念が兆すのを禁じ得ませんでした。わたしは評伝のすべてに目を通したわけではありませんが、挙げられている三人の手になる著書は読んでいます。菊池、三好の著書は、力作と言っていいものです。なかんずく感心したのは冒頭にも述べたように菊池照雄の本です。そのわたしからすると、「興味本位に書かれたという一面を、否定することができない」と言うのは、批判というよりあまりに「一面」的であり、ほとんど誣告《ぶこく》にさえ近いのではないかと思われたくらいです。（石井氏は菊池照雄を輝雄と誤記していますが、それをあげつらうのは控えましょう）

現在石井氏は『遠野物語』研究の第一人者と言ってもいい人です。NHKの「一〇〇分de名著」という番組に出演していたのを見たこともありました。遠野市の遠野物語研究所研究主幹といったものものしい肩書も持っています。

二〇〇九年に遠野市と東京都武蔵野市で同時開催された遠野物語の講座では、同氏は喜善を取り上げ、「日本のグリム」として喜善の業績を国際的な視野に立って最大限評価してもおります。わたしはそれも読んでいますが、確かに民話研究にとって参考になる見解をいくつか披歴していたと記憶しています。

しかし、喜善の評伝の大半に関する、「人生は、書き手の気持ちを刺激するものだった」とか、「興味本位に書かれた」などという文言を見ると、こういうとらえ方をする氏の内心には、小説や文学に対する根本的な誤解ないし偏見があるのではないかと疑いたくなってくるのです。

いま『遠野物語研究』第六号を取り出してみると、佐々木喜善を特集しています。そこに収録されている「柳田国男と佐々木喜善」という後藤総一郎氏と石井氏の対談を読むと、菊池照雄や三好京三の伝記を評価しない理由として石井氏は次の点を挙げています。

すなわち、喜善に対する関心がその数奇な人生を追うというところにあり、そういう人生が学問の形成にどう関わったのかという問いが不在であること。柳田の蔭に埋もれた不遇な東北人というようなイメージでとらえられてきたこと。かれらは読み物を書こうとするだけで、喜善の学問を評価したものではないこと。

「ですから、わたくしはそうした性格の伝記をほとんど評価していません。(中略)東北という場所から新しい学問を柳田と一緒に興そうとした先見性そのものが、キチッと評価されなければなりません。わたくしは一〇年間ほど喜善研究を行ってきましたが、それまでの研究に対する反発もあって、人生への興味ではなく、テクストとして残されたものをどう評価するかに傾いていたのです」

さらに石井氏の「日本のグリム・佐々木喜善の偉業」という講演記録を合わせて読み返してみると、喜善が遠野を出て仙台で暮らしていたときに、仙台で出ていた『逓友《ていゆう》』という雑誌に書いていていた「消印余禄」という連載記事からいくつか引用されています。こんど購入した全集で、わたしもその連載記事をまとめて読むことが出来たのですが、わたしの興味関心を引いた記事がそのなかにあり、少し大げさに言えばアッと思いました。

七　集配人一家の悲劇

大兄は、『遠野物語』第一一話の母殺しや、『山の人生』冒頭の美濃の山奥で起きた子殺しの惨憺たる挿話をおぼえておられるでしょう。前者は喜善が語った話として、『遠野物語』のなかでも異彩を放っており有名ですし、後者は柳田自身が読んだ調書に書かれていた話です。これもまたあまりにも有名な話です。どちらも事実である点で民話とは断然おもむきを異にしており、いわゆる世間話に分類されるものです。

じつは喜善の「消印余禄」にも、右のむごい話を想起させずにおかない一つの惨劇が記されています。わたしをアッと言わせるところだったというその実話は、「集配人一家の悲劇」という小見出しで連載二回分を費やして叙述されている。この連載自体は、作者が一人の退職した郵便配達の老人の経験を物語ったのを聞き書きしたという趣向になっています。

その記事に対するわたしの興味や関心は、石井氏によれば「興味本位」ということになるのでしょうか。おそらくはそうなのでありましょう。なぜなら、『遠野物語』の研究者ならば、その類似にも言及があってしかるべきではないかと思うのですが、その記事に石井氏はまったく触れておられないからです。

その「悲劇」というのはこういう話です。

ある実直な郵便配達の男が、あるとき為替《かわせ》を配達した。そのあとで宛名人が受け取っていないと申し出た。そのため問題になった。これが事の発端です。当時の郵便事情のことはよく分かりませんが、配達した側が宛名人から受取印を受領するようにあらかじめ決まってさえいれば、こんな騒動にはならなかったのです。

配達人が正直者であることは郵便局員をはじめ誰もが知っていたので、為替を抜き取るなどということはあり得ないと言ってくれたものの、本人は正直一途の小心者だったので、局にも出ず、家に閉じこもってばかりいました。家族が励ましたが思いつめ、ふさぎ込んで、聞く耳を持たなかったそうです。

この家では副業として養蚕《ようさん》をやっていて、ちょうど忙しい時期だった。蚕《かいこ》に桑の葉を食わせるため、家族七人が総出ではたらいていた。配達人も大きな桑の葉切り包丁を持ち出し、ごしごし研いでいた。家族のだれ一人として来たるべき惨劇を予想した者はいなかった。桑の葉を切るために包丁を研いでいるとばかり思っていたからです。

二日二晩をかけて包丁を研ぎ、配達人はその晩まず寝ている妻に馬乗りになり、その首を押し斬りました。それから次々に家族の者を手にかけました。十五歳になる男の子が飛び起きざま夢中で表に逃げ出しました。すると父親は「もぜが（かわいそうだが）、お前ばり助けられねえ」と言って追いかけた。そして首から袈裟掛けに斬りつけたため、息子はつんのめってがっくりと首を垂れてしまった。

やがて周囲の家々で大騒動となり、巡査のほか消防団員なども出動して、とうとう配達人を取り押さえるのですが、発狂しているというので、自宅の部屋に格子をはめて監禁し、近所の老婆が食事など身の回りの世話をしていたそうです。ところがある日、火鉢から火が出ました。こうして家もろとも炎に包まれ、あっというまに配達人も焼死してしまったのです。大正七、八年ごろに起きた実話であると語り手は述べています。語り手とは、ここでは佐々木喜善その人です。

しかし石井氏は、講演で読むかぎりこの話に全然注意を払っていません。関心がないのか、扇情的すぎると考えたのか、あるいは講演演題の趣旨に合わないと判断したからか、わたしにはよく分かりません。アッと驚いたわたしはあくまで「興味本位」で読んだにすぎないということなのでしょうか。

しかし、前にも述べたように、『遠野物語』のなかで第一一話がひときわ異彩を放っていることは確かです。同様に『山の人生』の冒頭も多くの著者が触れずにはいない有名な挿話ですね。柳田は右の二つの話に、人間の生存に伴う苦悩を見ました。それは白樺派も自然主義の文学者たちも、むごすぎるとして看過したほど深い「人間苦」そのものでありました。

だが、新しい学問である民俗学は、その「苦」の根柢に降り立つことができるような学問でなければならない。つまり根柢的な人間存在を扱うような学問でなければならない。人間存在の奥底に「苦」がわだかまっているのなら、それを看過せずに扱うことが出来るような学問でなければならない。柳田はそう考えたはずです。

であればこそ、『遠野物語』に息子による母殺しの話を載せ、『山の人生』の冒頭に、目次内容と直接関係がないにもかかわらず、美濃山中の子殺しのむごい挿話を書き残したのです。喜善から聴き取った話にしても、柳田が犯罪調書のなかに見いだした話にしても、けっして興味本位ではなく、残酷のための残酷でもなく、むしろ逆に「人間苦」のやむにやまれぬ現われとしての残酷さだったのです。

そう考えると、喜善が郵便配達人一家の惨劇を記したのは、たんなる原稿料稼ぎのためだったのかどうか。作家は「売文の徒」でありますから、そのかぎりで原稿料目あてだったことは確かでしょう。しかし、たとえばフォークナーは『サンクチュアリ』で「残酷」と「暴力」を描き、一挙に文名を高めましたが、本人自身は原稿料目あてに書いたと言っていました。だが、あの小説に文学的価値がないとは言えませんし、研究者の多くもそのように批判してはいません。「残酷」も「暴力」も、それ自体を「興味本位」に扱っているのならもとより問題外ですが、それが人間存在の根柢にわだかまる「苦」が噴出したものでないかどうか、それがなにより問題であるはずであり、それを問題にするのは文学や民俗学ばかりではないのです。それは今日依然として、そして未来においても、学問というものの主要なあるいは根本的な追求課題でもなければならないものであります。

二〇一×年六月三十日

参考文献

菊池照雄著『山深き遠野の里の物語せよ』梟社、一九八九年
三島由紀夫著『小説とは何か』新潮文庫、二〇〇三年
ガルシア・ロルカ著『三大悲劇』岩波文庫、二〇一〇年
三好京三著『遠野夢詩人』実業之日本社、一九九八年
ジョージ・スタイナー著『悲劇の死』ちくま学芸文庫、二〇一〇年
佐藤誠輔著『佐々木喜善小伝』遠野市教育文化振興財団、二〇〇三年
『遠野物語研究』第六号、遠野物語研究所、二〇〇二年
『佐々木喜善全集』第三巻、遠野市博物館、一九九三年

第四章　河童と羅漢《らかん》

はじめに

『遠野物語』には河童（川童）の話がいくつも語られている。第五五、五六、五七、五八、五九話などがそうである。まず五五話を引いてみよう。

川には川童多く住めり。猿ヶ石川殊に多し。松崎村の川端の家にて、二代まで続けて川童の子を孕みたる者あり。生れし子は斬り刻みて一升樽に入れ、土中に埋めたり。其形極めて醜怪なるものなりき。女の婿の里は新張《にひばり》村の何某とて、これも川端の家なり。其主人人に其始終を語れり。かの家の者一同ある日畠に行きて夕方に帰らんとするに、女川の汀《みぎは》に踞《うづくま》りてにこにこと笑ひてあり。次の日は昼の休に亦《また》此事あり。斯《か》くすること日を重ねたりしに、次第に其女の所へ村の何某と云ふ者夜々通ふと云ふ噂立ちたり。始めには聟《むこ》が浜の方へ駄賃附に行きたる留守をのみ窮ひたりしが、後には聟と寝たる夜さへ来るやうになれり。川童なるべしと云ふ評判段々高くなりたれば、一族の者集りて之《これ》を守れども何の甲斐も無く、聟の母も行きて娘の側に寝たりしに、深夜にその娘の笑ふ声を聞きて、さては来てありと知りながら身動きもかなはず、人々如何にともすべきやうなかりき。其産は極めて難産なりしが、或者の言ふには、馬槽《うまふね》に水をたゝへ其中にて産まば安く産まるべしとのことにて、之を試みたれば果して其通りなりき。その子は手に水掻《みづかき》あり。此の娘の母も亦曾《かつ》て川童の子を産みしことありと云ふ。二代や三代の因縁には非ずと言ふ者もあり。此家も如法《にょほう》の豪家にて〇〇〇〇〇と云ふ士族なり。村会議員をしたることもあり。

川童は河童とも書き、柳田も両者を厳密に使い分けているわけではない。『山島民譚集』では河童である。したがって、現在ではより一般的と思われる河童という表記をここでも用いることにする。

一　河童淵の守人

遠野の河童淵と言えば観光客が最も多く訪れる場所の一つである。遠野を訪れたことのある人でここへ足を運ばない人はない。遠野駅から六キロ離れた土淵町の伝承園へは乗り物でゆくとしても、降りて河童淵まではそこから徒歩で数分のところである。常堅寺の裏手を流れる小川がそうである。つまり淵とは言うがよどんだ水たまりではなく純然たる清流である。

そのいわゆる河童淵で、キュウリをえさ代わりに付けた釣り糸を垂れている人たちを見かける。背後からその釣り糸に見入るのは、河童淵の守人《まぶりと》運萬治男《うんまんはるお》さんだ。麦わら帽子、首にタオル、腰には手網というういでたちである。遠野市観光協会から「カッパ捕獲許可証」の第一号を交付された河童釣りの名人である。だが、公認の名人にして十年のあいだ釣果はまだないという。本業は水稲五〇アール、野菜二五アールを栽培する農業だが、作業の合間に河童淵に出かけてゆき、訪れる観光客に河童にまつわるさまざまな話をして聞かせる。いわば河童の語り部である。

河童釣りに用いるエサは小学校の三年まではピーマン、三年生以上はキュウリである。ピーマンは軽くて水に浮くがキュウリは重い。河童がピーマンに取りつけば、水に引き込まれぬうちに難なく釣り上げられる。逆にキュウリでは重いからうっかりすると釣り手も引き込まれてしまう。河童釣りに挑もうという少年少女に向かって右のような注意を与えてから、運萬氏はピーマンとキュウリの両方を差し出し、どちらかを選ばせる。ここまでは河童淵を訪れる観光客を楽しませるための、まあアトラクションである。

だが、運萬さんが河童伝説の裏面を語るとき、その表情は一変する。じつは遠野の河童にまつわる伝説には、遠野郷の哀しい歴史が秘められているというのだ。それは飢饉と間引きにまつわる悲惨な物語である。言われてみれば、民俗学者や作家たちはその歴史にほとんど触れることなく、河童伝説を伝説としてのみ語り論じてきたように思われる。柳田国男も折口信夫も石田英一郎もそうであった。また泉鏡花や芥川龍之介もそうであった。だが、運萬さんは、民俗的想像力が生み出した異形の存在を、ことさら郷土の歴史に付会して語っているだけであろうか。わたしはそうは思わない。土地の古老たちが胸の奥に押し込めたままめったには語ろうとしなかった歴史、それもまた遠野における河童伝承の一部をなしているのである。伝説は古老たちの胸底で、奔放な民俗的想像力と過酷な歴史的経験とで綯《な》い合わされながら、土着的な現実性を帯びた物語としてひそやかに語り伝えられてきた。歴史の深層を伝える河童の物語もあるのである。

新聞の取材やインタヴューや寄稿、またテレビの『新日本風土記』などに出演して、古老たちから伝えられた話を運萬さんは語る。

遠野の河童伝説というのは、飢饉のため食べるものが欠乏して、どうにもならなくなった親がやむなくわが子を川に捨てた歴史が作り出したものだ。自分の腹を痛めたわが子であれば、いくらなんでもこれを手にかけるなどということは出来るものではない。そこで苦しまぎれに親がこう言い聞かせる。おまえはこれから河童の神様になれ。神様になって何万年も生きろ。こう言って子供を川に連れて行ったというのである。

また、飢饉でなくとも五体満足でない状態で生まれた子供を殺すこともむかしはあった、と運萬さんは言う。遠野物語の根柢には貧しい暮らしがある。河童の姿がそれを物語っている。河童の指は三本。それに水かきがついている。『遠野物語』の第五五話にあるとおりだ。だがこれは不幸にして五体満足でなく生まれた子供を意味する。食い扶持《ぶち》を減らすため、こうした子供たちは間引きされなくてはならないさだめであった。河童として神のもとに返すためである。そういう風習が遠野にはあった。そしていっぽうで奇形を間引きによって排除しながら、他方で奇形の子を聖性の観点からとらえなおすという複合した観念も、むかしの人々のなかには同時に存在した。水かきのある手は釈迦の手に通じると言われるのがそれである。掬《すく》い上げられた人々が指のあいだからこぼれ落ちないようにと、釈迦の手には水かきがついている。いわばセーフティネットである。だから河童に同定された不遇の子も、ひるがえってこんどは救済の神としての役割をになう存在に転生する。亀の甲羅を背負うのも意味がある。現世での不幸を転換して、「せめて神の元では長生きしてほしい」という長寿への祈願を表わしている。そこから河童は子供の成長を願う親たちにとって神となった。

河童淵の水際に行ってみると一つの祠《ほこら》がある。なかを覗くと乳房をかたどったまるい紅白のぬいぐるみがそなえられている。運萬さんによれば、それはむかし、母乳の出ない貧しい家の若い母親に河童の祠にお参りに行きなさいと言った名残りなのだ。

乳房のぬいぐるみにはひそかに米が詰められていた。地主の計らいであった。若い母親は、かならずお返しをしますと手を合わせ、それを食べて栄養をつけ、赤子に乳を与えた。コメを返すことが出来ないほど貧しければ、代わりに山で採って来た薬草をぬいぐるみに詰めた。身分や立場のちがう者同士、公然と言葉を交わすことがはばかられた封建時代である。河童は同時に相互のコミュニケーションを媒介する役割をも担う存在であった。柳田の弟子の一人にオランダ人学者のコルネリウス・アウエハント教授がいた。その著書『鯰絵《なまずえ》』は知見に満ちた名著であるが、そのなかで注目されるのは河童のトリックスターとしての性格が強調されていることである。実際、封建時代の身分のちがう農民のあいだを自由に往来し得る河童は、まさにトリックスター的な存在でもあったろう。

運萬さんが、『日本経済新聞』（二〇〇九年六月十九日付け）に寄稿した記事がある。「河童伝説の起源は悲しい物語」という書き出しだが、右の話を要約するかのようでもある。念のために次に引用しよう。

「遠野は生きるには辛い土地。作物が育つ春から秋にかけては、『やませ』と呼ばれる冷気を含んだ風が吹き、長引くと冷害になり、歴史上飢饉がよく起こった。年寄りは自ら進んで野山に捨てられた。それでも食糧が足りない場合、人びとは苦渋の決断をした。農作業の助けにならない幼い子供をあやめたのだ。河原で大きな石を頭に投げ下ろす。そして川に流した。カッパは漢字で『河童』と書く。『童』とは生を全う出来なかった子、頭上の皿は石でへこんだ子の頭部なのだ。生き抜くためとはいえ、親も身を切り刻まれる思いだったのだろう。『河童伝説』では、河童は水辺を通りかかったり、泳いだりしている人を水中に引き込み、溺れさせたりするというが、河原で無慈悲に命を絶たれた怨念と考えられるし、水中の河童の姿が子供にしか見えなかったということも、上記のことと関連深いのかもしれない」

ここに運萬さんが書いているのと多かれ少なかれ同じような内容の話を、少年時代に聞かされて育ったたぶん最後の世代にわたしも属していよう。小学校時代の大半をわたしは遠野から峠を一つ越した釜石の在である砂子畑《すなごはた》で祖母と二人で暮らした。近所の年寄りや大人たちから、また年かさの少年少女から、似たような話を聞かされることがあったのである。

二　やませ

運萬さんの右の記事のなかに「やませ」という言葉が出てきたことに注意したい。これは「山背」と書き、春から秋にかけ、オホーツク海気団より吹く冷たく湿った北東風または東風《こち》のことである。とくに梅雨明け後に吹く冷気を言うことが多い。やませは、北海道・東北地方・関東地方の太平洋側に吹きつけ、海上と沿岸付近、海に面した平野に濃霧を発生させる。やませが長く吹くするとそれが冷害の原因となるのだ。

その恐ろしさについて、遠野の郷土史家だった故荻野馨氏が、『遠野の五百羅漢をめぐって』という優れた論考のなかでこう書いておられる。

「稲が南方原産であることはすでに触れた。この成長期には二〇℃以上の温度を必要とするが、最も暖気を必要とする時期に、オホーツク海から吹き込む偏東風のために、濃霧が発生して陰湿で寒冷な日が続く。ことにも遠野を中心とした北上山地にこの影響が顕著であり、これは避けがたい地理的な宿命として、何十世代にも及んで来た」

自然のしからしめる宿命としての冷害による凶作と飢饉。それをまぬがれるすべはなかったのである。それをいちだんと衝撃的に思わせる言葉さえあった。右のあとに続くこういうくだりを読まれたい。

「このいまわしい偏東風を、今日では山背と呼んでいるが、遠野の人達はこれを餓死風と呼んでいる。一方農作物の不作や凶作も餓死というのである。暖候期であるべき六、七月頃、北上山地の山襞を這う霧と冷気は山背によってもたらされ、これが北上山地における凶作の元凶となっている。過去の凶作は餓死者を伴なう飢饉に発展することがしばしばであった。この不幸な体験が濃縮されて伝承され、遠野では今日でもこの餓死という言葉が日常的に使われている。(改行)近世南部藩においては、二百七十年間に減作年が百二十四回も発生しており、二年に一度の割合である。凶作は四十四回で六年に一度、飢饉は二十一回で十三年に一度発生したことになり、その程度の差こそあれ一生には四度の飢饉を体験して来たことになる」

「やませ」ならともかくも、餓死風とは。なんとものすごい名称を持った風が吹くものではないか。だが、これは「ケガチ」と読み、飢餓風とも凶作風とも呼ばれることがあるこの地方の言葉である。たとえば山形県ではケカチと濁らないで発音する。ケガチまたケカチのケはハレとケと言うときのケであり、日常の食事を意味する。つまりムギやヒエやアワなどいわゆる雑穀を少量のコメと混ぜて常食としていた時代を推測させる語である。コメを食うのはハレの日だけと決まっていた。したがって、ケガチまたはケカチに漢字を当てれば「飢渇」であり、「飢餓」である。そこから岩手では飢饉を引き起こす不吉な風「やませ」を意味するようになったものと考えられる。

荻野は、飢饉と飢餓を現出させるこの風の影響の背景は自然的要因ばかりではなく、米を藩財政の基礎として財政運営をおこなってきた政治の無策が関係していたことに、われわれの注意を喚起している。以下、おもに荻野の所論にしたがってこの章をわたしは書く。

開田を積極的に奨励し、稲作技術が伴わないまま水田化率だけが高まる。その結果、気象の影響に対して脆弱な稲作経営を農民は余儀なくされた。生産性を無視して税制が画一的におこなわれたため必然的に悲劇が起こったのである。

人や物資の流通にも厳しい制限を加えた封建的な鎖国政策が飢饉の悪化に追い打ちをかけた。余剰を認めない生活を強要された農民に、資金や資本の蓄積はもとより不可能であった。農は国の本なり、と言いながら藩は幕府の意向に唯々諾々としたがうのみであり、地元農民の生活基盤や風土の特殊性に対して抜本的になんら配慮することも対策を講じることもなかった。飢えた農民たちが百姓一揆を起こしたのは当然であった。南部藩は百姓一揆が最も多かったところである。なかでも弘化四年(一八四七年)の三閉伊一揆、嘉永六年(一八五三年)の三閉伊伊達領越訴一揆などは代表的なものだ。

「五百羅漢造立の動機となったと言われる宝暦五年（一七五五年）の大飢饉は、南部藩で最も悲惨をきわめたと伝えられている。この時期の減作年の発生は、宝暦三年から七年まで連続五年に及んでいるが、ことに五年の大凶作は未曾有の大飢饉に発展し、翌六年の端境期にむけて多くの餓死者が発生した」

宝暦五年の飢饉による遠野領の人口減少は著しいものがあった。総人口一万九四二七人のうち四六二八人が死んだ。つまり約二四パーセントの人口減となった。

もういちど「やませ」に戻ろう。それは、農作物や漁獲に悪影響を与える冷たく湿った風の太平洋側での呼称である。夏季にオホーツク海気団から吹く北東風は冷涼・湿潤な風となる。海上を進んでくるあいだに雲や霧を発生させる。太平洋側の陸上に到達すると日照時間の減少や気温の低下といった影響を及ぼすのだ。

岩手県北部の下閉伊郡太平洋沿岸に奇岩をつらねる北山崎の自然風景は、三陸の名勝の一つとして知られるが、また独特の植生が営まれることでも有名である。十七、八年前の十月ごろのことだが、めっきり観光客の姿が少なくなったころにわたしは出かけて行って、思いがけずやませに襲われたことがあった。霧が出てきたようだと思いながら、やませは春から夏の現象であるとタカをくくってそのまま断崖に立っていると、あっという間に海が目の前からかき消えた。あたりがなにもかも白濁してしまった。あわてずにはいられなかった。松の根がうねうねと浮き上がっているところに靴先を引っ掛け、あやうく均衡を保ったものの直下はぎざぎざした岩礁である。波の音は聞こえるが波そのものは見えない。山に登って急に霧に巻かれ、方角が分からなくなるのは怖いものだが、それと同じで断崖は足場がよくないだけに、白い奈落に落ち込んで命を失いかねないところだった。それはともかく、北山崎の断崖のいたるところにニッコウキスゲやシロバナシャクナゲといった花々が咲く。また断崖の上に広がる林にはブナ、コナラ、ミズナラといった樹木が混じる。これらの花々や樹木は通常みな標高の高い高地や山間でしか見られない。それなのに海岸付近でそれらが観察されるのは、やませがもたらす冷涼な気候と大気の影響によるものであることは明らかだ。

そしてやませが吹きつける内陸部で最もその影響を否定的なかたちで受けるのは、稲作地である岩手県の北上盆地、宮城県の仙台平野、福島県の浜通り北部である。近年の例として、二〇〇一年の場合が挙げられる。この年やませの影響で太平洋側では日照時間が少なくなり、気温も低下した。宮古、大船渡、福島など、最高気温が二〇度に達しないところもあったと報告されている。

現代の東北地方の稲の栽培方法は、春季はビニールハウスなどで育苗し、気温が上がると露地栽培が可能となるため晩春に田植えをし、夏季の高温を利用して収量を確保する。昭和四十年代前半くらいまでは田植え時期が現在より遅く、ようやく初夏にさしかかるころにおこなわれ、稲刈りは晩秋ごろであった。

夏の盛りは、現在の東北地方における稲の開花時期にあたるが、この時期にやませが長く吹きつけて日照時間を減少させ気温低下を招くと、収量が激減して「冷害」となるのだ。

江戸時代は米が産業の中心であったこと、江戸時代を通じて寒冷な気候であったこと、また現在ほど品種改良が進んでいなかったことなどのため、盛岡藩と仙台藩を中心に、やませの長期化が東北地方の太平洋側に凶作を引き起こした。凶作は東北地方に飢饉を発生させたのみならず、三都(江戸・大坂・京)での米価の上昇を引き起こしたから、打ちこわしが発生するなどして経済が混乱した。

アジア太平洋戦争以後、冷害に強い品種が作られるようになり、飢饉にまでいたることは少なくなった。しかし、「一億総中流化」以降、首都圏をはじめとする大消費地のブランド米志向が顕著となり、味のいい品種としてコシヒカリ、ササニシキなどが集中栽培される傾向が進んだ。そのため再び冷害に対して脆弱となり、ついに「一九九三年米騒動」の発生にいたる。その反省から、冷害対策として「多品種栽培」が趨勢《すうせい》となったものの、近年の米の市場価格下落のため、早くもブランド米志向に舞い戻りつつあるという。深刻だった「一九九三年米騒動」の記憶が急速に忘れられかけているのである。

三　飢饉

前述したように、江戸時代は全期を通じて気温が寒冷な時代であった。そのため凶作や飢饉が絶えなかった。とくにやませの発生による冷害を主因とする東北地方の凶作は、江戸時代には天明の大飢饉、天保の大飢饉をもたらしたが、東北地方の専門家は、天明・天保の飢饉に宝暦の飢饉を加えて三大飢饉と呼ぶこともある。また、延宝の飢饉(延宝年間 一六七四年〜一六七五年)、天和の飢饉(天和年間 一六八二年〜一六八三年)も被害が大きかったという。明治時代以降でも一八七二年(明治五年)、一九〇二年(明治三十五年)、一九〇五年(明治三十八年)、一九一〇年(明治四十三年)、一九一三年(大正二年)、一九二一年(大正十年)、一九三一年(昭和六年)、一九三三年(昭和八年)と飢饉は断続的に発生している。とくに一九三三年(昭和八年)から一九三五年(昭和十年)にかけて発生した飢饉は、日本史上最後の大飢饉と言われている。

昭和恐慌期の飢饉は、都市部の大失業と所得減少、都市住民の帰農による人口圧力などによって農村経済を疲弊させた。農家の家計は窮乏化し、東北地方や長野県などでは女子の身売りが起こり、欠食児童が続出した。これは、世界恐慌からはじまるブロック経済の行き詰まりとあいまって、ついに満州事変の勃発の一因となり、破滅的なあのアジア太平洋戦争の背景となってゆくのである。むろん、戦争だけがいつも人間に悲惨をもたらして来た唯一のものでないことはいまさら申すまでもない。当面わたしがここで書こうと思っているのは河童伝説のことである。

冒頭で述べたように、遠野の観光の代表的なシンボルとなっているのが河童である。『遠野物語』に河童(川童)についていくつかの話が書かれているのもすでに紹介したとおりだ。

冒頭に挙げたのは第五五話だが、河童が馬の尻尾をつかんで川に引きずり込もうとして、逆に自分が川から引き上げられてしまい、これを生かすか殺すか人々が話し合う。結局川に放してやることになり、河童は返礼として人間に魚を届けるようになったというものもある。第五八話に語られるこの話はいわゆる河童の駒引きとして知られている。

柳田国男は『遠野物語』とは別に、河童の駒引きについても『山島民譚集』に記している。また、折口信夫も「河童の話」という論文を書いている。日本の外のユーラシア大陸にまで河童と馬の関係を追った石田英一郎の『河童駒引考』という名著もある。

しかし、一般読者のあいだでさらに広く知られているのは、むしろ芥川龍之介の『河童』という小説ではなかろうか。風刺小説としてひょうきんな河童のイメージが描かれている、と発表当時は受け取られたようだ。おそらく少年時代にそれを読んだわたしの感想もそんな程度だったかもしれない。現に柳田国男自身も、あんなにおどけすぎたら河童に気の毒ではないかとやんわり苦情を呈しているくらいである。

しかし、龍之介の「おどけ」はじつは全然余裕のないものであった。作家が内心極度に追い詰められていた晩年のころの作品であった。それは確かに民俗的な河童伝説とも、いわんや歴史的な飢饉の記憶とも直接には関係がない。だが、現世に生きる人間の痛苦という観点に立てば、ここで龍之介のペシミズムに言及しておくのはあながち的外れではないと思われる。

『河童』に次のようなくだりがある。母河童が出産間近になると父親河童が母河童の股のあいだに向かって、生まれたいか生まれたくないか、どっちだと問いかける。胎内の子河童が生まれたくないと応えると、外から母親の陰部になにか薬を注入してやる。するとまもなく母河童の膨らんだ腹が平らになってしまう。河童の世界では、この世に生まれたいか生まれたくないかを胎児が自分で決めることができるのである。人間世界とそこがちがう。

龍之介は産みの母親が精神異常であったため、生まれるとすぐに養子に出された。若い時分はそれほど神経質でもなかったろうが、次第に亢進《こうしん》して、自分が母親の素質を受け継いでいるのではないかとおびえるようになった。

龍之介の小説はいまでも若い人々によく読まれているが、晩年のものはどうであろうか。『大導寺信輔の半生』『玄鶴山房』『蜃気楼』『或阿呆の一生』『歯車』を好んで多くの若者が読むとはちょっと考えにくい。それにくらべると、『河童』は右と同系列に属する作品でありながら、ちょうどオーウェルの『動物農場』やゴールディングの『蝿の王』がそうであるように、かなり自発的な読書を若い読者にもうながすようだ。おそらく風刺小説という諧謔による趣向が、描かれている現実の実態の持つむごさを読者に直視させせぬはたらきをするからだろう。しかし実際には、マーク・トウェインの諸作やスウィフトの『ガリヴァー旅行記』がそうであるのと同じように、その諧謔には作者の憤懣や絶望が秘められていたのである。

その意味で、むかし少年のころに読んだときはユーモラスな感じさえしたその生まれるか生まれないかという場面は、古代ギリシアにも伝わる人間存在に関わる恐怖すべき普遍の真実を、河童の世界に託して作者が吐露したものにほかならなかった。

ニーチェが『悲劇の誕生』の前提とした命題を踏襲するようだが、洞察力に優れたギリシア人は知っていた。人間のいちばんの幸福はそもそもこの世に生まれてこないことにある。だが次善は、生まれた以上は可及的すみやかにこの世を去ってしまうことである。命長らえる。それは痛苦以外のなんであろう。さらに、『或阿呆の一生』で龍之介は長男の出産に立ち会ったおりのことを、こう書いている。

「彼は何か鼠の仔に近い赤児の匂を感じながら、しみじみかう思はずにはゐられなかつた。――『何の為にこいつも生まれて来たのだらう？　この娑婆苦の充ち満ちた世界へ。――何の為に又こいつも己のやうなものを父にする運命を荷つたのだらう？』しかもそれは彼の妻が最初に出産した男の子だつた」

「娑婆苦の充ち満ちた世界」――厭世観にとらわれた一人の作家のその言い回しが、あまりに個人的な傾きが強いと思わせるにもかかわらず、わたしに柳田国男が用いた言葉のいくつかを想起させずにはおかないのだ。その一つは「やるせない生存の痛苦」という言い方である。『清光館哀史』のなかにそれが見える。それからもう一つは、『山の人生』の序文にある「偉大なる人間苦」という言葉である。

山折哲雄氏の近著『これを語りて日本人を戦慄せしめよ　柳田国男が言いたかったこと』を読んでみると、著者はこんどの津浪震災直後、三陸を歩いたときの印象から話を始めている。震災直後の平地の惨状、その悲惨のきわみと、なにごともなかったような美しさを取り戻した海原の恐ろしいまでの対照に、胸を衝かれずにはいなかったという。

「偉大なる人間苦」という柳田の言葉を、山折氏もしきりに問題にしている。柳田は日本人の歴史を考えて、人間苦を救済するものは誰だったのかを明らかにしようとしたのだ、と山折氏は見ている。弘法大師にも、親鸞にも、柳田は徹底した無視の態度を取り続けたと山折氏は言う。

親鸞は非僧非俗をとなえ、信心第一、生活第二の道を説いた。これに対し、生活第一、信心第二、つまり半僧半俗の道を生きることによって、常民の生活と心情の基底を共有した者たちがいた。かれらは本山からはあざけられるヒジリだった。だがかれらの生活誌にこそ柳田は深い関心をいだいた。経世済民の思想をヒジリの存在に向いたまなざしで考え直す。そういう視点から柳田は問題を突き詰めていこうと努めた人であった。山折氏のその柳田論に少なからず共感するところがわたしにもあった。

地震、津浪、冷害、凶作、こういった人間の力ではどうにもならない宿命のような貌《かお》をして襲ってくる圧倒的な現世の暴力に対して、人間はどう立ち向かうのか。近世日本の飢饉もまた、一見あらがい得ない宿命の相貌を装って人々に襲いかかったのであった。

四　遠野五百羅漢

遠野郷をじっくりと見て回る人々の目は、飢饉の石碑が路傍に立っていることを見逃さないであろう。松崎宮代の道端にある飢饉の古碑がそれだ。現在遠野遺産第八五号に指定されている。遠野における凶作時の死者に対する唯一の供養塔である。後世の飢饉への戒めの碑でもある。凶作は宝暦五年から三年間におよんだ。生き残った人々も人馬の死体を取り除く力もないまま道路に野垂れ死にした。死臭が立ち込め、往来するにも困ったという。町々の店先では人より早く起きないと家の前に死人が山と積まれて困るので、かえって早起きの習慣がついたとさえ言われる。

しかし、飢饉に関わって今日最も有名なものは、五百羅漢と呼ばれる自然石への線刻の羅漢群であろう。遠野における天明の大飢饉による餓死者を供養するため、天明三年（一七六五年）に大慈寺の義山和尚が山中の自然石に五百体の羅漢像を刻んだものと伝わる。

遠野市街から花巻方面へ出はずれる道の左手に愛宕《あたご》神社がある。そのかたわらの斜面を、芒《すすき》を掻き分けながら登って数十分もゆくと、透明な色をした清冽《せいれつ》な沢水を見る。そこから上を見上げて人は驚くだろう。杉の大木がびっしりと立ち並ぶそのあいだに目をやると、丸みを帯びた大小の石がごろごろと折り重なって異観を呈しているのだ。その石一つ一つの表面に羅漢の姿が線刻（陰刻）されている。とはいえあらかた緑の苔に覆われているので、その輪郭を見分けることができなくなっているものも少なくない。あらかじめ知っている人だけしか訪れない場所だ。もっとも、正確に言えばこれはわたしが遠野高校の生徒だったころまでの話であって、その後遠野は民俗学のメッカとして広く知られるようになってゆく。五百羅漢を訪れる人の足も繁くなった。

わたしは中学生のころからおりおり五百羅漢を見に行ったが、羅漢像の素朴な表情に少年ながら心を引かれるものを感じずにはいられなかった。むかしの飢饉が羅漢像の由来であると教師から聞かされてからは、羅漢たちの朴訥《ぼくとつ》な表情とは裏腹の惨憺たる現実の光景が想像されるのは必然のなりゆきだった。それは少年をおののかせずにはいないものだったはずだが、それでいて羅漢たちを見るためになんども足を向けたのも事実だ。

　河童の伝説にしてもそうである。運萬治男さんが聞かされたのと同じように、河童の伝説と飢饉の際の子殺しや奇形の間引きを結びつけて語る人たちが、当時はわたしの周囲にもまだいたのである。だから、その後東京に住むようになってからも帰省のおりになんども河童淵を見に行った。すなわち河童淵または五百羅漢、あるいはその両方へ足を向けることは、長いあいだわたしにとって帰省に際しての習慣のようにさえなっていたと言ってもいい。

　だが、この数年はどういうわけか見にゆく機会がなかった。昨年（二〇一四年）五月初め、帰省がてらわたしの若い友人の一人をその沢へ案内してみて驚いた。愛宕神社の階段のすぐ下から芒を両手で押し分けるようにしなくては登って行かれなかった五百羅漢への道も歩きやすく整備され、さらに車でも行けるように麓の別のところから車道が新たに伸びていて、ちょうど沢の取っつきのところに専用駐車場まで出来ていた。かつては苔の匂いのする小暗い鬱蒼とした場所であったが、何本も生えていた杉の大木も間引かれて明るい日の光が差し込んでいた。沢の斜面に重なり合った苔むした石そのものも、なかには苔を剥がされているものも少なくなかった。石の表面に線刻された羅漢像を見るためであろうが、剥き出しであるから無残さの印象は覆いようがなかった。かつて訪れた際にはかならずと言っていいほどわたしが経験させられたあの畏怖にも似た厳粛な感情も、もはや容易には湧き上がってこない。

飽食の時代と言われて久しい現代であるから、むかしの飢饉の記憶が遥か遠くへかすんでしまうのはやむを得ないことかもしれないが、観光客誘致のために便利さのみを優先して、山里の景観も歴史も俗化させて怪しまない現在の故郷の姿は、なにかさもしい印象をむき出しにしているのも事実と言わなくてはならない。ローカリティ・ブームへの便乗にすぎない民俗学の利用などただの俗でしかあるまい。かつて訪れるたびになにごとかを語りかけていた場所は、歴史の苔を剥がされ、現世的というもおろか、いまがよければそれでいいという人間の浅薄な欲望を露出させているようでもあった。

遠野の自然石に刻まれた五百羅漢の表情は、一般的な五百羅漢像のそれとはちがう。羅漢像は立体的な彫刻ではなく、絵画のような線彫りである。それを彫ったとされる義山和尚とはどういう人物だったのか。わたしはそれについてある程度は知っていたつもりだったが、荻野馨の論考を読んでさらに多くをおしえられた。

南部藩四大飢饉は元禄八年(一六九五年)、宝暦五年(一七五五年)、天明三年(一七八三年)、天保四年(一八三三年)のそれを指す。いずれも万余におよぶ餓死者を生じた。宝暦五年、洪水に加えて大凶作により、藩全体で餓死者・病死者合わせて六万余人、翌年もその影響で遠野領内だけでも餓死者が二五〇〇人にのぼった。以後も不作や凶作が続いた。

こうして天明三年、大慈寺十九代義山和尚が、たび重なる凶作による餓死者を鎮魂供養するため、大小五百の自然石に阿羅漢像を彫ったとされるのだ。この五百羅漢のある地形を見ると、無数に折り重なった岩も中央部分は谷のようにややへこんだようになっている。この窪みに沿うようにして羅漢像は山に向かう斜面に彫られている。そしてこの窪みの下には水が流れている音がいまでもする。

荻野は言う。義山和尚は餓鬼道の地獄を現実に体験した人であろう。義山は鵜住居の常楽寺から大慈寺十九世として遠野へやって来た(ちなみにこの常楽寺は二〇一一年三月の津浪に際し流失倒壊し、墓石にいたるまで流されてしまった。いまはかろうじて山門が残るだけである)。宝暦十一年十二月のことと推定されている。三十代半ばであった。おそらく笛吹き峠を越えて遠野郷にはいったのであろう。

当時常楽寺のある鵜住居は耕地が少なく、水田は皆無であった。地力の乏しい畑地ではヒエ、アワ、キビといったいわゆる雑穀が作られていた。米穀の多くは遠野から笛吹き峠を経て移入されるほかなかった。遠野側から笛吹き峠を越えると釜石市側に出る。いまは合併されているから釜石市であるが、青木、橋野、栗林、沢田、砂子畑などの集落は、鵜住居川に沿うようにして山裾に貼りついている。さらにそれを両側から追い立てるように山襞《やまひだ》がどんどん迫って来るので、むかしは水田がなく狭い畑地が見られるだけだったという。わたしはその集落のうちの一つ、砂子畑というところで小学校時代の大半を送った。遠野への転居は小学六年に進級するときであった。砂子畑に祖母が一人住まいをしていて、遠野への転居後もよく遊びに行った。砂子畑にも水田を持つ農家はあったが、祖母は貧しいので痩せた畑しか持っていなかった。早く言えば文字どおりの「砂子畑」に住んでいたわけである。

遠野からの行き帰りにはバスでかならず笛吹き峠を越えるのであるが、道は勾配がきつく、しかも屈曲して険しい。バスの大きな車体に比してそのころはまだ道幅が狭い。おまけに未舗装で穴ぼこだらけだった。そのため最後尾に座ると左右に振り回される。天井に突き上げられる。慣れないうちは酔ってしまう。だがそれよりもたまらない恐怖は、山端に突き出たカーブを回るときであった。切り立った崖とははるか下の渓流が窓からいきなり覗かれる。瞬間、まるで宙に浮いたような気がしてめまいを感じる。さきに述べたように、むかしはここを通って遠野から米穀を釜石側に運んだ。

ところが、飢饉に際してすら「他領他郷へ米穀出申間敷《いでまをすまじく》」と往時の遠野では定めていた。これを犯せば厳罰に処せられた。これは封建的閉鎖社会の常套手段であったが、米はともかく穀物類の移入がまったくないとなれば、飢饉の惨状が酸鼻をきわめることは必定であった。したがって『釜石市誌年表』に「翌年秋迄飢渇人疫病流行して死者多し」と記されているのも当然であった。

義山《ぎざん》が飢餓の道とも言うべき鵜住居川沿いに笛吹きを越え遠野に下って行ったのは六年後のことだった。だが和尚がそこで目撃したものはさらなる惨状であった。遠野もけっして豊かではなかったのである。

大慈寺の住職となった義山が隠居したのは安永六年十月、五十歳のときだという。当時の平均寿命からすればすでに老齢である。だがその老躯をものともせず義山は五百羅漢制作という大事業に乗り出す。荻野の推測では、それは天明二年（一七八二年）のことであった。その年から六年の歳月をかけて五百羅漢の線刻は完成するが、義山がそれを一人だけで完成させたのかどうかは不明の点もある。

線刻に適した石を見立て、石面の苔や土を洗い落として紅殻《べんがら》でまず下絵を描く。下絵に沿ってノミで彫ってゆく。読経しながらの作業である。これを一体ごとくり返し、とうとう五百体におよんだわけだが、果たして義山存命中に大願成就したのか。それともいまだこころざし半ばにして病死を遂げたのだったか。信頼できる記録が残っていないため確証を得ることはむずかしいようだ。とはいえ、荻野は私見による推論と断りながら、義山天明四年病死説、つまり業半ばの五十七歳で病に屈したという考え方に信憑性を感じ、そのうえでこう書いている。

「義山和尚の病死とは凶作に係わってのことではないだろうか。相次ぐ凶作の最中の羅漢彫造は、五十七歳の老躯にとっては厳しい労働であったろう、喜捨も多くは集まらず、乏しい食料を食い継ぎながら、体力の極限まで彫り続けたものであろう。義山和尚は自分の死期を悟り一体また一体と彫り続け、その槌音と読経の声が山麓に悲しくこだましたであろう」

五　何のために？

若い友人を伴って久しぶりに五百羅漢を訪れた日は五月晴れと言ってよかった。とはいえ、木立を吹き抜ける風にはまだ東北の冷気が籠もっている。四十数年前の学生時代のある日のことがわたしに思い出された。夏休みに帰省したわたしは例によって五百羅漢を見に出かけた。苔むした大小の岩石が重畳する石像群のあいだに立ち、耳をじっと傾ける。聞こえるのは足下の石と石のあいだを流れ落ちてゆくせせらぎ、そして頭上に亭々とそびえる杉の大木の梢をわたる風の音のみであった。苔になかば覆われた羅漢たちの哀しい微笑みを見ていると、わたしにロダンの言葉がふと思い出された。ミレーの『落ち穂拾い』について語ったロダンの次の言葉を、高村光太郎の訳でわたしは読んだばかりだったのである。

「熱い太陽の下でおそろしく労苦している女たちの一人は身を立てなおして地平線を見ています。われわれは、この粗末な頭の中に、一つの疑問がちらりと意識に上ったのを会得した気がします。『何のために？』という事です。この神秘こそあらゆる製作の上に漂う神秘なのです。人間を苦しませようとして人間を生存に繋ぐこの法則は何のためだ。人間に生命を愛させながら、しかもじつに惨憺たる生命を与えるこの永遠の詐欺は何のためだ。心を悩ませる問題です！」

古い時代からの人間の記憶を抜きにしてとうてい語ることの出来ないような現実が、依然としていまもある。従来のわたしの関心は、人間苦または生存の痛苦の歴史のうえでの極限的な現われを、戦争がもたらす惨禍に見いだすことに向けられてきた。だが、戦争のみがこの世の人間的悲惨を作り出す唯一の原因というわけではないことも先刻述べたように明らかだ。人災としての戦災だけが人間の悲惨のすべてではない。第一、人災と天災のあいだに截然たる区別など存在するのかどうか。飢餓が人類にとっての最大の危機と恐怖の原因となっていたのは一世紀前までのことだったと人は言う。事実、二十世紀中葉以降、飢餓の問題はとっくに克服されたとわれわれはみなしてきた。だが地球上に天災以外の理由から飢えて死ぬ人が依然として絶えないことは、各種メディアが日々伝えているとおりである。わたしが小論で瞥見《べっけん》したように、飢饉がかならずしも自然の避けられない暴力の結果なのではなく、政治や権力や物欲など人為の所産でもあることは事実と言わなければなるまい。

しかし、柳田国男や芥川龍之介が言う娑婆苦《しゃばく》、人間苦、または生存の痛苦もまたそうであろうか。かれらが言う苦の根柢には、「何のために?」という口ダンの根源的な問いが横たわっているのではなかろうか。その問いにかれらは懸命に応えようとした。すべてを人間の宿命に帰せしめようとはかる姦計のような得体の知れない圧迫に対して、かれらは学者として、また作家として抗った。克服への道を模索した。

それかあらぬか、五月のその日、何年ぶりかで羅漢像を見たわたしが思い浮かべたのは龍之介の諸作であった。河童淵を見て『河童』を思い出したのではない。頭に出てきたのはむしろ『蜜柑』

のような小品であった。作者が語るのは東北の話ではないが、貧困ゆえの飢餓の問題が物語のずっと奥のほうにある。その点でこの小さな物語を、東北の寒村から奉公に出させられる娘と幼い弟たちの姿に置き換えて読むことが出来る。

姉を見送るために踏切のあたりに立って叫んでいる弟たちに向かって、汽車の窓から黄色い果実が投げられる。およそ五つ六つ。その瞬間、語り手ないし作者の心は躍る。「言いようのない疲労と倦怠とを、そうしてまた不可解な、下等な、退屈な人生を」わずかに忘れさせる光景をまのあたりにしたからである。では自分はどうだろう。ひと気の絶えたころを見はからって河童淵を覗きに行き、冷たい風が吹き降ろす沢にのぼって羅漢像に見入ったかつての自分を思い出しながらわたしは自問した。いずれにせよあと二年もすればこの地へ戻って来て、やがて朽ち果てる身ではあるのだが。

参考文献
「遠野の歴史　カッパで語り継ぐ――岩手県遠野市・かっぱ淵の「守っ人」運萬治男さん」『農業共済新聞』二〇一一年十一月一週号
柳田国男著『遠野物語・山の人生』岩波文庫、一九七六年
荻野馨筆「遠野の五百羅漢をめぐって」『東北学』第八巻所収、作品社、二〇〇三年
芥川龍之介著『河童・或阿呆の一生』新潮文庫、二〇〇四年
芥川龍之介著『地獄変』集英社文庫、一九九一年
沢史生著『常陸国河童風土記』彩流社、二〇〇三年
石田英一郎著『河童駒引考』岩波文庫、一九九四年

コルネリウス・アウエハント著『鯰絵——民俗的想像力の世界』岩波文庫、二〇一三年
折口信夫筆「河童の話」『折口信夫全集　3』中央公論社、一九九五年
高村光太郎訳『ロダンの言葉抄』岩波文庫、一九七八年

第五章　語り部礼讃　遠野物語と千夜一夜物語

一　扉の前で

みなさん、こんにちは。わたしは岩手県の遠野の出身です。

岩手は石川啄木や宮沢賢治といった、その名前が世界に知られている偉大な詩人、歌人、あるいはファンタジー作家の出身地です。その同じ岩手県に遠野というところがあって、ご存じの方もいらっしゃるでしょうし、ご存じない方もいらっしゃるでしょうが、この土地をおもな背景として語られた『遠野物語』という本があります。

その遠野とはどういうところか。地理的なことをおおざっぱに申しますと、新幹線で東京からずうっと北上します。青森まで行く途中、岩手県の中心地、盛岡よりやや南に下がったところに花巻というところがあります。新幹線ですと駅の名前は新花巻となっております。その新花巻で降りて、そこから在来線に乗り換えてさらに沿岸部のほうに向かって行きますと、釜石というところにぶつかりますが、新花巻と釜石のちょうど中間くらい、どちらの駅から乗ってもおよそ五十分といったところに遠野という町はあるのです。四方山に囲まれていて典型的な盆地の町です。

この盆地に、小学校時代、中学校時代、高校時代と思春期のあいだずっとわたしは暮らしました。そして高校を卒業すると、盆地の山の斜面を駆け上がるようにして東京へ出てまいりました。大学を卒業したのちも東京にとどまり、五十年以上もの長い歳月、東京という大都会で暮らしてまいりました。すなわち自分の人生の大部分は東京で過ごしたと言ってもいいわけです。

しかし七十歳になって考えてみますと、自分があの盆地に閉じこめられて、閉塞感のようなものを味わっていたあの思春期のころからくらべますと、確かに東京という大都会での暮らしはわたしに決定的な影響を及ぼした。これはまちがいないことです。年数から言っても半世紀以上になるのですから、この事実を否定することは出来ない。しかし、待てよ、と最近になって心のなかでしばしば思いにふけることがあるのです。思春期の全期間を過ごしたあの盆地は自分の人生にとっていったいなんだったのか。どんな意味を持っていた期間だったのだろうか。

わたしは明治大学にはいりまして学部で四年間学び、それから大学院に進学して六年間、合計十年間もの学生生活を送ったのち、母校である明治大学文学部の研究室の助手に採用されました。それから講師、助教授（いまは准教授と言います）、教授、そして七十歳をもって定年退職ということになったわけです。

きょうここにおられる方々のなかには一般の方々、社会人の方々も少なくないわけでありますが、高校生のみなさんが多数おられる。あなたがたはまだ人生の入り口に位置している。これからあなた方の人生が羽ばたくことになる。別の言い方をすれば、あなた方の人生の前には一つの扉があるわけです。かつてのわたしの前にも一つの扉がありました。

きょうわたしがテーマとして掲げるのは、「文学の扉をひらく」でありますす。具体的に申しますと「遠野物語と千夜一夜物語の語り手」というのです。この二つの物語がわたしの郷里とその外の世界を結ぶちょうつがい、またはスウィングドアの意味を持っている。では、これからそのスウィングドアつまり両びらきの扉について具体的にお話しいたします。

二　語りとはなにか

どの家にも扉があって、その扉がどのようなかたちをしているか、その扉の前に立ったときにどのような感じを受けるか、これはさまざまですね。そこに立つ人々もさまざまであれば、扉の種類もさまざまですね。ただ、人生のどのような扉をひらくかがやはり重要な問題なのです。

わたしはかれこれ二十五、六年間、毎年、少なくとも三回、外国へ出かけて行くのが常でした。夏休みのときは二週間から二十日間くらい、そうでないときでも一週間から十日くらい、場合によっては四日、五日くらいの短期間ですが、海外へ出掛けてきました。

わたしの好みから言って、旅をしてカメラを向ける被写体が往々にして扉なのです。世界のさまざまな文化、さまざまな歴史を持った国々、その国々の人々がどのような家屋に住んでいるのか、扉が言わず語らずのうちに、象徴的に、なにごとかをわたしという旅人に語りかけてくるような気がする。そこで扉を撮影するわけです。

もしその家の人がいらっしゃれば撮らせてくださいといちおう断りますが、そうでない場合は通りすがりの旅行者の好奇心と勘弁していただいて、扉だけ撮影させてもらうのです。場合によっては鍵がかかっていたり、場合によってはもう空き家になって鍵の代わりに頑丈なチェーンがかかっている。あるいは誰かが蹴破ったのか、無残に壊された扉もある。そういう扉も撮影します。

正確に数えたことはありませんが、おそらく一〇〇〇枚以上は扉の写真を撮っているでしょうか。自分が気に入っている扉の写真を同僚や友達に見せますが、あんまり面白そうな顔をしてくれない。わたしだけの自己満足で、扉にキャプションをつける。扉に名前をつける。

地獄への門、黄泉の国へ通じる扉、試練の扉、天国への扉、楽園への扉、そうかと思うと、この扉を開けてみたい、とか、開かずの扉、絶対に開けようとは思わない扉とか、いずれにしても自分の感想ですからね、さして根拠はない。

文学もある意味ではこの扉と同じなのです。

おおぜいの方々が文学について語られる。そのときにキーワードと思われる言葉をお一人お一人がお使いになる。いわく書物、読む、書く、というふうに。ですからわたしもキーワードを一つ、本論にはいる前にみなさんにまずお伝えしておきましょう。

わたしがきょうここで文学の扉としてお伝えしたいことは、語りまたは語ることについてなのです。つまり物語を語るというときのあの「語り」と「語る」ですね。

そもそも、文学という言葉自体が後世の言葉であって、むかしから日本人が文学という言葉を所有していたわけではありません。

文学のもとの言葉を英語で言いますと、literature（リテラチャー）ですね。しかしリテラチャーの語を辞書で見ますと、「文献」という意味が出ております。文学よりこちらのほうがオリジナルな意味だった。文献ですから当然文字が書いてある。ですが、これからわたしがみなさんに聞いていただきたいのは文字以前のことなのです。

と申しますのも、人間が文字を発明するはるか以前の時代から、すでに物語は存在していたからです。文学の原点は文字のない時代、すなわち人間が共同生活を始めたときにさかのぼるのです。そのときすでに物語は存在していた。したがって人類が共同生活を始めてからずっと、物語はわれわれの伴侶として存在してきました。いや、伴侶というだけではありません。人々の相互の関係を、関係づけるための重要な役割を果たしていたのが物語でした。それがずっとのちの時代、とくに近代になって、「文学」というジャンルに特化していきます。

それまでは、神話、伝説、昔話、メルヘン、ファンタジー、その他さまざまな言い方で、さまざまな国の、さまざまな文化のなかに物語は存在していた。それは人々の家の扉がそうであるのと同じで、内と外の区切りとしても生活の非常に重要な要素でありました。

さきほどわたし自身が岩手県の人間で、郷土の尊敬すべき文学の天才として、第一に石川啄木、第二に宮沢賢治の名を挙げましたが、第三番目には遠野物語と申しました。

『遠野物語』というのは、民俗学者の柳田国男がまとめあげた遠野に伝わる民話、伝説、言い伝え、昔話の、いわば集成なんです。みな番号を付して簡略に書いてある。箇条書きで書いてあるのもあります。つまり、この本はもともと民俗学の資料であって文学作品ではありませんでした。

ところが柳田国男という人がたぐいまれな文学のセンスを持っていた人でした。耳で聞いた話を簡潔明瞭に箇条書きにしましたが、それを読んでみると、それ自体が一個の文学作品になっている。一ページであっても、三行であっても、それどころかたった一行で書いてあっても、それがみな見事な文学作品になっているのです。

たとえば、作家の三島由紀夫が亡くなる直前、柳田国男の『遠野物語』の序文を読売新聞で紹介して、「近代稀に見る名文である」と断言している。それだけではありません。三島由紀夫は死ぬ直前まで、ある週刊誌に『小説とは何か』という連載エッセイを書いていましたが、そのなかで『遠野物語』をしきりに取り上げ、いくつかの話を克明に分析している。

あそこに文学の原点がある。文学とはこういうものだ、ということを知りたければ『遠野物語』を読むにしくはない。このように生前最後の言葉として三島由紀夫は書き残しております。

それほどの名文なのです。しかし、柳田国男が『遠野物語』をまとめるにあたって、じつは柳田に話を聞かせた人がいるのです。それが遠野出身の人物で、名前は佐々木喜善という人でありました。生まれたのは一八八六年。もちろん遠野生まれです。喜善のキは喜ぶ、ゼンは善悪の善です。名前がその人の人格を表わしているような人でした。病気のため惜しくも四十代後半で亡くなってしまいました。

わたしが現役で教壇に立っていたころは、担当する英文学の講義ばかりではなく、たんに語学の授業であっても、毎年かならず『遠野物語』の話をしたものであります。それともう一つ、きょうの後半でお話しいたしますが『千夜一夜物語』を取り上げたものです。

『遠野物語』、郷里の遠野に伝わる話で、郷土の偉大な先輩である佐々木喜善を紹介かたがた、文学部の学生諸君に向かって物語とはなにかについてお話ししてきたわけです。わたし自身が若いときから、喜善の聞き取った昔話や、お年寄りの語った話を繰り返し読んできました。たんに郷土の先輩の作品だからというだけではなく、語られる物語が興味深く、自分が小さいときに聴いた話とも二重になって、とても面白かったからなんですね。

三　佐々木喜善の語り部

喜善は小説家を志して東京に出てきまして、早稲田大学に学びます。短編小説を発表して森鷗外に認められる。上田敏に認められる。初めのうちはよかったのです。が、それ以降うまくいかない。物語をたくさん知ってはいても近代小説を書くのは別のことだからです。そうこうするうちに、友人の紹介で柳田国男という人に呼ばれる。月にいっぺん柳田さんの自宅に出かけて行って、遠野の昔話をすることになった。すると、話を聞いていた柳田国男が、ちょっと待ってくれたまえといってメモ帳を広げ、自分でメモを取りながら喜善に話を続けさせる。それを月にいっぺんずつ続けたんです。喜善が帰ると、柳田はメモを清書する。それを集めて『遠野物語』という題をつけた。したがって冒頭のイントロダクションを読みますと「この話は、全て、遠野の佐々木鏡石君より聞きたり」と書いてある。キョウセキというのは佐々木喜善のペンネームなんです。キョウはカガミの鏡、セキはイシの石。

いっぽう、佐々木喜善はやっぱり作家になりたかった。かれには二人の尊敬する作家がいました。一人は夏目漱石、もう一人は泉鏡花。ですからペンネームも漱石のセキ、鏡花のキョウというわけです。

そのペンネームを柳田が佐々木喜善に敬意を表して本名の代わりに使った。「佐々木キョウセキ君より聞きたり」「一字一句、ないがしろにせず、これをそのまま書き留めた」と、冒頭に書いているのです。

佐々木喜善が毎月一回、夜、柳田宅を訪問して、四つか五つの話を聞かせるわけですけれども、もちろん本などは見ないし、また当時は記録があるわけもない。喜善の頭におびただしい数の物語が記憶されていたのですね。それを乞われるままに語った。

すなわち喜善は、小説家になろうと思っていたが、その動機というのは、自分が遠野で小さい時分からいろいろな人々から聞かされた物語にすっかり魅了され、終生取りつかれたことにあったのです。実際稀に見るおそるべき記憶力をそなえていた人だったようですね。河童や座敷ワラシや山姥や天狗など怪しい伝説やむかし話をもとにしながら、れっきとした近代小説を書きたい、そう思って東京に上京して早稲田大学に入学したんです。いましがた申しましたように、小説はいくつか書きましたし、『芸苑』という雑誌に掲載された最初の短編『長靴』などは絶賛されました。

こうして初めのうちは評価もされて幸先がいいように見えたけれども、その後があまりふるわなかった。結局小説家としては大成しませんでした。

だが、柳田国男という人に出会ったおかげで、民俗学の分野で重要な仕事を残すことになりました。しかもたんに語り手として終わったわけではありません。自分でも『遠野物語』に収録された話以外のさまざまな、主として岩手県に伝わる物語を集めてそれを本にしました。

その喜善にいろいろ昔話を語ってくれた一人のおばあさんがおったのです。名前はハネイシタニエという人です。その話をしましょう。

年のころいくつだったんでしょうねぇ。七十ぐらいでしょうか。むかしならダンノハナというところへ連れて行かれて、捨てられる年齢のおばあさんであったわけです。むかしは六十を過ぎると田舎では姥捨て山に捨てられるというむごい習慣がありましたからね。それが遠野ではダンノハナということでした。けれども、喜善のころはすでにその風習は影を潜めておりました。一九二三年（大正十二年）のことです。当時喜善は三十代後半でしたでしょう。

谷江ばあさんは不幸な人であった。いつもなんだか寂しそうな人だった。ひどい毒に当たったことがあって、深く刻んだような痕が首のところに残っていた。けれど、若いときは美人で評判だったそうです。喜善が子供の時分ですが、おばあさんの先夫が山で木の下敷きになって死んだ事故のことをまだおぼろげに喜善少年はおぼえていました。

子供のときから喜善はこの谷江ばあさんが好きでしたが、田舎のいろいろないきさつから、これまで親しく語り合う機会もとくになかったのです。昔話の採集のために、あるおじいさんのところに行った。そのおじいさんが最後までは覚えていないというある昔話があって、続きを聞かせてもらうなら谷江ばあさんだというので、久しぶりに訪ねて行ったのです。

谷江ばあさんは若いときから話が上手だった。たくさん話を知っているということを、喜善もそのとき思い出したのです。谷江ばあさんの祖母に当るお市という人が抜群の語り手で、谷江ばあさんが幼いころによく話を聞かせてくれたものだそうです。

――おらの祖母の、お市というばあさまは、まだまだおらの三倍も、四倍も話を知っていた。こんなふうだった。谷江ばあさんはこのお市ばあさまのたった一人の孫娘だったそうです。

最初のうち、男が訪ねてきて話をせがむのが外聞がわるいというので、おらは頭がいいからさっぱり忘れてしまったといって、喜善が訪ねて行っても、けんもほろろの扱いをして全然話をしてくれそうになかった。

喜善はあきらめませんでした。手帳を持ってまた訪ねてゆく。なんども通い詰める。こうして熱心にせがむので、とうとうおばあさんもそれならという気になりました。二つ、三つ話をする。喜善がそれを熱心に書き取る。録音機のない時代ですからね、いちいち手帳に書き留める。谷江ばあさんの幼いころに話を聞かせてくれた人々はほかにも大勢この集落におりました。村のブゾドのばあさま、シンヤのおみよばあさま、横崖のさのせばあさま、大同のおひでばあさまたちです。喜善が七歳か八歳のころから知っていた村の名だたる語り手たちでした。

幼い喜善が正月の鏡餅を持ってシンヤのばあさまに昔話を聞きに行ったことがあった。裏口の敷居が高く、部屋に上がるときは小さい喜善は両手をかけなくては上がれなかった。

また、横崖のばあさまは秋になると喜善の家に手伝いに来ていた。小便臭くてそばに寄れなかった。あとになって残念に思われ、子供心に疎んだことが心苦しいと思われましたが、そのときばあさまはもうこの世にいなかった。

大同のばあさまは巫女《みこ》ばあさまとも呼ばれた人です。呪詛の文句を教わったり伝説を聞いたりした。十一歳か十二歳のころ、オシラさまのことを聞かされたのも大同のばあさまからだったそうです。

しかしずいぶん前にみんなみんなダンノハナに行ってしまった。

谷江ばあさんの家には一月下旬から三月の初めまでざっと五十日あまり、ほぼ毎日通った。当時は遠野も雪が降りました。深い雪を掻き分けて、どんな吹雪の日でも休まなかったそうです。出かける途中で村の人と出会うと喜善は冷やかされる。

――ほう、きょうも馴染みのばあさまのところに夜這いさ行くんだなや?

こんなふうに冷やかされながら、それでも手帳を持って出かける。おばあさんの語ってくれる話を一生懸命書き取る。もちろんおばあさんは一人暮らしをしていたわけではなく、家族がおりました。

二回、三回と通ってこられると、話を渋っていたおばあさんも、何十年ものあいだめったに語ったことがない話、大部分は少女時代に自分が聞かされた話を思い出すようになる。いままでは家族のあいだでさえ聞き手がいなかったために語る機会がなかったが、それを熱心に聞いてくれる人が現われた。語ることの喜びを谷江ばあさんはだんだん取り戻していったのです。

そうなるとこんどは語り手のほうが首を長くして、父さんは来ないの? と家の人に訊ねるようになる。父さんとは喜善のことです。どうせおらが死ねば、ダンノハナさ持って行ったって、誰も聞いてくれもさめから、おらの覚えているだけは父さんに話して残したい。父さんもどうじょ飽きないで聞いてくなさい、と。これは人情です。

おばあさんはすでに目がわるくなっている。長年電気のないところで、生木を燻《いぶ》して燃やすような貧しい家に住んでいましたから、若いうちから目の疲労が進んでしまったためです。喜善が訪ねて行ったころにはもうかなり視力が衰えていてほとんどものが見えない。だから自分で見ることが出来ないため、家の人に、「喜善父さんはまだだべか？」と訊く。そこへ喜善が手帳を持ってやってくるわけですね。その気持ちをみなさん、想像してみてください。

ある日なんか、早朝から夜の十二時過ぎまで囲炉裏端《いろりばた》に二人して向かい合っていたことさえあったそうです。その年の冬はことのほか吹雪が続きました。少しの隙間からでもびゅうびゅう粉雪が家のなかに侵入する。こどもたちが遊びでこしらえるような細長い白い山脈のような雪の山が部屋のなかにいくつもできる。それを防ぐため雨戸をぴたりと締め切っている。まだ昼だというのに家のなかは夜のように暗い。向かい合っているばあさまの顔さえ見分けられない。ところがかえってその火明かりの雰囲気がいいのですね。周囲は暗いけれど、語り手の表情と座っている姿がぼうっと浮かび上がる。むかし話を語るにも聴くにも、これ以上の絶妙な雰囲気はありません。

そのうち、じいさまや孫娘が薪をかかえてきて炉にくべてくれる。それはいいが、雪で凍ったままですからぶすぶすいぶられる。煙くて仕方がない。目もあけていられないくらいです。ばあさまは赤くただれた目から涙をとめどもなく流し、流しながら語るのです。それを、喜善は喜善で袖で顔を覆いながら、鉛筆を手にして聴いている。

話が佳境にはいってくる。すると言葉にテンポがついてきますね。自然に韻を踏むような感じになるんです。歌もそうですが、語りの場合も同じ文句がしばしば繰り返されるんですね。

「谷江婆様は、ニソ（新麻）を指の先と唇とでたくみに細く裂き分けて、長い長い一筋の白子絲を作りました。それをオムケ（桶の一種）に手繰ったものを、入れつつ物語るのですが、話が良い調子になって来ると、そのオムケをバサッと自分の後に回して置きました」

あるとき、喜善が酒を少しばかり買って持参したことがあったそうです。それを少しずつすすりながら語るうち、ちょうど物語のリズムが最高潮に達した。ふだんは物静かな谷江ばあさんが、曲がった腰を伸ばしてよいしょと立ち上がる。それから物語の主人公の身振りなどをまねながら語り継いでゆく。それが全然不自然なんかではない。逆に非常に感動的だったと言います。のちに喜善はその感動を書ききれなかったことを、「大きな不備」と言って悔しがっているくらいですね。

やがて喜善はそれをまとめて本にします。『老媼夜譚《ろうおんやたん》』というタイトルです。その序文に、いましがた引用したくだりを含めこれまでわたしがご紹介してきたことが詳しく述べられている。「聞けば聞くほど、それを書きとる、この作業が楽しくてたまらなかった」と書いていますよ。実際そうだったのでしょう。おばあさんはおばあさんで語ることが楽しくてたまらない。語るほうも楽しい。それを聴くほうも楽しい。物語をあいだにはさんで、老婆と喜善とのあいだの、一つの物語の集成が、その両方向からの楽しさのなかから生まれて活字になったんです。両びらきになっている文学の扉をひらいたときの喜びの原点というべきものがここにある、とわたしは確信しております。

ただし、喜善が忘れずに註記しておりますが、もともとの昔話の収集というものは、他の短い筋だけでもよいような言い伝えや伝説のようなものとは自然とその性質がちがうのです。「お互いのその日その時の気分次第で、そのできばえに差が出てしまう」ことは避けられない。

お互いというのは語り手と聴き手のことです。両者のタイミングが合わないといい話が聴けない。

ということは、逆に申せば、いい話というものはいい語り手と、いい聴き手の協働によって、一回かぎり成立するものであるということです。語りには即興の要素が不可欠なんですね。その即興部分が語りにあるがゆえに、話がいっそう生き生きとするのです。それが文字以前の口語りによる伝承つまり口承文芸というものが生きていた時代の真の姿にほかなりません。

四　座敷童子の話

晩年の喜善が宮沢賢治と親友になったことをここでちょっとお話ししましょう。

賢治も病気がちで、最後のころは花巻の病院に入院していたのです。そこへ喜善がお見舞いにゆく。そこまではいいのですよ。ところが相手は病気で入院中ですよ。それなのに、二人して長時間語り合ったそうです。かれこれ四時間にも及んだというから驚きますね。帰ってきてから喜善は日記に書きました。

「今日、宮沢賢治さんと四時間ばかり話をする」

賢治はその一週間後に死んでしまうのです。そしてさらに一週間後、こんどは喜善自身も死んでしまうのです。二人は相次いで亡くなってしまいました。というか、まるで連れ立つようにしてあの世に旅立ってしまいました。

お互い病弱だったから仕方がありませんが、賢治はまだ三十七歳でした。喜善のほうがほぼ十歳年上で四十七歳でした。病人同士、四時間も集中して語り合ったことが、直接にかれらの死を早めることになったかどうかは分かりませんが、漫然と語り合ったというのとはちがうと思います。

でも短命で終わったとはいうものの、この人たちの残した仕事の偉大さは否定できません。宮沢賢治全集を見れば分かることです。賢治の全集はそっくり文庫本にもなっている。そして佐々木喜善も全集があります。こちらは大型の版です。

とにかくそれを読めば、宮沢賢治と佐々木喜善は、あいともに晩年は語り合う親友となったことに納得がゆくと同時に、いよいよ二人のあいだで語られた話に関心をそそられずにはいません。二人のあいだでなにが主に話題となったろうか。二人がもっと生きていたらどういう仕事がこの世に残されることになったろうか。これはじつに興味をそそられるところです。両者の関心の共通点の一つは分かっています。奥州の「座敷童子」の話なんですね。ですから、おそらく四時間も語り合った大部分の時間はザシキワラシの話だったのではないでしょうか。

東北地方には大きい百姓家があった。曲がり家といって、同じ屋根の下に家畜と人間がともに住んでいた。奥座敷のほうに、見たこともないような子供が出没する。女の子だったり、男の子だったり。

ザシキワラシがいる家は繁盛する。ところがその不思議な子供が出て行ってしまうと、どんな豪農でもあっという間に没落する。こういう物語が『遠野物語』でも語られているんです。

その他に河童の話や天狗の話、あるいは迷い家《が》とか神隠しとか、ファンタジーのようないろんな話が『遠野物語』を彩っています。

なんといっても擬古文が格調高い名文なのです。読み出せばすぐ慣れてきますし、語りの芸として一流であると同時に、小説の真髄をつかんでいるということについては、さきほど三島由紀夫も感嘆したという話をしましたね。みなさんもいちどぜひお読みになってみてください。

『遠野物語』についてだけ語っても、これを小説という文学に即して語るか、あるいはあくまで口承文芸の伝統と関連付けながら語るか、その双方をともに取り上げて考えてみようとすると、あっという間に一時間くらいは経ってしまうので、このあたりで後半の話に移らせていただきましょう。

五　アリババと四十人の盗賊

みなさん、社会人の方々もよくご存じの、世界のすべての人々が少なくとも一つ二つは知っているという物語、その物語をいわばわたしのもう一つの扉として、ここで語りたいと思います。さっきまでは小一時間でまとめてお話し出来るようなことを考えていたのですが、それを少しはみ出しても、どうしてもこれだけはお話ししたい。みなさんにかたちの見えないお土産として持って帰っていただきたいためです。

『千夜一夜物語』を知らないという人はいらっしゃらないでしょう。読んだことはなくても、『アリババと四十人の盗賊』、『シンドバッド七つの航海』、『アラジンと不思議なランプ』など、ね、ご存じでしょう。「文学の扉をひらく」の「扉」と直接関係があるのは、このいくつかの話のなかで『アリババと四十人の盗賊』がとくにそうですね。

アリババという正直者だが貧乏な男が、山のなかへロバ一頭を連れて薪を取りに行く。さあ帰ろうかというころに、はるか山のふもとのほうから一陣の煙が上がるのが見えた。ところがそれは煙じゃない。しかも近づいてくるにしたがって、もくもくと大きくなる。これは煙じゃない。なんだろう？　しかもダダダダッと音がする。地響きがする。どうやら多数の馬がこちらに向かってやってくるらしい。

それで本能的に、これは姿を見られちゃまずい、とロバを岩山の陰に隠して、自分は大きな岩山の上に駆け上った。上には大きな木があった。枝が張りめぐらされている。葉が茂っている。その枝に登って葉っぱの陰に隠れた。すると案の定、馬に乗ったおおぜいの男たちが姿を現わした。

岩山の前に止まるとみんな馬を降りた。頭目らしい男が岩山の壁に近寄り、なんと言ったかですが、みなさんはもうよくご存じですよね。

――ひらけ、ゴマ！

すると重い岩がすうっと音もなく横に動いて、なかに洞《ほこら》が現われる。おおぜいの男たちがあっという間に吸い込まれた。それから小一時間もたってから男たちがまた出てきた。岩戸は音もなく滑り、またふさがった。

そしてまたさっきと同じで、男たちは馬に乗るとダダダダッとふもとへ駆け下りて行ってしまう。アリババは土煙が遠ざかったのを見届けてから木の枝から降り、岩山から下りてくる。頭目らしい男が、ここで「ひらけゴマ」と言ったっけな。それで自分もその言葉を口にしてみた。するとどうだ。岩がすうっと横にひらいてなかから空洞が現われた。おっかなびっくりなかへはいってゆく。真っ暗闇というわけではない。天井のところどころに穴が穿たれていて、そこから外光がスポットライトのように内部を照らしている。その光に照らされて見えるのは？　おお、なんと金銀財宝だ。そして、めったに庶民なんぞがお目にかかれないような見事な絨毯《じゅうたん》、見るからにシルクと分かる高価なものばかりが壁に立てかけられている。

びっくり仰天したのも当然ですが、人間には欲望がありますから、アリババでもキラキラ光るどの国のか分からない金貨をどっさり袋に詰めて、岩山の陰につないでおいたロバにそれを乗せると、ふもとに下りてきた。

ところで、「ひらけゴマ」と言ってから洞窟のなかに入ると、ひとりでに岩の扉が閉まるんです。オートマチックですね。いや、この場合はオートマジックと言うべきでしょうか。

内側から閉まった扉をあけるとき、やはり「ひらけゴマ」と言わなければならない。外に出ると、すぐまた岩の扉はひとりでに閉まる。「閉じよ、ゴマ」と言う必要はない。

六　語り部シェヘラザーデ

さて、主人公はふもとに降りて自分の家に戻りました。そして、自分の使っている女性の召使モルギアナに命じて、金貨を計るための枡《ます》を兄貴のカシムの家から借りてこさせる。

アリババは貧乏ですが、兄貴は財産を全部独占的に相続して、営んでいる事業もうまくいっていてなかなかの金持ちです。商売の才覚があるのですね。ところが弟のアリババは貧乏な身の上です。

兄貴は豪邸に住んでいるが、アリババは召使一人をやっと雇える程度です。全然兄貴と暮らし向きがちがう。それが、枡を貸してくれ？　あの弟がなんで枡なんかが必要なんだ？

兄貴の奥さんがまたなかなか切れ者なんです。

なにか計るものがあるんだね？　なんだろう？　と不審がって、枡をわたす前に外側の底にグリースを塗っておいた。そうとは知らず、借りてきた枡で金貨を計る。ガバッ、ガバッ、ガバッ、と。

これでだいたいいくら金貨があるか見当がつく。それからすぐに返しに行く。

兄貴の奥さんが底を見ると、キラキラ光る大きな金貨が一枚貼りついていた。

あの野郎、にわか成金めが。どこでこんな金貨を手に入れたのか？　兄貴のカシムはすぐさま弟のところに乗り込む。

――おいおい、弟よ。なんだなんだ、水臭いじゃないかぁ。血を分けた兄弟だろう、おれたち。

おれはおまえの兄貴なんだ、身内なんだ、血を分けた兄弟だろう。どこでそんな大金を手に入れたのか、ざっくばらんに言えよぉ。

アリババは正直者で隠しごとが出来ない。

——いやぁ、別に隠すつもりはなかったんですけど、兄さん、じつはね、あの山のずうっと奥の、いままで行ったことのないところで枝を拾い集めて帰ろうと思ったら、すっげぇおっかない男たちが四十人も馬でやって来て、岩山の前で呪文を唱えた。すると岩の扉がすうっとひらいて男たちは重そうな荷物をかかえてなかにはいって姿が見えなくなった。しばらくして出てくるとまた馬に乗ってどこかへ行ってしまった。それでおいらも呪文を唱えて岩の扉をあけてなかにはいったら、金銀財宝がうなるほどあったよ……。

——そうか。で、岩山の壁だが、そのぴったりと閉まっているところ、おまえ、どうやって開けた？　え、呪文か。それを言えよぉ。兄弟だろう、おれたち。そうか、ひらけゴマ、か。

アリババの兄貴は翌日十頭の馬を引き出し、鞍の両脇に荷物を入れる袋をつるしたまま山へ行く。そして岩の前で例の呪文を唱えたところ、確かに重い岩戸が苦もなくひらいた。

それからまぁ、詰めるだけ詰めこもうと思って、集めた、集めた。それを袋に入れて入口へ持ってきたが扉は閉まったままです。欲の皮のつっぱった兄貴は、はいるときはおしえられた呪文を唱えてあけることができたのに、内側からあけるとき、どういうわけか忘れちゃった。

——ひらけ、ニンジン、スイカ、ゴボウ、ピーマン……。

なにを言ってもダメだ。「ゴマ」だけが出てこない。

みなさん、「ゴマ」は何語だと思います？　いやいや、知らなくてもいいんです。これはもはや世界文学なんですから。

「アラビアンナイツ」と言うけれども、もとはペルシャだと言われています。イスラーム文化圏ではありますが、もとの言葉はね、ペルシャ語なんです。

「ひらけ」をペルシャ語でなんと言うかわたしは知りませんが、「ゴマ」だけは知っているんです。

「シムシム」という。しめしめと覚える。

――シメシメ、ひらけ！　じゃない、ひらけ、シムシム。

そうすると、すうっとひらくのに、兄貴はド忘れしちゃった。そこへ盗賊たちがまた戻ってくるのです。なかにはいってみたら一人の男がいて、袋が入口のところに積み上げてある。

この兄貴の運命はそれはもう絶体絶命だ。血も涙もない盗賊たちにかかったのですから。からだを四等分されちゃって、入口のところにぶら下げられた。

夜になっても兄貴は帰ってこない。弟は気が気じゃない。兄貴の嫁さんが、あの人が帰ってこないんだ、あんた弟だろ、行ってどうなってるか見てきておくれよ。

で、翌朝早く、まだ夜が明けないうちから行ってみた。

ひらけ、ゴマ。開けてみたら、あぁ……四等分された兄貴の変わり果てた姿が天井からぶら下がっている。

泣く泣くこれを集めて、金貨一枚も取らず戻ってきた。さて、遺骸をどうするか。このままではあんまりかわいそうだ。この四つの遺骸を縫い合わせて弔いをしてあげなくちゃ。でも、縫い合わせるのに自分では出来ない。町いちばんの仕立て職人に頼もう。

それで召使のモルギアナが仕立て職人のところへ行く。でも、家がここだってことがバレちゃまずい。召使は頭がいいので目隠しをさせてから連れてくる。仕立て職人は言われたとおりの仕事をした。代金に金貨三枚もらうと、またおとなしく目隠しをされて、自分の家まで案内されて帰りました。

いっぽう、洞窟のなかにぶら下げていた死体がなくなっていることを知った四十人の盗賊は、そのままにはしておけない。それはそうでしょう。いつまた誰か来て、自分らがせっかく集めた財宝をかすめ取られるか分からない。

では盗賊たちはどうするか。二十頭のロバを調達して頭目が油売り商人に化ける。大きな甕に油の代わりに手下たちを忍ばせる。三十九個のその甕を袋に入れ、一頭に二個振り分けにしてぶら下げる。甕の一つにだけは本物の油をなみなみ入れる。

ところが、町のどこへ行ったらいいか分からない。聞き込みをすると、最近、貧乏な仕立て職人が銭儲けしたらしいと聞いた。これは怪しい。そこで仕立て職人の店に行って訊いた。よくよく聞くと、金貨三枚もらったというので、そうか、ではわしは五枚出すよ、いや六枚出すよって言ったら、向こうは欲の皮がつっぱってますからその気になる。でも、目隠しされていたので分かりません。ところが盗賊もただものじゃない。もういっぺん職人に目隠しをさせる。そしたら条件が同じですね。どれくらいまっすぐ行って、どこの角をどっちへ曲がったか分かるだろう。案の定、目隠しされたまま職人はちゃんとアリババの兄貴の家の門まで来た。親分はそこで扉に印をつける。

アリババの召使モルギアナが、非常に頭が聡明だからこの印はなにかおかしいと感づいちゃう。そこで消してしまうかと思うとさにあらず、消さずにおいて、代わりにどの家にも同じ印をつけて回る。このへんが召使モルギアナのかしこいところですね。こうして盗賊の企みは一回目はみごとに失敗してしまうのです。

話を端折りましょうね。ちがう手立てをして、盗賊はとうとうアリババの家を突き止めた。油を積んだロバを連れて、旅の商人のようなふりを装ってアリババの兄の家にやって来る。兄亡きあとは弟が住んでいる。アリババの召使も一緒です。アリババは、夜、この旅の客人たちに気前よくふるまいをする。召使は料理をこしらえるのに料理の油が足りないことに気づく。そうだ、あのお客は油売り商人なんだから、ちょっとぐらいもらったっていいでしょ。そこでロバが繋がれた中庭に出て行く。先頭の一頭を引きつけて甕から油をすくっていると、別の甕のなかからこういう声が聞こえる。

——親分、まだですかい？

召使は察しがいいのでピンときますね。親分って言っているからには、ここに盗賊どもがはいっているにちがいない。一計を案じ、最初の甕から油をたっぷり持ってきて大釜にかけてグラグラ煮立てる。これを甕の一つ一つに注いでまわる。それで子分どもについてはことなきを得た。

いっぽう家のなかでは親分が、いくら待っても子分が来ないのでそろそろ業を煮やしている。すると召使が、ふつつかですがご愛嬌に剣の舞をお見せしましょうと言って、盗賊の親分の腰から短剣を借りる。たくみに七つのヴェールの踊りを披露する。あまり見事なので親分も見入ってしまう。ころあいを見計らって、抜身の短剣で親分の胸をグサと刺す。同席していたアリババはぶったまげたのなんの。うわ、なんてことをするんだ!

——だんなさま、中庭のあの甕のなかをごらんなさりませ。みんな盗賊たちです。

それで、危ういところを助かったアリババは、このモルギアナがただものじゃないということをいまさらのように知って、結婚する。召使の位を上げて自分の奥さんにした。

この話が『アリババと四十人の盗賊』ですね。いろんなヴァリエーションがあって、それぞれ少しずつちがうんです。いまのはわたしが子供のときから記憶しているとおりにお聞かせしたのです。つまり、わたしの記憶にしたがって語ったのです。ですから、話の骨格はまず正確でしょうが、ニュアンスは語り手によってちがってくる。わたしはうまい語り手じゃありませんが、語り手次第で物語がぐんと面白さを増す。もともとは口頭で語られた物語なのです。

ところで、この四十人の盗賊、シンドバッドなど、いろいろなアラビアンナイツのなかの物語ですが、あの長大な物語のなかにいったい話はいくつあるのでしょうか?

千夜一夜物語というのだから千と一、と思われますか。そうではないんです。数えた人がいる。

そうすると二百七十といくつかになるそうです。それを千夜と一夜かけて語り続ける。すなわち一つの話が三、四日かけてやっと完了する。ここに千夜一夜物語の天才的な着眼があると言わねばなりません。

そもそも、『千夜一夜物語』というのは「扉」の話なのです。どんな扉かというと、もともとバラバラに語られていたものを千夜一夜の物語にまとめ上げたのです。これが一つの大きな天才的な着想ですね。

まとめ上げるにあたって一人の非常に優れた女性が登場する。その名前がシェヘラザーデというんです。

ロシアのリムスキー＝コルサコフという作曲家が、『シェヘラザード』というオペラを作っている。その他、さまざまな人々がこの物語を踏まえて音楽を作っています。だから、シェヘラザーデの『千夜一夜物語』というのはよく知られているでしょう。

シェヘラザーデというのは、ペルシャのある国の大臣の娘だった。この国の王が、自分の妻に裏切られたことによって、女性不信になるんです。

自分の奥さんが自分の奴隷と浮気をした。それが許せないので、奥さん、つまり、お妃と奴隷を、首を切って殺してしまった。それだけではすまない。女性不信に陥った王は、そののち毎晩、男を知らない処女を妻にするのです。一夜明けると首切り役人を呼んで、この一夜妻の首を切ってしまう。

国中探しても、もう妙齢の女性がいなくなってしまいます。大臣は困り果てる。すると娘のシェヘラザーデが言った。お父上、わたしがまいります。大臣は自分の娘だからやりたくない。でも、娘は国を救うために身を挺する覚悟がもう固まっている。妹がいるのです。その妹とこういう打ち合わせをする。

――わたしが王様のところに行って夜のお相手をしたあと、でもまだ夜中で夜が明けていませんから、おまえが部屋の外から声をかけて、こう言うのよ。「お姉さま、夜明けにはまだ間があるので、お話を一つお聞かせ願います」そうしたら王様も、どんな話だ、まぁ、寝物語で聞いてやろう、そうおっしゃるでしょう。それでわたしが話を始めますからね。

妹とこういうふうに打ち合わせをする。そして、たった一夜の妻の座を、その晩はシェヘラザーデが務めるのです。王様がもうそろそろ寝ようとするころあいに、外から妹が言葉をかける。

――お姉さま、ほら、あのお話を聞かせてくださいな。あれがおもしろくて、今夜わたしここで眠れませんから。

王様も、夜明けにはまだ間があると思うからシェヘラザーデに話をさせる。これが第一夜なのです。これが素敵におもしろい話ですが、長くなりますからここでは省略しなくてはなりません。こうして夜明け前に一つの話が終わった。非常に短い話なのです。それで王様が、あぁ、面白かった、さぁ、寝ようかと言うでしょう。するとすかさずシェヘラザーデが言うのです。

いまのわたしの話、王様、面白いとお思いになります？　あの、これからもう一つ語ろうと思っている話は、いまの話が吹っ飛ぶようなもっと面白い話でございますよ。

王様は、そうか、確かに夜明けにはまだ間があるな。じゃぁ、明けるまで語るがよい。

こうして第二話を話し始めるわけです。やがてコケコッコーと一番鶏が鳴く声が聞こえる。ところが話はちょうど盛り上がったところです。

――王様、夜が明けましてございます。

王様は話の続きを聞きたい。ですから、戸口の外にいる首切り役人を今日はいいよと返してしまう。

それで二晩目。やはり二晩目も夜明け前、夜中の三時くらいに、前夜の話が終わる。

王様は、あぁ、面白かった。

すると、シェヘラザーデがすかさず、いまお話しした話の十倍も面白い話を、これから申し上げようと思っていたところです。

王様は言います。夜明けにはまだ間があるな、じゃあ、聞こうじゃないか。

話が盛り上がったところでまた一番鶏が鳴く。王様は首切り役人に向かい、今日もいいよ。

このようにして、一つの話が盛り上がったところで止める。二日、三日、四日と日はたつが王様は妻の首を斬ることができない。次から次へと繰り出される話がみな面白いからです。こうして斬り落とされるべきさだめだった首が長く伸びていくわけです。

とうとう気がついたら千夜と一夜たっていた。王様はさすがにバカではありませんから悟るわけですね。

――わしが首を切って殺そうとしているこのシェヘラザーデはなんでも知っている。しかもなんとじつに巧みな語り手ではないか。こんな語り部を首を切って殺す？　とんでもないことじゃ。

一夜明けたら妻を殺すという自分の掟を破って、代わりに首切り役人を首にして、この国に平和が戻るんです。

そして改めて妃に迎えられたシェヘラザーデは、王様と一緒に末永く、楽しく、平和に、正直に暮らしました。というのが、千夜一夜物語の全体の枠組みなのです。

この千夜一夜の二百七十といくつの話の扉を次から次へとあけて見せるのがシェヘラザーデ。その扉はじつは死の扉でもある。なぜなら開け方をまちがえたらたちまち首が飛ぶんですから。一歩まちがえば王様が首切り役人に命じて、首を切られてしまうんですから。命懸けなんです。命懸けで千と一夜、自分の命を長らえて、さしもの王も、自分がとんでもない過ちを犯すところだった、とあやうく気が付いて国に平和が戻る。そのあとはハッピー・エバー・アフター。こういう物語です。


この物語は千夜一夜物語が語られ出した初めの初めのときから、こういう枠があったわけではないのです。次々と語られるにつれていろんな話が付け加わった。中国から、インドから、だから純粋にオリジナルの話はなんだったのか？　それを学者は一生懸命考えます。あの話って、イランなの？　もともとは？　バグダッドが出てくるからイラクなの？　アレッポなんて出てくる。ではシリアなの？　ところが、イランもイラクもシリアも、あんなの大昔になかった国ですよ。近代の西洋の列強が線引きをして、勝手に国を分けて砂漠に線を引いて、はい、ここからイラク、ここからイラン、と国民国家にしたわけです。もともとそんな国境線はなかった。そんな国境なんか世界の物語好きの子供や人々は気にしない。どこからはいってきたっていいのです。

はるかむかしにアレクサンドロス大王がギリシアからインドへ遠征する途中で熱病にかかって死んじゃったが、物語は熱病にかからない。それどころか物語は熱を帯びてかえって豊かに膨らんでゆく。膨らんで膨らんで子供が次々と生まれる。物語が物語を生んで、またこれがブドウの房のようにこんなにたわわにつながって、そうして一つの集大成として今日の千夜一夜物語がわれわれの手元に置かれている。アラビア語からの訳もありますが、岩波文庫にも全訳、ちくま文庫にも全訳、フランス語訳から日本語に訳されたもの、英訳から日本語に訳されたもの、その他その他その他の訳がいろいろあって、オリジナルのことなんてほとんど誰も気にしない。話がおもしろければそれでいいのだ、と。

そしてその話のなかには、当時の、中世のペルシャの人々の生活習慣、価値観、人生観、それがすべて織り込まれている。お望みならば教訓までついている。お望みならば詩までついている。だから完訳を読みますと、詩もついているし、教訓もついている。中世までの人々の大多数は、文字が読めない。書物を自分で手に取ることが出来ない。でも、これを巧みに語る人がいたのです。

語れば話自体がおもしろい。みんながそれを聴いて、記憶して、こんどは自分の子供たちに語って聴かせるわけですね。都合のわるいところは省いても、まだごまんとある。なにしろ二百七十いくつも詰まっているのですから。

シェヘラザーデは見えない扉を開けて、そして自分は命を懸けて物語を語り継ぐこと千と一夜にわたる。王様は自分の過ちに気がついて、首切ることを止めた。こうして国に平和が戻った。

わたしがこの物語を、みなさまにこのようなかたちでご紹介したのはほかでもありません。四十二年間、明治大学文学部で文学の教師をやってきましたが、わたしがその間、何十回となく新一年生諸君に語ったのは、『遠野物語』とこのシェヘラザーデの物語だったのです。

シェヘラザーデこそは、わたしにとっては文学の女神であると同時に、わたしが最も尊敬する、わたしにとっての聖母マリアにも匹敵する女性なのです。それはどうしてかということを、最後にもう少しだけご説明して終わることにしましょう。

七　ヒョウハクキリのほら話

アリババの物語と同じように、命の危険が身に迫っている。それなのに、アリババの召使のモルギアナとは逆に、シェヘラザーデは短剣一つ使わず、毒薬も使いませんね。それどころか一千一夜、気長に、約三年をかけて、王様の心を物語を語って解きほぐしていきます。王様の心のなかに人を信頼する心を呼び戻して、そして平和を国中にまた取り戻させたのです。

こう考えるとこの女性は、まったくの平和主義者であると言わざるを得ないでしょう。まったくの非暴力主義者と申さぬわけにはまいらないでしょう。さきほどのアリババの物語に登場するモルギアナは才気煥発、勇気と果断さもあり、主人の命を救うために、妖艶な踊りを披露すると称して盗賊の親玉の短剣を借用し、それを見事に相手の心臓に突き立てるわけです。じつに鮮やかな手並みですが、シェヘラザーデはそこがちがう。二人は対照的でしょう。そのちがいがじつに面白いではありませんか。

みなさん、この対照がイスラーム文化圏からわれわれに伝えられているということの意味を考えてみてください。これは世界にも類例があまりないほど偉大なことではないでしょうか。

わたしの部屋のワープロが置かれた仕事机の上に台があって、そこにシェヘラザーデの似顔絵を額に入れて掲げてあります。原稿を書くときには、「シェヘラザーデさま、よろしくお願いします。今回もどうか最後までお見捨てなく、わたしに原稿を一本書かせてください」と頼むんです。それから名文？　を書くんです。

わたしがみなさんにきょうお土産として持って帰っていただきたいのは、このシェヘラザーデという女性の語り手としてのイメージにほかなりません。その天才性が徹底した非暴力主義から生まれているということ、どうかこのことをご記憶いただきたいということなのです。

見えない文学への扉、その扉をひらいてくれたのはシェヘラザーデにほかならないということを、どうか記憶の片隅におとどめくださるように。

物語の面白さを堪能したい、というときには千夜一夜物語の、アリババでもけっこうですし、シンドバッドでもけっこうですし、そのほか話題は上から下まで、じつに多岐にわたっておりまして、これがいったい一国の大臣の娘だろうか、と疑われるような、どうしてこんな下《しも》ネタまで知っているのだ、と……たとえば夜這いの話にしても微に入り細をうがってこれを大臣の娘がものがたるのですから。

しかしまさにこういうエロティックな一面も、わたしがこの類まれな語り部に惚れ込んでしまった理由なんです。もう人間は上から下までなんでも人間のことを知っていなくてはいけない。

『遠野物語』の佐々木喜善は、遠野に伝わる夜這いの話まで語ろうとしたら、柳田先生から、夜這いの話か、それはいいよ、とあっさりさえぎられてエロティックな話は全部省かれてしまった。

喜善は不満だった。だって岩手県の盆地でなにが娯楽か？　なにもないですよ、むかしは。ところが物語を語って聞かせると、みんな、どぶろくを飲みながら、あぁ、ここらで一つヒョウハクキリをやってけれ、と。

ヒョウハクキリって遠野では言うのです。漢字でどう書くか分からないけれども、意味は大ぼら吹きのことです。誰か話の上手なやつを呼んできて、どぶろくを出して、たくあんを分厚く切って、これをふるまいながら、おい、そろそろなにか一つボガ（ホラ）でも吹けや、と。そうするとグっと一口飲んでから、やおらデタラメの話をする者がかならずその場にいるんですね。

——おれが、おととい晩げにな、駄賃付けで峠を越えたときにキツネに化かされそうになってなぁ。見たこともねえようなすげぇ別嬪《べっぴん》が現われてよ、おれに手招きするんだ。うりざね顔のところはおまえのかかあにも似てたようだったが、よく見たらばどうもちがう。でも別嬪だったなぁ。浜のほうから一人で峠越えようとして日が暮れたんだなと思ったから、気の毒になってよ。それからニカって笑っておれを見っぺし。だから、おれもついほだされちゃってなぁ、短く楽しむ夜の虫、こっちさついて来うって感じでシナ作ってよ、くるっとあっちさ向いたばとたんに尻尾が見えたんだ。ホウキみてなおおっきな尻尾だんだ。そのままついて行ったもんだら、危ねえところだったなぁ、なんてホラ吹くんですよ。

これをもっと詳しく微に入り細をうがって語る。みんなはホラだと分かって聞いている。ところが話がおもしろいでしょう。その場にいる一人なんか、ご自慢の美人の嫁さんのことをあてこすられて。話にワサビを利かせることも語り手は忘れない。それでその場の周りじゅうの人たちがアハハ、アハハ、と笑って、田舎の単調な暮らしのなかの退屈という大敵、それと夜という大敵ですね、この二つの大敵とたたかったのです。性的な話も当然のことながら刺激が強く、笑いを誘い、好奇心を募らせる。だからひんぱんに語られた。これは洋の東西を問いませんね。

さきほど、文学の原点は人間同士の共同生活が始まったときに始まると申しましたが、共同生活が始まった時分は人類はまだ火しか持っていなかったのです。

日が暮れて夜がくるでしょう。するとおおむかしのことですから周りは漆黒の闇です。闇は魑魅《ちみ》魍魎《もうりょう》が跋扈《ばっこ》する恐ろしい悪霊の世界なのです。人々はその恐怖に満ちた闇の世界に背中を向けながら、目の前にはあったかぁい火が焚いてあるでしょう。

ここで、だれかある者が特殊な経験をした、たとえば山中でクマと出会ってその獰猛《どうもう》なやつとどう闘ったか、とか、とにかく自分の経験や体験を語るわけですね。この体験の語りが面白いと、その場にいた別の人がそれを記憶しておいて、さらに別の人たちに向かって語る。こういう話を聞いたと、語って聞かせるわけですが、それがずうっと伝わっていくうちにおのずから話に型が出来てくる。つまりストーリーの形式というものが出来る。

文字がまだない時代ですが、文字がなくても人々は記憶して、それを次から次へと口頭で伝承して、そしてやがて昔話の世界へ、伝説の世界へとはいって行った。それを人々が記憶してくれていたからわれわれは今日書物で読むことが出来るわけですけれども、むかしの人々にとっては、夜という恐ろしい恐怖とのたたかい、それから退屈さというもう一つの恐ろしい人生上の敵とのたたかいですね、これとたたかって一生懸命恐怖をやわらげる。単調さを破ろうとする。そういうことが可能だったのは、物語を語る・物語を聴くという独自の相互的な能力を人間が所有していたからこそだったのです。

したがって、単調さや退屈という人生の見えない敵と遭遇した場合でも、または存在を脅かすような切羽詰まった状況が現実に出来したようなときでも、むかしの東北の田舎のヒョウハクキリや、イスラームの千夜一夜物語のシェヘラザーデのように、荒唐無稽なでっち上げの話でも、または冒険や探検などの実際の体験にもとづく話でも、とにかくありうべからざるような途方もない物語という「扉」を、人々は持っていたのです。そしてその「扉」は語り手と聴き手からなる両びらきの扉、スウィングドアでありました。

そういう「扉」を一つないし二つ、二つないし三つ、できればもっとそれ以上、というふうにわれわれが現在でも持っていることが出来るならば、この人生は退屈をまぬがれるだけではありません。孤独と恐怖に委縮してしまいがちな閉じた心に扉が豁然《かつぜん》とひらかれ、閉塞しかけた事態を別な角度や視点から見詰めなおすことが可能になる。すなわち物語とは、精神の自由に向かう道に取り付けられた「両びらきの扉」にほかならなかったのです。

おやぁ、そろそろ時間が来てしまいましたね。あと一時間もあれば、いまの話の十倍もおもしろい話をお聞かせ出来るところですが（笑い）、きょうはこのあたりで終わりにしないといけません。みなさん、ご静聴ありがとうございました。（拍手）

付記
二〇一七年十一月、明治大学文学部読書感想文コンクール優秀作品表彰式に際して行われた記念講演にもとづく。

参考文献
柳田国男『遠野物語』各種文庫
佐々木喜善『聴耳草紙』ちくま学芸文庫

佐々木喜善『復刻版老媼夜譚』遠野物語研究所
三島由紀夫「小説とは何か」『文豪怪談傑作選三島由紀夫集』所収、ちくま文庫
菊池照雄『山深き遠野の里の物語せよ』梟社
『千夜一夜物語』バートン版、河出書房
『千夜一夜物語』マルドリュス版、岩波文庫

第六章　忘却を恐れよ　大津波の痕

一　岩手に帰る

今回の三陸に起きた大地震・大津波のあと、わたしはなかなか郷里に帰ることが出来ずにいた。ふだんは運行していない羽田・花巻間を臨時便が四月十日まで飛ぶと聞いて、かろうじて予約を取ったのが二週間まえの四月一日だった。

わたしの郷里遠野は岩手県の内陸部にある。津波の被害は全然受けていないが、昨年五月、老母が亡くなったので、自宅は現在施錠して無人のままだ。家の内外の状態はどんなだろう。ある程度の被害をあらかじめ覚悟していたものの、門をあけて庭に足を踏み入れたときは、さすがにおそるおそるといった感じをいなめなかった。庭の立ち木も屋根瓦などもさして異状がなさそうだとざっと見きわめてから玄関の錠をはずしたが、屋内はやはりひどいありさまだった。

遠野に帰ったあくる日、市内在住の遠縁の者に頼み込んで軽自動車を借り受けた。釜石方面へは仙人峠を越えて行くが、大槌方面へは笛吹峠を越えて行く。釜石と大槌の中間に、両石、鵜住居、箱崎、刈宿などの海岸町や浜辺の集落がある。親類筋は多くそれら町や集落に居住していた。

釜石市の内陸部にも一人暮らしの叔母や叔父夫婦が住んでいる。叔父のところには連れ合いの弟とその妻とが身を寄せていた。かれらも釜石に家があったが濁流に流された。この弟とわたしは小学校時代の同級生である。まだ自宅にいるところをいきなり津波に引っさらわれ、からくも脱しおおせた。目の前を流されてゆく何人かの人々をかれは目撃している。

二　ヨダという化け物

話はさかのぼるが、テレビで三陸地方を襲った大津波のさまを見ていた人々の多くが、あまりの異様な光景に言うべき言葉を失った。わたしもその一人だ。度肝を抜かれるようなことが起こっていたが、その現実を語り得る能力を欠いていた。代わりに脳裡に想起されたのは次のような叙述だった。

「『津浪!』と、人々はけたたましく叫んだ。それから、巨大な波のうねりが小山じゅうを揺がすほどの重さで、また幕電の光のように泡を飛びちらして、海岸にぶっつかったので、悲鳴も、物音も、物音をきく力も、すべて雷鳴よりもひどい名状しがたい激動のためにすっかり呑まれてしまったのである。それから一時は、雲のように斜面を突進してくる水煙のあらしのほか、なにも見えなかった。そこで人々は、ただもうそれにおびえて慌てふためき、ちりぢりに後へさがった。ふたたび見たときには、おそろしい白波が、彼らの住処のある上を荒れ狂っていた。それから、ごうごういいながら引いていったが、そのさい陸地のはらわたをむしり取って行った。ふたたび、三たび、五たびと、海は寄せてはまた返した。しかし、その度ごとに波は小さくなってゆき、それから台風のあとのようになおも荒れながらも、もとの所へもどって落ち着いた」

今回の大津波の模様を伝える実況記事ではないかとも見まがわれるこの叙述は、じつは小泉八雲ことラフカディオ・ハーンが、いまから百年以上もまえに書いた小品『生神』のなかの一節だ(引用は角川文庫版による)。

一八五四年(安政元年)の安政南海地震の際、和歌山藩沿岸にある半農半漁の村で、長老格だった人物が、人々の注意を高台にあるわが家の方角に向けさせようとして、刈り入れて積み上げたばかりの自家の稲叢《いなむら》に火をかけた。人々はいっせいに高台に向かった。おかげで家は流されたが、命は助かった。ハーンはこの実話にもとづいて右の文章を想像で書いた。きっかけがハーンにあった。それは一八九六年(明治二十九年)に発生した明治三陸沖地震津波の報に接したことであった。多くの家屋と三万近い人命を一挙に奪い去った津波の破壊力。それはハーンを震えあがらせるに十分すぎるほどだった。しかしハーンは知っていたろうか。三陸地方ではむかしから津波をヨダと呼んできた。その呼称はなにか怪物を思わせるようだと言う人もいる。事実、たとえばノルウェーの民話にドラウグという海の怪物が伝えられる。こいつに魅入られたら絶対に助からない。そういう連想を起こさせるような語感が、ヨダという東北沿岸の方言にもあるのだ。

テレビに張りついていた人々の多くも、目の前に映し出されたものが水の集塊であるとは信じられなかったろう。それは巨大な不定形の怪物とも言うべきものだった。襲ってくるときの圧倒的な獰猛《どうもう》さ、引き上げてゆくときの悠々としたふてぶてしさ。まるで海からやって来た化け物であった。変幻自在で、タコのように身をくねらせ、万力のように強靭きわまりない力を持ち、高さ数メートルから十メートルもある防潮堤をやすやすと乗り越えてやって来た。あるいは、コンクリートで作られた厚さ数メートルの防潮堤を基底部からかんたんに引っくり返した。何百トンもの漁船を赤子のように小突き回し、街の奥まで引き回した。漁船の舳先で突き飛ばされた家屋は紙細工のようにくしゃくしゃにつぶれ、ばらばらになった。ビルもあっけなく倒壊させられた。かろうじて持ちこたえた堅牢なビルでも左右どちらかに傾いたり、向きを変えさせられたりした。大小の車輌がプカプカ浮いたまま固まって流されてゆくさまは、さながらプラスチックのおもちゃのように見えた。

叔父のところで再会した小学校時代の同級生は、自宅で濁流に腰を洗われたときの経験をわたしに語った。泥水特有の粘って吸いつくような感じが、怖ろしさと同時に一種名状しがたい気持ちの悪さを掻き立てたそうだ。わたしに携帯電話を差し出し、見てくれと言った。小さな液晶画面に動画が現われたがよく分からない。なにか土色をしたドでかい生き物が画面のなかで這い回っているようだ。かれは高台のフェンスにしがみつき、どろどろした触手から自分の下半身をもぎ放すことに成功した。這い上がると携帯を取り出し、自分を引きずり込もうとした怪物を撮影した。その沈着さに感嘆の声をわたしが上げると、手を振りながらかれは言った。

「そうでねぇってば。てっきりこれで死ぬんだべども、あとから身元分かるように、われの面ば写しておくべと思ったちゃ、手ぇ震えてレンズの向き変えられなかったのよぉ」

三　再度の奈落

同じように津波に流された別の親類のことを語ろう。

大槌町にその夫婦は住んでいた。津波到来直前、夫婦は車に飛び乗って内陸部に避難した。安全な場所に着いてから、飼い犬を鎖につないだままにして来たことに気がついた。津波はまだ自宅付近に到達していなかった。妻の制止を振りきって夫だけ車で引き返した。

犬を解放して車に乗せ、避難場所に戻りかけたところで濁流につかまえられた。あちらの角を曲がり、こちらの角を曲がりして、必死に高台に向かって飛ばしてくるのが妻の目にも見え隠れしていたそうである。しかし直進してくる津波の速度は信じがたいものだった。四つ角も曲がり角ものともせず濁流は前進してきた。小さな車はひとたまりもなかった。濁流にかつぎ上げられ、翻弄されながら、家屋の二階付近を漂った。内陸に向かって夫が車ごと運ばれてゆくのを妻は目撃した。車はやがて濁流に飲み込まれ姿を没した。

翌日、絶望している妻に吉報が届けられた。夫の生存を伝えたのは他の避難場所からきたある人だった。前日じかに当人と言葉を交わしたと妻に告げたのだ。妻は狂喜した。濁流に呑まれた夫が奇跡的に生き延びた。九死に一生を得た。だがそれは糠《ぬか》喜びだった。無事が確認されたのは夫の実兄であった。よく似ている兄弟だったから、報せを持って来た人が善意の勘ちがいをしたのだった。ふたたび妻は奈落に突き落とされた。

四　忘れる能力を恐れよ

われわれに知らされ続ける津波の惨状は、人間を絶望させるための邪悪な企みであるかのように圧倒的だ。四月十五日夕方の時点で死者は一万三五三八人、行方不明者は一万四五八九人である。

しかしそのいっぽうで、非常に少ない事例ではありながらも、われわれに深い感銘を与えずにはいないような生存救出の記録もまた存在している。九十時間以上も瓦礫《がれき》の下にありながら救助された七十代の女性、家の屋根の上に乗ったまま、たった一人で沖を漂流していたところを助けられた六十代の男性、いったん海に投げ出されながら、近くを漂流する漁船に這い上がり、救助の手を待っていた二人の高校生、倒壊した自宅の台所に閉じ込められながら、冷蔵庫のものを少しずつ摂取して辛抱づよく救出を待っていた八十代の女性とその孫の高校生、これらの事例もまた忘れるわけにはいかない。

確かに奇跡的と言われる稀有の事例にすぎないと思われよう。比率と確率と統計の次元において思考する多くの人々においてはそうであろう。しかし、人間の希望に保証を与え得るような事例がいくつか存在していることを知るのは無意味ではない。なぜならそれが、現実の異なる次元をわれわれに垣間見せるということもあり得るからだ。可能性が皆無でない以上、希望をつなぐ余地はそこにかならず存在している。

奇跡的、例外的、という言葉に安住することこそ危険である。それはわれわれの精神から奥行きを奪い、弛緩させ、早々と諦念へと導きかねない。瓦礫のあいだを捜索し続ける救助活動の専門家は、被災者生存可能のデッドリミットとされる七十二時間を越えても、生き埋めになっている人々の生存を確信して行動するという。それが捜索の原則なのだ。

救出された人々は、与えられたわずかな希望を生へと結びつけることが出来た人々である。自分に与えられたいくばくかの機会をけっしてないがしろにせず、運命をあきらめなかった人々である。亡くなった人々は、運命をあきらめたから助からなかったとわたしが言いたいのではない。可能性はわれわれにつねに均等に分与されるとはかぎらないのである。しかし、もしも希望をつなぐ機会がわずかなりとも存在するならば、破滅的な運命を乗り越えるために、あらんかぎりの力を尽くしきるかどうかは、その人間の人間的努力の問題でもある。あくまで可能性において思考し、試行し続けることが出来るかどうか。

どれほど僅少《きんしょう》であろうとも、希望において思考する。希望の思考は、運命に対する人間の挑戦者としての思考である。

われわれが恐れるべきは、希望の思考と裏腹に、これほどの経験もまた急速に忘却されてゆくのではないかということだ。復興を促進する力が同時に忘却する能力をも促進するのだとしたら、復興努力は希望への努力ではなく、多大な犠牲の経験を忘れようとする悪しき努力である。現在いたるところで「がんばろう」というスローガンが連呼されている。だが言わなくてはならないのは、忘れる能力の濫用と瀰漫《びまん》による精神の弛緩をこそ恐れよということなのだ。

大槌町の瓦礫《がれき》のなかをとおって漁港跡に出る。埠頭から向こうは一望さえぎるものもなかった。強い浜風が粉塵を巻き上げている。その風は潮風とはちがうものだった。泥と重油の匂いになにか別のものが混じっている。それは、積み上げてきたものを突き崩された人間の生活の匂いなのだった。

第二部　道の精神史として

第一章　北海道への旅

朱鞠内湖《しゅまりないこ》

一　朱鞠内湖

遠隔の地に出かけて湖水を見ることがわたしの旅の歓びの一つである。だが、複雑な思いをいだかせられる場合も少なくない。とくに人工湖を前にしたときだ。ダムが作られたため水没をまぬがれなかった村や人家や樹木、そして立ち退きを余儀なくされた人々の運命に思いを馳せる。すると目の前の美しい景観への讃嘆の念よりも、悲哀の感情が鬱勃《うつぼつ》としてくる。ときには憤りに似た感情が胸のなかで煮えたぎる。

昨年（二〇一四年）の晩秋、若い友人の伊藤君とともに北海道の朱鞠内湖へわたしは出かけ、湖畔にほど近い宿に一泊した。夕食時、釣り客で食堂はにぎわっていた。旭川から車で一時間あまり北上すると幌加内《ほろかない》町に着く。ここから山道に入って行くとその湖に出るのである。訪れるのは初めてではない。これまで四、五回は出かけている。それでもこの前来てから七、八年ぶりにはなろう。

この湖への旅には特殊な意味がある。それはその歴史に関わっている。朱鞠内湖は噴火でできた湖水ではなく人工湖なのである。一九四三年、いまから七十二年前、アジア太平洋戦争のさなか、王子製紙が出資して作った雨竜《うりゅう》電力株式会社によるダム建設工事がその湖水を出現させたのだった。石狩川水系雨竜川の最上流に位置している。自然の営為によって出来たのではない湖水としては日本一大きいと言われる。工事によって水没させられる以前は広大な原生林が鬱蒼《うっそう》と茂っていた地帯だ。

工事に動員された労働者の正確な数はいまもってはっきりとは分かっていない。だがそのなかに多くの朝鮮人が含まれていたことは分かっている。一九一〇年の日韓併合と朝鮮半島の実質的な植民地支配のもとで確保された労働力があてられた。少なくとも三千人以上の朝鮮人労働者が建設現場に投入されたという。いわゆるタコ部屋に住まわせられ、労働条件も生活条件も劣悪をきわめた。当然ながら多くの犠牲者が出た。その事実が、広く知られないまま、日本の近現代史の暗部の一つとしていまも湖底に横たわっているのである。

この湖をわたしが初めて訪れたのは一九七〇年代前半のことだった。夏休みに北海道に出かけた旅の途次、風連《ふうれん》町に一泊し、翌日美しい名前に引かれて湖まで足を伸ばしてみる気になった。行ってみると湖は想像以上の美しさだった。わたしは息をのんだ。複雑なかたちをなして湖面が入り組み、いたるところ岬が突き出していた。あたかも大小の島々が浮かんでいるかのようだった。湖畔にはワカサギ釣りの小型ボートが何艘も繋留されていた。

原生林のあいだを車で移動するにつれ、景観は刻々姿を変えて行った。トドマツやアカエゾマツなどの針葉樹がそそり立っている。ミズナラやヤチダモなどの闊葉樹がひしめき合う。下草の代わりにクマザサがびっしりと生い茂る。さながら悠久さを湛えるかのような原始の大自然は、文字どおり壮観というほかなかった。わたしはただ呑気に景観の美しさに見とれた。

だが、湖畔の駐車場に戻ってあたりをよくよく見わたすうち、大自然の手がこの湖の景観美をかたちづくったのでないことに、うすうす気づかされないわけにはいかなかった。手つかずと思われた原生林のいたるところに、巨木の黒い切り株が点在している。目を凝らすと湖畔のいたるところにその黒いものが見えている。一見壮観と見えた第一印象とはうらはらに、それらは無気味な光景と思われてきた。

朱鞠内湖《しゅまりないこ》がアジア太平洋戦争の時期に出現した人造湖であることを知ったのは、じつはこのときではなかった。ダム建設にまつわる悪夢のような歴史を知って戦慄を禁じ得なくなったのは、二度目に訪れた十数年後の夏であった。一九八〇年代半ばのことである。

ダム建設敢行のために強いられた重労働とひどい栄養失調。逃亡をはかって捕まれば凄惨なリンチ。そして無残な死。遺体は急ごしらえの棺桶に入れられ、山中の共同墓地に運ばれた。墓地の周辺はクマザサが厚く密生している。遺体はそこに穴を掘って埋められた。墓標は立てられなかった。

位牌のみが近くの光顕寺に無造作に置かれた。

時系列があとさきになるが、最初に朱鞠内湖をわたしが訪れてから数年後（正確には一九七六年十月）、二人の若い僧侶が休暇を利用して朱鞠内湖にボート遊びに出かけた。そのおり、土地の老婦人に請われて二人の若者は、集落が過疎化して住職を失った古い小さな寺を訪れた。本堂の片隅に引き取り手のない位牌が多数あるので見てほしいと言われたという。

位牌の数は八十あまり、赤黒くくすんでいた。死亡時期は一九三五年から四五年のあいだの十年間に集中し、年齢は十代後半から四十代まで。いずれも働き盛りの男たちのものだった。そのなかに「俗名　金○○」といったふうに、朝鮮人と思われる人たちの名前が多く混じっていた。これらの位牌の正体は？　いったいどうしてここに？　かれらの墓は？　遺族はこの位牌を引き取らなかったのか？　二人の若い僧の疑問は尽きなかった。だが、由々しい事実が位牌の向こうにわだかまっていることだけはうかがい知られた。二人の僧侶とは、浄土真宗の殿平善彦さんと同宮川恵秀さんである。

二人の呼びかけで、この年、空知《そらち》民衆史講座が結成された。地域にうずもれた民衆の歴史を発掘し、調査しようという趣旨が掲げられた。この活動はのちにワークショップとして日本と韓国の若者を始め、在日やアイヌの若い人々も参加する大きなプロジェクトとなる。活動は北海道全域に拡大して進められ現在にいたっているが、この講座で初めて手がけられたのが、雨竜ダム工事に従事させられた犠牲者の遺骨の発掘調査だったのである。

二　霧のなかの墓地へ

「そこには入ってるぞぉ」

案内に立ってくれた老人のその声に思わず飛び上がった。わたしのことではない。空知民衆史講座を主宰する殿平善彦さんの回想である。四十年近くもまえの一九七六年十月下旬、雪の降り出す季節の到来を目前にしたころのある日の出来事という。

湖畔へ続く道を左に折れ、坂道の中腹を登って落葉松《からまつ》林の小径にはいると、林を抜けた向こうに広い空き地があって、そこが朱鞠内共同墓地である。その奥にクマザサの藪が広がる。藪のなかはもう共同墓地ではない。私有地である。

笹藪の下にところどころ地面がへこんだ窪みがある。殿平さんに声がかかったのは、なんの気なしにその窪みに足を踏み入れたときだった。光顕寺檀家の一人であるその老人(高山浅次郎さん)が近づいて来てしゃがみこんだ。

「おう、ここだ、まちがいないな」

だが窪んでいる場所は一つや二つではない。あちこちにある。しかもそこは墓地の域内ではない。びっしりと密生した笹藪のなかなのだ。

高山老人は戦争中ダム工事に携わった人である。雨竜電力の雇用人としてはたらいた経験を持つ。当時の出来事を克明におぼえていた。その口から殿平さんが聞かされた話は物凄いものだった。

工事現場で犠牲者が出ると、遺体は棺桶に入れられるか、菰《こも》に巻かれるかして、いったん光顕寺に運び込まれる。その数、一九三七年から一九四三年までの七年間で百体以上にのぼった。工事最盛期の三九年には二十七体、四〇年には二十八体。いずれもタコ部屋労働者、朝鮮人労働者の亡骸だった。雨や川の水でずぶ濡れのままであるから、本堂外陣の畳に寝かせているうち畳が腐って床まで抜けそうになった。たまりかねた檀家から苦情が出た。もともと戦前から開拓民だった朱鞠内の人々からすれば、乏しい費用を出し合ってやっと建てたささやかな一宇である。村と関係のない大企業の工事現場から運ばれる遺体の仮安置所として寺が使われることに、納得のいかないものを感じたとしても無理はない。だが住職は一喝したという。

「タコも朝鮮人も亡くなったら、みな、仏様の命になるのだ。誰がどういおうと葬儀は努める。わたしは差別を断じてしない」

こうして、住職による読経ののち遺骸は共同墓地に運ばれた。が、さすがに住民と同じ墓を作ることまでは出来かねた。やむを得ず奥の笹藪に穴を掘って埋める。やがて土中で遺体は腐って骨だけになる。棺桶も朽ちる。すると表土と骨のあいだに隙間が生じる。その空間のぶんだけ土が落ち込む。地表がへこんで窪みになる。だからそこには遺体がはいっているというわけだ。一九七六年、朱鞠内に初雪が降ったのは、殿平さんが墓地を訪れた数日後だったという。

いっぽう、若い友人の伊藤君とわたしが朱鞠内湖を訪ねたのは昨年（二〇一四年）の十月三十一日である。殿平さんが案内されたのと季節は同じころだが、路傍の雪の堅さからすると、初雪の到来はおそらく一週間かそれ以上もまえと思われた。湖の標高だけでも二八〇メートルという北海道北部の高地である。十二月から翌年二月にかけての厳冬期、朱鞠内は積雪が二メートルを越える。湖面を覆う氷の厚さも二メートルに達する。といってもその冬の姿をわたしはまだこの目で見たことがない。

だが十月末日の外気はすでに尋常ではない冷たさだった。暖房を利かせた車から降りた直後の二人を震え上がらせたことは言うまでもない。わたしは岩手で育った人間だが、伊藤君は九州大分の漁港町の出身である。こういう底冷えのする北方に慣れていない。それでも二人は別行動を取って、てんでに一時間あまりもあちこち湖畔を歩きまわった。

「朱鞠内《しゅまりない》」という地名はもともとアイヌ語である。殿平さんはながいあいだ「キツネの川」という意味だと思っていたそうだ。「シュマリ」とはアイヌ語でキツネを意味し、「ナイ」は川を意味するからである。しかし北海道の地名の専門家の説はちがった。「シュマ」は石を、「リ」は高いを意味する。したがって大きな石がごろごろしている川というのが「シュマリナイ」の由来らしい。朱鞠内という和語の美しい響きから勝手にイメージをいだいたわたしなどは、地名の由来からしてなにも分かっていなかったのである。

その日は午後も遅かったから、湖と光顕寺は見たが共同墓地へおもむくのは翌日にすることにした。

あくる朝早く湖の波打ち際へ行った。濃い霧が湖面をすっかり覆いつくしている。なにも見えない。ボートの周りに群がる釣り客たちが、一日の釣果《ちょうか》を期待してはしゃいでいる。かれらを乗せたボートが何隻も出発してゆく。あっという間に白い闇のなかにかき消える。陽気な会話もぴたりと途絶える。霧の濃さと厚さがいっさいの音を遮断してしまうかのようだ。宿に戻り朝食を済ませてからも一時間ほど様子を見たが、霧の濃さは相変わらずである。日の影さえ差さない。あきらめて共同墓地に向かうことにした。

湖畔の道から幌加内方向へ行く途中で右斜めの山道に入る。中腹にさしかかると周囲の白樺林のあいだにも霧が滞留している。訪れるのは初めてではないがこれまでいつも夏だった。いまは深い霧のためあたりが一変してまるで見慣れない風景だ。ことに墓地がそうだった。雪が降り積もっていた。森閑と静まり返って一帯がいわく言いがたい寂寥感につつまれている。墓標は遠くかすみ、なかには倒壊しているものや台座だけしか残っていないものも見受けられる。七、八年前に来たときよりもいちだんと過疎化が進み、もはや墓に詣でる人も少なくなったのだろう。だだっ広い墓地の奥に、朝鮮式の墳墓が一基あった。湿った落葉におおわれ、草が塚のいたるところに生えていた。

一本の杭が立っている。彫り込まれた文字は「名雨線鉄道工事・雨龍ダム工事犠牲者之標」と読まれた。

三　現代の怪談に向き合う

朱鞠内湖をそれまで四回ほど訪れていたにもかかわらず、共同墓地とその奥にある朝鮮式墳墓を初めてわたしが目にしたのは二〇〇七年の夏のことだ。

前日の午後の便で羽田から旭川まで飛び、空港で借り受けた車で湖畔に着いた。八月十五日、敗戦の日だった。午後も遅く、あたりはすでに暗くなりかけていた。雨が降っていた。風もあった。前回(二〇〇四年か〇五年ごろの九月初旬)訪れたときは湖畔に建つロッジが空いていて簡単に借りられたが、このときはロッジはおろか付近の宿も満室だった。ロッジの受付けで聞くと、湖畔に陣取っていたキャンパーたちの多くがテントをたたんで急遽ロッジと宿に引き移ったということだった。雨はともかく風が強くなるかもしれないというので大事を取ったらしい。

仕方がない。湖畔に近い林のなかの野外駐車場に車を乗り入れ、そこで一夜を明かすことにした。高いところに街灯が一つ灯っていた。真っ暗でないだけに、風に揺れる木々の動きがかえって無気味に思われる。雨に混じってときおり強風が吹く。梢のずっと下の大枝まで音を立ててしなり、密生した葉に着いた大量の水滴を振り落とす。車の屋根とフロントガラスに葉っぱや小枝ごとそれが落ちてくる。影の動きといい、風の音といい、不安を掻き立てられるようで寝つかれない。

だが、わたしの眠りを妨げたのは気象による不安だけではなかった。不安の底にわだかまる意識が、湖畔に来てにわかにうごめき出したせいでもあった。事実、二日ばかりたってから日記にこの夜のことを、わたしはこう書きつけている。

「この寂しい人工湖にわたしがこれほどまでに惹かれるのは、湖底に埋もれる現代史の暗部がわたしをとらえて放さないからとしか言いようがない。

おとといの晩、車中で雨の音が耳につき、窓の外の木や草が風に揺れ動くさまが目に入ると胸騒ぎがした。先日読んだ色川大吉氏の『燎原のこえ――民衆史の起点』が思い出された。その本に『現代の怪談』として書かれていたくだりがあった。北海道のある村での出来事である。

強制連行された朝鮮人の運命にまつわる話である。山小屋に宿泊した人が奇妙な経験をした。翌日村人にそれを語ったところ、心当たりがあるという返事だった。山小屋の下はもとは湿地であった。太平洋戦争のころ近くに飯場があった。死亡した労務者を湿地に穴を掘って埋めた。そのかずは数十にもおよんだ。

山小屋に泊まった人の奇妙な経験というのは、夜半に小屋の周辺で人の声が聞こえ、それが一人二人ではなく数十人、互いになにかささやき交わすような気配がしきりにしたという。おとといい眠られなかったのは、その話が近い記憶としてわたしにあったからだろう」

だが、この原稿を書くためにそのときの日記を読み返し、また『燎原のこえ』の該当箇所を読み返してみて、わたしは唖然とした。自分の記憶力のわるさにあきれた。まるきり著者の述べていることとはちがうことを日記に書いていたのである。もし本を読み返さなければ、まちがった記憶のまま語り続けていたかもしれない。

＊

色川氏が述べているのはじつは北海道でのことでさえなかった。栃木県の上都賀郡粕尾村《かみつがぐんかすおむら》（現鹿沼市）が舞台であった。足尾銅山と隣り合った谷間の村で、銅山への道をひらくため工事に取りかかろうとしていた。昭和二十三年の秋のころという。そのとき「出た」のである。

「ゴオーッ、ゴオッ、と風がでてきたらしく、森が荒れて、まことにいやな夜だったが、いつも寝つきのよいKさんが、その晩は頭が冴えてなかなかねむれない。それでもトロトロ燃える炉ばたでごろりと横になって眼をつぶっていた。

すると、どこか地の深い方で、なにかたくさんの蝿がうなるような、ひくい物音がきこえてきた。べつに気にもとめずに、明日の山見の仕事のだんどりなどかんがえていると、そのうなりごえがどうやら人のダミ声らしく、だんだん近くなってきた」

この怪談に興味をそそられた歴史家・色川大吉氏に、村の移り変わりを七十年あまりも見てきた古老が語ったのは、さらに半世紀も前の日清戦争のころの話であった。

「病気でひょろひょろになって死んだタコや殺した囚人を、墓穴にもほうむらねえで、沼の中にうめてしまったッうこんだ」

強制連行とも朝鮮人とも直接関係はないのかもしれない。だが、山小屋の建っているその湿地あとに埋もれているのは、人を人とも思わぬこの国の近代の性格そのものであった。悪名高い足尾銅山との関連からもそれはうかがえる。「怪談」がわたしのなかで無意識のうちに歪曲されたのは事実だが、喚起されたイメージのなまなましさは、自分の国の近代と現代にいまなお蟠踞《ばんきょ》する闇の深さとも関係があるにちがいなかった。色川氏の同書の後半に、北海道での類似事例が語られていたことをわたしはようやく思い出した。

一九七四年八月、色川氏は、オホーツク郷土史研究会の人たちと合流して、石北本線の常紋トンネルに向かった。このトンネルが完成を見たのは一九一四年のことで、欧州では大戦が勃発していた。

工事でタコと呼ばれた労働者が多数死亡した。色川氏らはその遺体を発掘しようとしていた。郷土史研究会の世話人は、当時北見北斗高校の教諭で歴史を研究していた小池喜孝氏であった。

タコ部屋でのリンチや過酷な労働によって工夫百数十人が死亡し、近くの山林に埋められ、「火の玉が出る」という噂が流れた。その怪談は事実であった。一九七〇年、北見保線区がトンネル内に待避所を拡張するための工事をおこなったとき、コンクリートの壁の向こうから骸骨が現われたのである。その後、近くの防雪林から五十体もの遺体が掘り出された。一九七四年の夏、小池氏ら郷土史研究会に同行した色川氏たちの一行が、カラマツの林のなかに分け入ったのは、まだ埋もれているはずの遺骸を掘り出すためだった。

二年のちの七六年、空知民衆史講座の殿平善彦氏や宮川恵秀氏たちは、講師として北見から来てもらった小池氏の口から、右の「トンネルにまつわる怪談」をじかに聞かされることになる。

遺骨は物言わぬ。怪談も迷信である。だが果たしてそうか。一睡もしなかったわたしは、雨が上がった明け方湖畔に車を移動させながら自分に向かってつぶやいた。物質と化していても遺骨は物の証しだ。怪談は心の証しであろう。聴く耳とものを見る目を持とうとする人に、亡き人たちは気配を感じさせる。そして遺骨はやはり言葉を語るのである。

四　死者の声を聞く

「何で今さら骨を掘るのだ、その意味が分からない」「自然にその土の中に置いておいたらいいじゃないか」「死んだ人間にそんなにこだわってどうするんだ」という批判の声も少なくないという。死んだ人間の骨を掘ったからといって当人の悲しみが回復されるのか。無念さを取り戻すことが出来るのか。出来るはずがない。失われた命の無念を取り返すことは不可能なのだ。

「にもかかわらず、私たちはなぜ犠牲者の遺骨を発掘するのか」

自らにそう問いかけ、答えを模索しながら、殿平善彦氏は次のように述べる。

「遺骨を発掘する意味を問われたときに私は『死んだ人間の声を聞く』と言ったことがあります。死者にはもちろん具体的な声があるわけではありません。しかしその遺骨を土の中から自分たちの手で掘ることをとおして、その遺骨の失われた声が聞こえるということがある。確かな事実を目の前にしたときに呼び覚まされる私たちの想像力。そこがワークショップの出発点です」(『若者たちの東アジア宣言』)

朱鞠内の遺骨の発掘をとおして歴史を知ろうという呼びかけは、北海道だけでなく本州、韓国、在日の学生たち若い人々の関心を呼び、ワークショップがひらかれるようになった。遺骨という「確かな事実」をとおして、死者の「失われた声」が聞かれ、想像力を呼び覚まされる。戦争を知らぬ世代でも、歴史に向き合う自分の思考をそこから構築してゆくことが出来る。それが殿平氏たち主催者側の考えだった。

では、遺骨が現われなかったらどうなのか。実際、発掘が徒労に終わる場合も少なくなかったのである。常紋トンネルでも朱鞠内でも同じだった。数十人または百数十人からなる大がかりなプロジェクトを組んで、墓標のない笹薮のなかを掘り続け、結局一体も発見出来なかったことがなんどもあった。地中の死者の声が地表までついに届かなかったということであろうか。

死者の声を聞くとはどういうことなのか。昨年(二〇一四年)十月末、朱鞠内の共同墓地の奥に盛られた墳墓の前にたたずみながら、わたしが考えていたのはそのことだった。いや、その前の二〇〇七年の夏、この墓地を初めて訪ねたときもそれと同じ思いにわたしはとらわれていた。脳裡に浮かんでいたのは、そのときも今回も、自分が続けてきたヨーロッパの戦跡めぐりの旅とその意味のことだった。

ベルギー西部から北フランスにかけて広がるいわゆるフランドル地方に出かけ、初めて第一次大戦の陣没将兵の墓を見たのは一九九二年の夏のことだ。地平線の向こうまで続く青々とした麦畑のいたるところに区画が設けられ、白い石灰岩で作られた盾形の墓標が累々と立ち並ぶ。何万、何十万という人間がそこで戦い、殺し合ったというまぎれもない証拠が目の前にあった。度肝を抜かれるような圧倒的な光景であった。わたしは絶句した。名状しがたい思いにとらわれた。

その経験がわたしの旅の性格を根本から変えたと言ってもいい。しかしこの紀行との関連で、いまわたしがフランドルについて語りたいのはある冬の一日のことである。

二〇〇三年の年が明けた最初の日、わたしはベルギーとフランスにまたがる国境付近にいた。ニュージーランド出身のある女性作家の弟の墓標を探し出そうとして、墓地から墓地をわたしは終日めぐり歩いた。探索には借りた車を使ったが、墓まで行ってもそこが目あての墓地であるかどうかは、一つ一つの墓標とじかに向き合わねば分からない。雪の代わりに冷たい雨が降っていた。海抜が低く粘土質で水はけがわるい土地柄である。濁った水たまりに墓標は浸かったままだ。その日わたしはいったいいくつの墓地を見て回ったのか。ようやく探し当てた墓標は森のなかにあった。すでに周りには闇がはびこり出していた。雨水と朽ち葉の堆積のため、墓地はさながら湿地か泥沼そのものであった。墓標そのものも白くはなく、うす汚れてみすぼらしかった。この森の墓地で「あの声」を聞いたのである。拙著紀行『黄金の枝を求めて』にわたしはこう書いている。

「森のなかの墓地で聞くその声は、気楽な現代の旅人によって長い眠りを乱された死者たちの、苛立ちにも似たざわめきだったのでしょうか。そうっとしておいてくれ、いいから放っておいてくれ、このまま静かに永劫の眠りを眠らせてくれ、という声だったのでしょうか。それとも、めったに人の目に触れることもないこんな陰気な森に、永久に閉じ込められていなければならぬことに対する死者のやり場のない怒りが、たまたま日本から訪れた旅人に向けられたのだったでしょうか」

わたしが目にし、手で触れたのは死者の遺骨ではなかった。うす汚れた墓石であった。それら墓石のなかには無名兵士のものも少なくないのだった。

話を朱鞠内の共同墓地の奥に戻そう。目の前に朝鮮式の墳墓が一つあった。二〇〇一年のワークショップの際にそれが作られた。「名雨線鉄道工事・雨龍ダム工事犠牲者之標」とあるだけで名前は刻まれていない。土のなかを掘って遺骨が現われなかったら、死者の声は生きている人間の耳に聞こえないだろうか。墓標もない死者の声は聞かれないであろうか。たとい墓標があっても、その下に埋もれている者の名前が分からないとしたら、その無名の人々の声は聞こえないであろうか。かならずしもそうではあるまい。確かに遺骨は言葉を語るとわたしも言った。聴く耳とものを見る目を持とうとする人に、亡き人たちは気配を感じさせるとも言った。森の墓地のなかで、有名無名を問わず墓石のあいだから自分の耳に聞こえた声が、たんなる幻聴にすぎなかったとはわたしは思わない。自分が感じた死者たちのざわめくような気配を、気のせいにすぎなかったとも思わない。

殿平氏が言おうとしていることも同じではなかったろうか。たとい遺骨が出ず、じかに手を触れることがかなわなくても、歴史に向かって想像力や思考をはたらかせることは出来ると殿平氏は言っている。

五　自分の心を掘る

朱鞠内共同墓地を辞したのち、伊藤君とわたしはいったん坂を下って湖畔のほうに引き返した。途中の山側の路傍にナナカマドの木が見え隠れした。葉は落ちつくし、鮮やかな赤い実だけがたわわにみのっている。やがて雪が本格的に降り始めるころには、飢えた小鳥たちの格好の餌になるはずだ。わたしはフランドルのちいさな教会の裏手に立っていた大きなナナカマドの木を思い出した。青々とした葉をびっしりと茂らせた大樹は、そのあいだからみごとな赤い実の房を溢れさせていた。そしてその下には小さな墓標が整然と列をなし、盛夏というのに蝉一匹鳴くこともない田園のなかで、ひっそりと静まり返っていた。

坂を下って行くと、あたりは最前より視野が広くなったように見えたが、実際にはそうでもなかった。湖水の奥は相変わらず霧に閉ざされていた。伊藤君とわたしは湖畔に立ち、見えない対岸に目を凝らした。かたわらに数本の木が寄り添うようにして立っている。まだ若いがこれらの木々も湖を凝視しているかのようだった。わたしの頭のなかに墓地で脳裡に揺曳しかけた死者の想念がまたしてもたゆたった。

前述したように、墓標もない笹藪のなかを終日掘り続けて、タコ部屋労働者の遺骨が一体も発見出来ないことがあった。それは朱鞠内でも常紋トンネルでも同じだった。そういうときの徒労感や落胆ぶりは想像にかたくない。

だが、小池善孝氏らのオホーツク民衆史講座の運動が、死者と生者とのあいだで共有されるべきほんとうの絆もしくは端緒を見いだしたのは、まさにその徒労と落胆のなかからではなかったろうか。

殿平善彦氏の著書『遺骨——語りかける命の痕跡』、および小池氏の著書『北海道の夜明け——常紋トンネルを掘る』に語られているところを読むと、落胆と失望の経験がかえって運動と活動に精神的な芯棒をとおすことになったのではないかとも思われるのだ。殿平氏が小池氏の著書のなかで注目している北見工業大学歴史研究会の一人の若者による次の発言は、その意味でとくに重要と思われる。

「骨を掘ることだけが目的だったら、今日の発掘は失敗です。けれども、わたしたちはがっかりしていません。むしろ、すごい充実感で満たされています。それはなぜでしょうか。わたしたちはこう考えています。心に充実感があるのは、スコップをにぎり、土を掘ることによって、タコや囚人を見る自分の心が深くなったからです。掘ることは、自分の心を掘ることです。自分の歴史意識や人権意識を掘ることだと思います」

この発言は小池氏らが企画した一九七五年の第三回発掘のあと、その日の感想を語り合う席上で北見工大の学生によってなされた。小池氏の別の著書『常紋トンネル』にいっそうはっきりと述べられているが、その日、小池氏ら主催者側のほうがかえって若い参加者たちから励まされたというのだ。それどころか「運動の指針」さえも与えられたというのである。

すなわち、発掘の成果が得られなかったこの日の学生たちの率直な発言は、北海道の民衆史運動はいったいなにを目的とすべきなのか、その目的のために参加者はどうあるべきなのか、運動そのものの根幹となるべきその方向を、小池氏たちの意識のなかにさえくっきりと浮き彫りにしたのであった。

翌七六年二月、殿平氏らの求めに応じて北見からやって来た小池氏は、聴き入る殿平氏ら三十歳前後の青壮年世代を前に、隠された民衆の歴史とそれを発掘するオホーツク民衆史講座の活動が担おうとする目標と展望を熱く語ったという。

運動は当初在日朝鮮人、中国人への日本人の加害責任を明らかにしようとするものであった。だがそれにとどまらず、運動はさらに視野を拡大し、規模を膨らませた。開拓の名のもとに近代日本の植民地主義が強いた抑圧と同化の犠牲のなかを生きてこなくてはならなかったのはアイヌやウィルタ族も同様であったからだ。したがって、これらの人々とも強く連帯しようとする壮大な構想に立った民衆運動、歴史運動とならなければならない。そこから、北海道に住む者としての自らを歴史的に問い返そうとする契機が、内在的なものとして生まれ得る。小池氏はそう語った。

「近代日本の植民地となった北海道が放つ深い闇に出合った瞬間でもあった」と殿平氏はこのときの驚きと感動を書いている。

すなわち、骨をじかに自分の手で掘る、そして死者の声に耳を傾けるとは、「心を掘る」ということにほかならず、歴史意識や人権意識の根源を自分の心の基底に見いだしてゆくという営為そのものなのである。

絶え間なく湖面から霧が流れてくる。湖畔にたたずむわれわれの前に広がるのは、漆黒の闇の代わりに白濁した冷気のとばりであった。視界が遮断されてなにも見えないから闇を見ているのと変わりはない。着ているアノラックが薄い粉をまぶしたように白くなり、ごわごわと硬くこわばった。波打ち際に立った靴のなかのつま先が痛い。

ひたひたという小さな波の音に混じって、なにか低く鈍い音が聞こえる。とたんに白い舟が一隻わたしの目の前に姿を現わした。大型のボートが釣り客たちを集めに出て行っていま戻ったのだ。奇妙なことに、わたしは船外機の音に全然気づきもしなかった。一瞬亡霊のように見えた人々の表情は、岸に降り立つと一様に明るさを取り戻した。早朝の釣果におのおの満足している。いや、白い闇のなかから無事に戻って来られたことに安堵しているといったふうだ。

「霧は晴れそうにないね」

「そうですねぇ。ちょっと晴れそうにありませんね」

「そろそろ行ってみますか」

「展示館ですか」

「うん」

わたしは伊藤君をうながし、旧光顕寺・現笹の葉墓標展示館に行ってみることにした。犠牲者の位牌の多くがいまもってそこに安置されている。訪問者用ノートブックに、思いがけず詩集『冬の森』の著者の名前をわたしが見いだすことになるのは、それからわずか二十分後である。

六　笹の墓標展示館にて

霧のなかにぼうっと霞むようにして笹の墓標展示館がたたずんでいる。

この展示館の前身は光顕寺という寺である。朱鞠内の過疎化で百軒以上あった檀家が十数軒に減少してしまったのが一九九二年。もはや維持は不可能だった。檀家の決定で取り壊されることになった。それを殿平善彦氏らの提案で空知民衆史講座が譲り受けた。光顕寺は新たに笹の墓標展示館として生まれ変わった。

本堂入口に鍵はかかっていない。訪問者はいつなんどきでも自由になかにはいることが出来る。前回訪問のおり、そうと知らなかったわたしは、早朝から九時すぎまで外で「開館」を待っていたことを思い出す。

靴を脱いでなかにはいると、「一期一会　南無」と大書された扁額が正面の天井近くに掲げられている。その下にざっと七十基ほどの位牌が並べられている。周囲の壁面には写真パネルがびっしりと貼りつけられている。朱鞠内湖とその周辺の半世紀以上にわたる歳月の流れが概観出来る。

墓地も湖畔も寒かったが展示館も同様だった。畳が敷いてあるのに、立っているだけで足の裏からしんしんと冷気が這い上がってくるのだ。それでも伊藤君は熱心にパネルに見入り、壁際に置かれたガラスケースのなかを覗き込んでいる。七〇年代半ばの遺骨発掘作業を機に広がった東アジアの若者たちによるワークショップの活動が、とくに伊藤君の心をとらえたようだ。バッグから文庫本を取り出し、目の前の写真と照らし合わせるようにして、しきりに読み返しているようだ。その本が小池嘉孝氏の『常紋トンネル』であることをわたしは知っていた。

いっぽう、ケースのなかには発掘時の遺品の一部が展示されている。わたしもそれらを前回訪問したときに見ている。あのときは夏だったからじっくりと見ることができた。だが今回はおそろしく冷え込む。十月末の朱鞠内はすでに厳冬期の初めなのである。

さいわいストーヴが設置されていた。点火ボタンを押すとぼうぼうと音がする。これで暖まるだろう。ところが威勢がいいのは音だけである。いつまでたってもストーヴ本体は冷えきったままだ。どうやら灯油が切れているらしい。アノラックを着こんでいるので上半身はさほどでもないが、足の裏からふくらはぎにかけての冷えはこれ以上はあまり長く我慢出来そうにない。

十月末の屋内でさえこうなのだ。こういう自然環境のなかで、いわゆるタコ部屋労働者たちはダム建設に従事させられた。極寒のなか褌《ふんどし》をつけただけの姿で水中での作業を強いられた。正面に安置されている位牌のなかには、直接死因が低体温症によるものだった人々のものも少なくないにちがいない。現に犠牲者はずぶ濡れのままここへ運ばれ、ひと晩横たえられたのだった。

笹の墓標展示館には、ここを訪れる訪問者のための大学ノートが置かれている。最近の訪問者が最後に書き込んだページがひらかれ、真ん中にボールペンが挟みこまれている。ページを逆にめくって日付けを九月、八月とさかのぼっているうちに七月まで来た。すると「2014.7.22」という数字が現われ、その下に次のような文言が読まれた。

「朝鮮人等犠牲者の遺骨を発掘する仕事、ワークショップのこと、前々から気になっていました。やっと今日ここに来られたことを嬉しく思い、安堵しています。遺骨が語りかけるものを念じつつ、生きていきたいと思います」

署名は「神奈川大学　尹健次」とある。わたしのなかに一つの感慨がおもむろに生じるようだった。感慨は記入した人の名前から来た。

三十年近く前のある一日へと記憶の糸が伸びて行った。正確には一九八五年である。その年の『思想』四月号に一つの論文が掲載された。「異質との共存」という変わった題だった。当時わたしが編集委員の一人を務めていた雑誌『新日本文学』(編集長・久保覚氏)の主宰で、この論文の合評会をかねた討論会をひらいた。論文の筆者である尹健次《ユンコオンチャ》氏自身にも出席を打診したところ快諾を得られた。討論では「在日」と「民族」という言葉と概念の双方についての尹氏の理解をめぐって、かなり活発な、ときに激しい意見の応酬があったと記憶する。

三十年前までさかのぼったそのころの記憶が次に引き出した糸は尹氏夫人の尹嘉子《ユンカジャ》さんのことであった。嘉子さんにお願いして、われわれの雑誌に「在日」の女性の立場からエッセイを書いてもらったことがあったのである。その嘉子さんが肺がんで亡くなったと聞くのはのちのことになる。

硬質の文体で妥協のない論理を鋭く展開する論客は、同時に優しい抒情を湛えた繊細な詩を書く人でもある。故人となった夫人・嘉子さんをしのんで作られた詩集『冬の森』の詩編のいくつかがわたしの頭に去来した。たとえば「ナナカマド」という詩だ。北海道の沿道にしばしばナナカマドを見るという偶然が連想を引き寄せたのだろうか。生前嘉子さんは二つの木を夫と二人で植えながらこう言ったという。

わたしはこのナナカマド
あなたはあの山ぼうし

その下で眠るの
いつまでも

過ぎし日の凛とした亡妻の風貌やしぐさをナナカマドに託してうたった詩である。だが後半に思いがけない数行が出てくる。

二本の木を植えたあの日
少し離して植えてと
あなたは二本並べるのに反対した
あの世まで一緒はイヤよ
あるいは少し離れて見つめ合いたいの
そのどっちかだったはず

夫婦という名の男女のあいだの情愛の機微とユーモア。ヤマボウシとナナカマドという異種の果実を合わせたビタースウィートの味わい。同時にそれは「異質との共存」を説き続けて来た尹健次氏ならではのイメージでもあったろうか。在日二世として日本に生まれ、父母の辛酸を自らも舐《な》めねばならなかった。

近現代の日本と朝鮮のあいだの帝国主義と植民地主義による支配と被支配の歴史を、いかに克服し得るかを問い続けて来た精神と思想の持ち主にとって、「ナナカマド」は全然無関係の根から発芽し育った詩ではあり得まい。「オンリー・コネクト(結びつけることさえ出来れば)」という英国作家E・M・フォースターのよく知られた銘文に込められた思想と感受性に響き合うものを、尹氏とのやり取りのなかで直観しないわけにいかなかった三十年前のあの議論の場が、再びわたしに思い浮かんだ。伊藤君が近寄って来た。気がつくとそろそろ展示館を辞する刻限に近づいていた。

すっかり凍えてしびれた足に編上げの靴を履かせるのは手間がかかる。先に階段を下りた伊藤君が、靴を履き終わるわたしを待ちながらこう言った。

「学生たちの朱鞠内遺骨発掘作業の写真がこの展示館の壁に貼ってありましたが、それを見ているうちに、小池さんの本のなかの北見工業大学の学生の言葉を思い出しました」

「遺骨が出なくて小池さんたちががっかりしていたその日に、自分たちが掘っていたのはじつは自分の心だったと分かった、とその学生は言ったのだ」

「そうです。遺骨を掘るというその作業というか行為ですが、過去とばかり思っていた時間の層を掘ってゆくと、それが現在の自分の心を掘っていることだと分かってくる。深い直観に根ざした省察をぼくはその学生の発言に感じて、ほんとうに感動させられました。なによりも驚くのが、それらの思索を学生に可能にしたのが、発掘作業における徒労と落胆だったということですね。思わずそのくだりで立ちどまって、いまの自分を深く考えてしまいました」

「さっき考えていたのもそのことですか」

「ええ、じつは」

朱鞠内湖と笹の墓標展示館に別れを告げ、われわれは次の目的地へ向かって移動を始めた。行く手には霧立《きりたち》峠が待っている。そこは名前のとおり霧の深いところである。

参考文献

殿平善彦著『遺骨——語りかける命の痕跡』かもがわ出版、二〇一四年
小池義孝著『北海道の夜明け——常紋トンネルを掘る』国土社、一九八二年
小池義孝著『常紋トンネル』朝日文庫、一九九一年
立野正裕著『黄金の枝を求めて　ヨーロッパ思索の旅』スペース伽耶、二〇〇九年
色川大吉著『燎原の声　民衆史の起点』筑摩書房、一九七六年
尹　健次著『異質との共存』岩波書店、一九八七年
尹　健次著『詩集　冬の森』影書房、二〇〇九年

第二章　津軽への旅
龍飛崎《たつびざき》

一　龍飛崎まで

松本清張の原作を映画化した『砂の器』を久しぶりに見る機会があった。テレビ版も作られているが、わたしが見たのは一九七四年製作の野村芳太郎監督、橋本忍・山田洋次共同脚本による劇場版であった。これまでも同作品を何回か見ている。公開当時に二回見に行ったし、テレビ放映でも見た。二〇〇五年のリバイバル公開のときも劇場に足を運んだ。そのおりＤＶＤ版を購入したので帰宅してからも見ている。だから今回以前に少なくとも五、六回は見ていることになる。

そしてこの映画を見返すたびに、自分が二十代半ばのころ、東北地方を日本海側から北上して津軽へ向かったあの夏の旅を、思い出さないわけにはいかないのである。

その旅は下北半島の恐山《おそれざん》を見ることも目的の一つにあった。ただ、津軽半島北端の龍飛崎《たつびざき》へ到達することが旅の前半の目途となっていた。もとはと言えば、当時公開されていた映画『砂の器』の親子放浪の場面に映し出された龍飛崎の印象的な一光景が、映画を見たばかりのわたしの眼底に焼き付いたからであった。

映画では厳寒の二月にロケーションがおこなわれている。同じ場所を見るからといって、夏に出かけてゆくわたしの旅が、趣を同じくするはずがないことは分かりきっていた。にもかかわらず、あの荒涼とした景観をこの目で見たいという切望にも似た気持ちがわたしにはあった。当時参加していた同人誌のために、その旅の紀行を書いて出そうと思い立ったことも動機の一つであったと思う。

しかし結果からいうと、紀行を一行もわたしは書くことが出来なかった。目にする津軽の風物と龍飛崎にいたる風景の感動を、旅のあいだ手帳に毎日せっせと書き留めはしたが、読み返すそのつど自分の文章の凡庸さ、表現の貧しさに辟易《へきえき》し、失望を味わうばかりだったのである。

とうとう青森市内の安い宿に数日籠もり、一歩も出ずに部屋のなかでアメリカの現代小説を読むことにした。紀行が書けぬなら、いっそ論文を書くほうがましだと思ったのだったろうか。しかしノートは取ったが、そのときの読書も論文にまで結実させることができないままで終わってしまった。

夏に訪れた龍飛崎が、映画のように吹雪で凍りつくような風景を呈していなかったのはあたりまえだが、そこが荒涼とした寂しい土地であったことに変わりはなかった。階段国道と呼ばれる名所があった。土地の食堂の人におしえられ、行ってそこを登りかけてみたが十段も上がらないうちに降りてしまった。

海峡を右手に見ながらとぼとぼ歩いて岬の突端まで行った。風はやはり冷たかったが、身がすくんでしまうというほどでもなかった。それなのにわたしの心はさっぱり弾まなかった。

その土地の寂しい荒涼とした感じは、自分自身の心理状態の投影のようでもあり、反映のようでもあった。後日そのことを人に語って笑われた。つまりわたしの目が見ていた風景は、自らの心象風景を反転させたものにすぎなかろうというのだった。たぶんそれは当たっていたと思う。とにかくそのとき映画のことは思い出しもしなかったからである。

二　風土

だがここではその映画に話を戻すことにしよう。（これから書くことはいわゆるネタバレを含むことを、わたしはあらかじめここで断っておく）

一人の老人が蒲田駅構内で殺されているのが発見される。頭部を激しく強打され頭蓋骨が陥没していた。被害者が訛りの強いズーズー弁（東北弁）をしゃべり、自分よりはるかに年の若い男と熱心に話し込んでいたことが目撃証言から分かった。カメタという語が被害者の口から発せられるのがなんどか聞かれたという証言も手掛かりと思われた。被害者の身元を割り出すため、捜査陣は東北地方に目を向ける。秋田県にある亀田に的がしぼられた。今西という警視庁の刑事が蒲田署の若い駆け出し刑事と組んで出張する。だが手がかりを得ない。

二人は日本海の濃い藍色の海を眺め、太平洋とは海の色がやはりちがうと嘆声とも嘆息ともつかぬつぶやきを交わしながら帰京する。帰りの列車のなかでも若い刑事は切歯扼腕の体であるが、ベテラン刑事のほうはと言えば、食堂車で自作の俳句を披露したりしてさほどあせっているふうでもない。もっともその俳句は、「寝た後に草の群がる衣川」とか、「北の旅海藍色に夏盛り」とか、まあお世辞にもうまいとは申されない。はっきり言えば駄句に類する出来ばえであろう。

出張から帰ると、思いがけず展開があった。遺体と対面させてほしいという人物が出てきたのである。だがこの人物は岡山県から上京して来た。二人の刑事がおもむいた東北地方とはまるで反対の方角である。それでも遺体に対面させてみると、被害者は三木謙一という名で自分の義父にちがいないと確言した。三木老人はのんびり伊勢参りに行ってくると言って気楽に出掛けたはずだが、よもや東京に出て来て何者かに殺されていようとは思いもよらないことだったというのである。とにかくそこから被害者が島根県出身であること、隣県である岡山県で戦前は巡査をやっていたことまで判明する。だが東北地方との関係は消えることになる。捜査はいわば振り出しに戻ってしまった。

ところが、今西刑事だけが依然としてズーズー弁と被害者との関係に拘泥する。一人で国立国語研究所に方言研究の専門家を訪ねる。その甲斐はあった。

ズーズー弁と言われる発音に酷似する言葉を話す地方が、島根県の奥出雲に存在することを研究所でおしえられたのである。しかも調べると亀嵩という地名が岡山県に存在した。被害者は隣接する二つの県に深いゆかりのある人間であることが明らかとなった。

俄然、今西刑事の捜査意欲は拍車をかけられる。まるでものに憑かれたように捜査続行にのめり込んでゆく。東北にゆき無駄足を踏んで帰るときまで見せていた余裕のようなものが振り捨てられる。

今西刑事が言葉や音韻にあくまでこだわったのは、あるいは趣味として俳諧をたしなむ人であったためかもしれない。それが伏線となっているのかもしれない。いやむしろ、直観かひらめきのようなものを与えられたと言うべきかもしれない。じつはわたしがそう感じたのは今回見直したときである。

物語の舞台は東北とはかけ離れた西日本に移ることになり、刑事は岡山から奥出雲にまで出張することになる。だがさして進展はなく、かんばしい成果が得られない。聞き込みをいくら続けても、被害者を知るすべての人々が、その人情の厚さと比類ない人格を請け合うのみで、およそ人の恨みを買うようなことはあり得ないと異口同音に言うのである。そのため、加害者とおぼしい人間との接点が少しも浮かんでこない。岡山でも島根でも手がかりは得られない。今西刑事に分かったことは、たぐいまれな情の厚さと豊かさを持つ元巡査・三木謙一の人間味のみである。

残る場所は伊勢だけとなる。被害者は伊勢でなにかに遭遇した。突然予定を変えて東京に足を向けた理由が伊勢でつかめるのではないか。

刑事は自分の休暇を利用し、自費で伊勢にまで出かけてゆく。

いっぽう、被害者である三木謙一が岡山で巡査を務めていた現役の時代に、親子連れの放浪者を保護したことがあったことが、三木巡査と親しかった地元の老人からの手紙によって明らかになる。放浪者の父親のほうは、当時業病とされて忌み嫌われたハンセン病であった。そのため病院に入れる手続きをし、子供は巡査が自分の家に引き取って面倒を見ようとした。しかしその子はまもなく家出した。そのまま行方が知れなくなってしまった。

久しぶりに見直してこれまで自分が同じ疑問を抱かずにいられなかったことが改めて思い出された。すなわち、今西刑事を捜査に「のめり込ませる」契機は那辺《なへん》にあるのであろうかという問いである。妻子もいる身で、わざわざ休暇を返上し、手弁当での出張とは、いくら日本人にワーカホリック(仕事中毒)的人間が多いとはいっても、職業上の熱心さ以上の動機に動かされるのでないならば、今西とその熱意は物語のためのたんなる狂言回しの域を出ぬということになりかねないではないか。そこが映画から(原作からも)納得のゆくかたちで感じ取ることが出来にくい、と従前のわたしは感じていたところなのであった。それゆえまさにその動機が稀薄という点に、この力作に対する一抹の不満を持たないわけにはいかなかったのである。

しかしいっぽうで、数年前にこの作品をＤＶＤで見たあと、ちょっとしたメモをわたしが感想として書きつけていたことも思い出した。それを取り出して読み返した。すると、刑事が俳句を捻る趣味を持つ人物であることに、少なからず自分が注意を払おうとしていた形跡があったことが分かる。そこで、その数年前のメモをも参考にしながらもう少し考えを煮詰めてみたいと思うのである。

三　砂の器

今回映画をあらためて見直してみると、前半の秋田県亀田から東京へ戻る車中で、若い刑事に自作の俳句を披露する場面があるが、あのくだりが案外重要なのではなかろうかといよいよ思われてきた。その列車には、のちに容疑者として逮捕することになる音楽家とその一行も偶然乗り合わせていた。

したがってその場面は、物語のこの後の展開で刑事を次第に捜査にのめり込ませてゆく動機となるものを暗示しているとも言えないわけではない。そして後半の親子放浪の場面のみごとな映像から受けるわれわれの感動を考えてみるうえでも、その場面が小さからぬ意味を持つのではないかと思われる。つまり、仕事上の出張とはいえ、職業上の観察眼はもとより、出かけた土地の風景または風土を見て十七文字を捻るだけの感受性をこの刑事が持っているという人物設定になっていることに、わたしはあらためて注意を払いたいのである。

とはいえ捜査に執念を燃やすにつれ、さすがに句を捻る余裕もなくなる具合ではある。それかあらぬか以後映画のなかで、刑事の句が披露されることもないのも事実である。それにもかかわらず、今西刑事が句を作ることを趣味としている人であるという事実は、この物語のなかでやはり相応の意味を持つとわたしには思われた。

今西刑事が作る句は確かにどれも出来はあんまりよくはないであろう。しかし、情緒と風情を解する人物であることは、太平洋と日本海の海の色をめぐる若い刑事とのちょっとしたやり取りなどからも伝わってくるのだ。

今西刑事は捜査を続ければ続けるほど、緒方拳扮する被害者の元巡査三木謙一という人物の人柄に深く胸を打たれてゆくようでもある。同じ警察官としてという職業上のこともむろん関係がなくはなかろう。だがそれ以上に、人間的な共感が今西刑事を動かしてゆくとわたしなどには思われてならないのだ。調査と聞き込みを続けているうちに、今西刑事のなかで、三木元巡査の人間としての姿が次第次第に輝きを帯びてくるのである。

つまり、今西刑事が自分の貴重な休暇を費やし、旅費も宿泊費も自腹を切ってまで地方への出張をくり返してやまないのも、職業上の熱心さもさることながら、それ以上に三木元巡査という人の人柄の魅力に、今西自身が深く感じ入ったためではなかろうかと思われてくるのである。

四　漂泊

後半の一連の場面はこの映画を日本映画史上ほとんど伝説の域にまで押し上げることになった。台詞を排し、父と子の放浪の旅を日本各地の四季折々の映像と音楽だけで見せてゆく。

事件の捜査の大詰めを迎え、この親子と三木巡査との最初の出会いを、捜査本部会場で今西刑事が上司や同僚たちを前に詳しく具体的に報告する。その報告場面こそは、刑事が俳句を作る人であることと密接に関係している場面である。なぜなら、それは捜査報告のいわば絵解きであるのみならず、容疑者である音楽家と刑事とのあいだの見えない対立というもう一つのドラマを、その場面がまざまざと浮かび上がらせずにはいないからである。つまりこういうことだ。

いっぽうには華々しい活躍を期待されている音楽家の才能と野心がある。他方には趣味で駄句を捻る刑事の凡庸さがある。その歴然たる対比を念頭に置きながら、われわれ観客が後半の場面を見てゆく。そうするとこの映画はいっそう奥行きを増してくるのだ。

画面には、季節折々のみごとな風景が映し出される。その風景のなかをゆくのは、ハンセン病のため村にいられなくなった父と子である。親子の旅にはゆく当てもなければ終わりもない。ただただ放浪を続けるのみである。

刑事が捜査報告として語るその旅は、同時に、音楽家が自らの幼い日の悲惨のきわみとも言うべき父との境遇を、交響曲として作曲した音楽によって回想的に描き出してゆく場面でもある。

すなわち、見逃がされてはならないのは、画面に再現される漂泊の映像は、音楽家の幼い日々の回想であるとともに、刑事の調査にもとづく想像の場面でもあるということだ。捜査会議の場で刑事自身がこう言っている。

「親子の放浪がどのようなものであったかは二人だけにしか分かりません。ゆえに自分の報告は事実関係以外は想像にすぎません」

くり返して言うと、画面には、音楽会での演奏場面、回想の放浪場面、刑事の報告場面、調査の場面、そして刑事の想像による場面が、幾重にもていねいに折り重ねられてゆく。そしてわたしがもう一つのドラマと言ったのは、これら一連の放浪場面や親子の三木巡査との出会いの場面は、音楽家の回想だけではなく、刑事の調査にもとづく想像的復元でもあり、それがいわば刑事と犯人との対峙にほかならないからであった。

すなわち、刑事を通してわれわれに見えてくるものと、犯人である音楽家を通してわれわれに見えてくるものとが、スクリーン上で真っ向からぶつかり合うのである。

演奏会開始に先立ってこういう場面があった。音楽家が婚約者とその父親と三人で会食をしようとしている。父親は大臣をやったこともある大物政治家であり、娘の婚約者である才能ある若者を強力にサポートし、世間に押し出してやろうとしている。その場で音楽家がこう言ってのける。

「政治の世界も芸術の世界もちがいはない。互いに足の引っ張り合いという点では同じです。ただちがうのは、芸術家は作品の出来がすべてだということです」

このあからさまな作品至上主義に自分というものを囲い込んでしまうことによって、この音楽家は作品以外のいっさいの人間的な要素や人間らしさの感情を締め出そうとするかのようだ。

これと対照的なのが凡庸な俳句の作者である今西刑事である。この刑事が人間の真の価値を見いだしたのは殺された一介の元田舎巡査である。ハンセン病の父親とその息子の二人連れの放浪者を、親身になって世話しようとした人情家の巡査の生き方である。

対立は単純な図式でしかないようだが、単純に見えるのは解釈が皮相だからかもしれないのだ。作品か人間か、といった択一的な問題に還元し得ないむずかしい問題が、じつはここに提示されているとわたしは思う。つまり、ほんとうに対比させられているのは、人間とはなにかという問いではなかろうか。

世間に業病とされて忌み嫌われたハンセン病患者の父親を持った。母は家出した。やがて父と子も村を追われる。こうして、二人だけの不定の放浪を強いられた。漂泊の日々が続いた。一人の田舎巡査と出会うまで。

五　人間の器

三界に家を持たぬ身に、四季折々の風景の移り変わりも、人の心も、無情であることにおいて変わりはない、何処へおもむいても追われるのみの生活。その悲惨さと残酷さを、底の底まで味わいつくした人間がいっぽうにいる。

だがその内部には天与の才能が宿っていた。その才能を、薄情な現世で唯一自己が自己であるために恃《たの》むに足るものとして握りしめ、そこから渾身の力を込めて芸術を創造した。その才能は稀有のものであった。だからそれを用いて、名利と野心のため父親を見捨てた。恩人を殺した。地獄のような過去の一切を芸術へと昇華させるためである。そのようにして「昇華」された芸術は、ほんとうに芸術の名に値するだろうか。

そういう問いかけがこの映画の奥のほうにある。

いわゆる才能なるものは現代でもあらゆるジャンルと分野にあふれ返っているだろう。それ以上に野心もまたこの世の隅々にまであふれ返っているだろう。だが、さらにそれ以上に、人間を飲み込んでしまわずにおかないものがある。「宿命」がそれである。

将来を期待される音楽家に成長したかつての不幸な少年は、そのたぐいまれな天稟《てんぴん》をもってしても、自らの「宿命」を跳ね返す天性の力を持った人間の輝きを、芸術のなかに表現しきることは出来なかったと言わねばならない。なぜなら、真に稀有なものの発露とは、放浪の親子がたまたま出会った巡査のような人物に現われた深い人間性のほうだからである。その人間性は現実にはめったに存在し得ないほど無私の姿を取って現われた。

といって現実に皆無とは言えないし、絵空事でもない。非現実的な理想主義というわけでもないであろう。三木元巡査の人柄を髣髴《ほうふつ》とさせるような人は、たとい稀な存在ではあっても、われわれの周囲に絶無とは言いきれぬからだ。そういう「聖人のような人」もこの世には稀に実在する。であればこそ、そういう人々のおかげで、われわれは俗世の垢と汚れにまみれながらも、生きていることに心の何処かでほっとさせられることが出来るのだ。

今西刑事が探り当てた三木謙一という巡査の存在。その巡査を演じたのは緒方拳だった。じつにみごとな演技であった。とくにわたしに忘れがたいのは、人目を避けるため神社の縁の下に潜んだ親子を見いだしたときの三木巡査の表情と目の輝きだ。そのまなざしに湛えられていたのは、なにか聖なるものに出会ったかのような深い感動にほかならなかった。

それゆえ、映画後半の一連の場面から受けるわれわれの感動にしても、それは経験と回想とを才能によって描き出すことが出来た音楽家の宿命観の反映としての映像によるだけではない。世間の非情さに打ちひしがれた不幸な親子に、ほかならぬその世間の一部として生きながら、それでも人間として最も深い同情を注ぐことが出来た人間が存在し得た。そういう人間としての元巡査の面影を、一介の刑事の想像力がありありと描き出すことが出来た。今回見直して、少なくともわたしは自分の感動が那辺に存するのかを、まことに遅ればせに思い知ったという次第なのである。

わたしが龍飛崎《たっぴざき》を再訪したのは劇場でこの映画を見て以来、約四十年後のことであった。したがって小文の冒頭に戻ってこう言い直しても許してもらえよう。

北の半島におもむき、映画の印象的な場面の一つをかたちづくったあの岬にたたずみながら、その風景を自分の言葉で書き表わすことが出来ぬことに、いらだちと落胆を余儀なくされた一人の若者がかつていた。四十数年の歳月を経て、そのとき若者だった人間がもういちど同じ岬にたどり着いたのである。

第三章　秋田への旅

戸嶋靖昌

一　腐りゆく過程こそ

二〇二〇年暮れ、秋田県立美術館で開催中だった「戸嶋靖昌展——縄文の焔と闇」を見てきた。日本人にあまり馴染みのない画家であろう。どういう画家かということも含めて、わたしは断想的紀行として以下を書く。

「肉体は朽ち果てるものであって本質的には存在していない。腐っていく過程こそが肉体なのだ。だからこそ愛情がなければ見つめることはできない。しかし、愛を捨てなければキャンバスの上では形にならない」

戸嶋靖昌（一九三四—二〇〇六年）が語った言葉のなかでも、これは最も端的に戸嶋芸術の要諦をなす言葉であろう。愛するものへの愛を描ききるには愛を捨てなければならないとは、リルケがセザンヌの芸術に見て取った洞察を想起させる言葉である。

セザンヌは朽ち果てるものを描いたのではなかったし、かれの愛したリンゴは堅固な存在感と永遠性を感じさせる。これに対して戸嶋の描く果実はメンブリージョつまり花梨《かりん》であるが、その果実に肉体が仮託される。グラナダで戸嶋は友が庭からもいで持ってきてくれたこの果実がひと目で好きになった。ある日その友が死んだ。

時間とともに朽ち果てる果実。戸嶋にとってそれは朽ち果てる肉体であった。瞬間よ、止まれ、おまえは美しいから、とファウストは呼びかける。現実の時間はけっしてとどまらない。刻々移りゆく時間の悲哀のなかに、この世のすべてのものが生きている。

＊

一九七七年、戸嶋靖昌はグラナダでかれのモデルとなるベルタと出会った。すでに八十歳を越えていたベルタを描こうとして苦心を重ねる戸嶋の言葉に、その後ミゲールやマヌエルやバルバラといった人物像を描く際の戸嶋の心意をうかがうことが出来る。

「老女の背後にある時間の重さが欲しい。単に時間を経ているという説明的なものに終わるのではなく、その人間の歴史的人生の荘厳さといったものが描出できなければ、真の目標は達せられない」

戸嶋が自分の絵に欲した「時間の重さ」。果実や樹木や林、町並みや家々のあいだを延びる道についてもおそらく同じであった。

わたしに想起される英国の美術史家ジョン・ラスキンの言葉がある。風景画の巨匠とされるターナーの描く風景は、実際の景観とは似ていないという同時代人の非難を受け、ラスキンはこう反論した。ターナーの風景画は美化された一枚の静止画のように見えるがそうではない。画家は目指す風景に出会うまで、何時間または何日、険しい道を登り続ける。濁流が渦巻く川の傍らを危険を冒して歩き続ける。刻々移り変わる景観のなかを画家の足が歩いた道程そのものが、その風景画には描き込まれるのだ、と。

戸嶋が描こうとしたのも、年老いた人間が歩いてきた長い時間と人生そのものである。生きられた時間が自ずから放つ高貴さ、荘厳さを画家は描こうとした。そのために対象を凝視し続ける画家のまなざしもまた膨大な時間の奥を見通さなくてはならなかった。

＊

秋田の展示会場で、わたしは一人の見学者として自分の風土との対応を考えないわけにはいかなかった。対応する風土とはここでは秋田と岩手である。どちらも東北だが、いっぽうは日本海側、他方は太平洋側というちがいがある。秋田は豪雪地帯であるが、岩手は雪より寒気の厳しいところである。しかし、東北という風土にはらまれる厳しさの人間精神へのはたらきかけにおいて、秋田と岩手は共通し合う。風土の過酷さが人間の魂にどういう影響をもたらすのか。秋田の冬をわたしは同じ東北人として想像することが出来る。

いっぽう、風土をスペインということで言えば、とくにグラナダでの日々である。そのグラナダと故郷・秋田での戸嶋の生活。二つの風土の冬の日々がどういうものであったか。戸嶋は長年グラナダに暮らしたから、この地の冬というものを体感的に知悉していたはずである。その体感がかれに秋田の冬を想起させなかったはずはない。

十数年前、アンダルシアを旅したおり、グラナダにもわたしは滞在した。真冬のちょうど大晦日、グラナダの寒気の酷烈さを身をもって経験する機会となった。岩手のわたしの郷里・遠野は秋田のような豪雪地帯には属していない。だが、一月中旬から二月いっぱいと三月初旬にかけて、すさまじい寒気と冷え込みが襲う。人々を文字どおり縮み上がらせ、屋内に閉じ込めてしまう。よく知られている南部の曲り家というものが遠野に発達したのも風土的必然からだった。

したがって、グラナダで寒さにふるえていたわたしは、けっして異郷の地に自分がいるとは思わなかった。自分の感覚に刻み込まれた冬の記憶が戸嶋に秋田の冬を想起させたであろうように、わたしにグラナダは遠野の寒気を想起させたのである。

自分のからだの奥深いところに埋め込まれた辺境の記憶は、ところによって風土的としか言いようのない奇妙に濃密な共振を内部に促さずにはいない。同じ記憶が戸嶋の描く風景のなかにも感じられるのだ。それがわたしのなかの抜きがたい風土の記憶に向かって呼びかける。

*

しかし、風景以上にむずかしいのは人像であると戸嶋は嘆息する。とくに老いた人の顔面だ。芸術家として描かなくてはならないのは老いた顔自体ではない。描かれるべきは時間の重さそのものなのだ。

モデルになったミゲールにしても、ベルタにしても、またはバレリーやクリスティーナにしても、それから帰国後の晩年に描いた執行草舟氏の像にしても、表情にどことなく共通したものがある。民族、性別、個性を超えて似かようものがある。つぶさに見ればもちろんちがっていよう。しかし一見したところでは相互に似ている。それは表情の奥、または向こうにあるもの、つまり人間によって生きられた時間というものの本然のかたちが帯びる普遍性のゆえであろう。

老いを老いとして感じさせるのではなく、時間つまり生きられた時間を肖像に現前させる。それが戸嶋の目指したものだった。老いの説明としての絵にとどまってはならない。その人間によって生きられた時間を現前させなければならない。人間は老いる。老いて醜くなる。だが、生きられた老いの時間とは、ツヴァイクふうに言うならば「星の時間」である。芸術家が表現しなくてはならないのは、その人間によって生きられた現前する存在としての「星の時間」なのだ。

二　風土との対峙

秋田の深い雪について戸嶋はよく語っていたという。豪雪に閉じ込められ、人は耐えること、我慢することを鍛錬させせられるという。

わたしに思い出されるのは英語でいうエンデュアランスまたはフォーティテュードという言葉だ。風土や環境といった人間を取り囲む条件の苛烈さに人間はどのように対処するのか。右の英語はいずれも「堅忍不抜」という意味に近いが、語感として印象づけられるのは、厳しい風土と生活に立ち向かう人間の品位または高貴さの感覚である。

ジョン・ラスキンのゴシック論を初めて読んだときの感銘をわたしはいまだに忘れない。辺境である北方の荒々しさと野蛮を含意する侮蔑語としてのゴート的すなわち中世ゴシック、そのゴシック様式の本質。それはまずもって風土との人間の果敢な対峙に要約される。すなわち厳しい自然、過酷な気候と生活条件に打ち負けない強さ。それが北方の人々の人生観に高貴さの感覚をかたちづくる基礎となった。ラスキンを読んでわたしは東北の辺境人としての自分のいじましさ、潜在的な劣等感をかかえる自分を恥じた。内なる辺境をとらえ直し、風土を見つめ直す思想的端緒に出会ったという気がした。

前述のように、戸嶋の秋田について豪雪に閉ざされる東北の辺境ということが強調されるなら、遠野において風土の自然は雪よりも寒気である。盆地特有の凍てつく寒気は地元の言葉で「しばれる」である。同じ岩手でも三陸沿岸部の気候とは全然異なる。地形自体が冬の気候そのものを変え、四囲をいっそう狭め、押し込めるような圧迫感をもって人間を抑圧せずにいない。

一九六〇年代の戸嶋の絵を今回の展示会場で何点も見たが、武蔵野美術学校時代、くる日もくる日も画家はおのれの内なる風土と激しいたたかいを続行していたことが如実にうかがわれた。

そして六〇年代も後半となると時代環境と社会条件という諸要因が加わる。それらが外的・内的風土と化し、抑圧する閉塞感となって戸嶋を追い詰めた。武蔵野の雑木林を描いた息苦しいまでの混沌図からもそれがはっきりとうかがわれる。

そして、この時代の抑圧を象徴する社会的事件の一つは、一九七〇年十一月、三島由紀夫が市ヶ谷の自衛隊駐屯地で自決を遂げたことである。その衝撃を戸嶋はどう受けとめたか。

＊

自己の芸術はなにを目指すのか。その根本的な問いに戸嶋は直面していた。三島事件が起きたのは、ちょうど戸嶋の葛藤が頂点に達していたときであった。戸嶋のなかにも名声や名誉や経済的豊かさを求める気持ちが全然なかったわけではなかった。世俗的な欲求を投げ捨てて顧みない生き方を戸嶋は貫いていたと誰の目にも見えていた。戸嶋自身もそう思っていた。実際はどうだったか。

執行氏は晩年の戸嶋の述懐をつぶさに聞いている。

三島の自決という衝撃の激しさが戸嶋に自分の内部を抉り出させるきっかけとなったという。天才に恵まれた作家として頂点をきわめたとはいえ、それに安住しきれないものが人間としての三島のなかにはあった。四十代半ばにしてノーベル賞候補となった。のちに編まれた全集は三十六巻にもおよぶ。にもかかわらず、世の度肝を抜くような凄絶な方法で死ぬことを作家は選択した。それまでのあらゆる名声は、自決を思いとどまる上でなんの意味も持たなかった。このことに深い衝撃を受けた戸嶋は、顧みて自分の内部に依然として世俗的な栄達を求める野心の残滓がわだかまっていたという不甲斐ない事実に愕然として気づく。

その事実を自分に認めさせるには勇気が要った。だが戸嶋という人間の稀有なところは、その認識への勇気を失わなかったことだと執行氏は語る。沈思したあげく生涯無名に徹し、探求一途に生きることを自身に要求したのもその勇気だった。こうしてヨーロッパの「辺境」であるスペイン行きを企図した。四年後の一九七四年、戸嶋は旅立った。

＊

およそ三十年におよぶ長いスペイン滞在から帰国して、戸嶋靖昌の最後のモデルとなったのは実業家・執行草舟であった。絶筆となったのも執行氏の肖像だった。印象的な次の言葉が執行氏の著書である戸嶋靖昌論『孤高のリアリズム』(講談社エディトリアル)に記されている。

「絶筆の中で、戸嶋は何かを待っている。そこに描かれた私も、また何かを待っているのだ。それが何なのか、誰にも分からない。分からないが、確実に何かを待っている」

絶筆とは二〇〇六年の執行草舟氏を描いた『魅せられたる魂』である。そこに込められた「待つ」という姿勢にわたしは感銘を受け、畏怖を感じずにはいられなかった。はるか古代の人間がそなえていたであろう緊張と激しさがそこにあった。

なにかを待つ、とは現代のわれわれからすればもっぱら受動的な姿勢のように思われよう。現代人は待つことを忘れて生きている。近代以降、待つことの深い意味が忘れられている。だが「待つ」とは、語の根源においては二重性を帯びた身がまえを意味した。燃えるようななにものかを内部に蔵して肉薄してゆく魂が、「待つ」のである。たとえて言えばそれは獲物の出現を固唾を飲んで待ち受けるマタギという猟師の身がまえである。あるいは、高空を遊弋《ゆうよく》しつつまなこを光らせて機をうかがう猛禽のような面影を失わなかった戸嶋のまなざしをわたしは想起する。徹底的な探求性を秘めた人間のみが持つまなざしである。未到のなにものかの到来をあえて促すような、内側に起爆力を秘めて「待ちかまえる」人間のまなざしである。

第四章　若狭への旅

水上勉・古河力作・徳富蘆花

一　若狭へ

滋賀県と福井県の県境に沿って点在する寺社や十一面観音像を見て回ろうという二泊三日ほどの小旅行を、堂野前さんたちが企画しているのを知って、便乗的にわたしも参加させてもらった。ところが送られてきた旅の計画表を見て驚いた。挙げられている寺社の数は約三十か所にのぼる。伊香具神社、塩津神社、明通寺、萬徳寺、神宮寺、鵜瀬、妙楽寺、多田寺、空印寺、羽賀寺、国分寺、若狭姫神社、若狭彦神社、常宮神社、弥美神社、宇波西神社、氣比神宮、味真野神社、大滝神社、岡太神社、丹生神社(下丹生と上丹生)、石道寺、渡岸寺、神明宮など、まだあるがこれを三日で見て回るというのだ。しかも二日目は朝から午後まで六時間の歴史シンポジウムがあってこれにも参加することになっているという。

寺社は相互に比較的距離の近い地域に点在しているとはいえ、とても歩いて回るわけにはいかない。京都なら地下鉄も発達しているが、どちらかというと奈良の仏閣がそうであるように畑中に散らばっている。車がなければとても回れないところばかりだ。米原《まいばら》でレンタカーを借りた。堂野前さんは日ごろ車を運転するのに慣れているし、一行のなかにも運転の得意な人がいる。わたしも出来るが今回は便乗客にすぎない。

出かけたのは去年(二〇一八年)十一月の初めであった。敦賀駅付近に分宿して、なかの一日、つまり歴史シンポジウムがある日だけ別行動を取らせてもらった。敦賀からタクシーをチャーターして舞鶴若狭自動車道を小浜の一滴文庫へ直行し、午前いっぱい見学に当てる。午後は青井の歓喜山妙徳寺に回ってもらうことにした。早く言えばわたしの旅の主目的が一滴文庫と妙徳寺を訪ねることにあったからである。

二　一滴文庫

一滴文庫は正式には若州一滴文庫と言う。作家水上勉が生前郷里に自費で建てた。竹人形館、車椅子劇場を併設するほか茶店ふうの休憩所があり、灌木の植木や喬木や竹林を適宜配したのどかな庭園が広がる。敷地面積七千平方メートルというから相当に広い。作家から寄贈された蔵書二万冊を収蔵する書庫を中心としているが、二階は数部屋に分かれ、それぞれ展示室となっている。わたされた館内案内のパンフレットを広げると、「たった一人の少年に」と題した作家の詩が掲げられていた。二十行ほどの全文はこうである。

ぼくはこの村に生まれたけれど、
十歳で京都に出たので
村の小学校も卒業していない。
家には電灯もなかったので、本もよめなかった。
ところが諸所を転々として、
好きな文学の道に入って、本をよむことが出来、
人生や夢を拾った。
どうやら作家になれたのも、本のおかげだった。
ところが、このたび、所蔵本が多くなって、
どこかに書庫をと考えたが、
生まれた村に小さな図書館を建てて、
ぼくと同じように本をよみたくても買えない少年に、
開放することにきめた。
大半はぼくが買った本ばかりだ。

ひとり占めしてくさらせるのも勿体ない。
本は多くの人によまれたほうがいい。
どうか、君も、この中の一冊から、何かを拾って、
君の人生を切りひらいてくれたまえ。
たった一人の君に開放する。

昭和六十年三月八日と日付けが入っている。一九八五年、開設の年に合わせたものであろう。一滴文庫の日当たりのいい一隅に設けられた丸いテーブルの前に腰を下ろし、それをわたしはくり返し読んだ。すでに古稀を迎えた自分にもかかわらず、呼びかけられている「たった一人の君」がほかならぬ自分のような気がした。

わたしが小学校時代を祖母と二人で過ごした家にも本が一冊もなかった。祖母は文字が読めず、書物に関心がなかった。むかしの物語も知らず、そもそも物事に対してまるで無知な人であった。いや、ちがう。子供のわたしにそう思われただけなのだが、無口な人だったことは確かだ。したがって孫とのあいだには会話というものがなかった。

港町の病院に住み込みではたらくわたしの母親がときおり雑誌や書物を送ってくれたが、少年の貪欲な好奇心を満たすにはとうてい足りなかった。貧しい農村に暮らす子らには読書の習慣が育たない。友だちの家にも読むに値するような書冊はほとんどなかったろう。町ではないから近所に書

店もない。となると、学校の図書室だけが頼りであるが、蔵書の数はがっかりするほど微々たるものだった。それでもふだんからわたしは入り浸ったが、日ごろ利用する生徒が少ないため放課後は間もなく閉鎖されてしまう。借りられる本の数もせいぜい一冊か二冊。テレビもゲームもない時代だから家に持ち帰ってもあっという間に読み上げてしまう。もういちど読み返すほかない。百冊ほど図書室にあった物語のたぐいはほとんど全部読んでしまった。

少年期の知的吸収力の旺盛さには驚くべきものがあるが、凡庸なわたしでさえ例外ではなかった。物語の筋から情景から登場人物たちのセリフのやり取りにいたるまで、ほとんどすべて暗記できるほどだった。それでも毎日が手持ち無沙汰であることに変わりはない。だから、当時子供のあいだで流行《はや》っていたゲルマニウムラジオなるものを寝床のなかに持ち込んで、盛んに放送劇を聴いた。わたしは一人子だったので、近所の農家のように兄弟姉妹の多い家庭とはちがった。副食物の乏しい食卓ながら腹をすかしたまま寝なくてはならないことはなかった。だが、物語に対する慢性の飢えをかかえた子供であった。

「どうか、君も、この中の一冊から、何かを拾って、君の人生を切りひらいてくれたまえ。たった一人の君に開放する」と言って、誰かが二万冊の本を気前よく目の前に積み上げてくれたらどんなに仕合わせだったろう。しかし、田舎にいるあいだは二万冊の本の山など夢のなかでさえ見たことがなかった。

後年、龍之介を愛読するようになって『芋粥』という小説に出会った。平安時代のいつのときか京都になにがしの五位という男があって、あるとき芋粥を飽きるほど飲んでみたいとつぶやいた。すると、それなら望みをかなえて進ぜようという者が現われ、他日敦賀の館に招かれる。そして実際に目の前に幾杯もの芋粥の入った器を並べられるが、一杯目の半分もすすらないうちに五位は胸が苦しくなってしまう。もはやそれ以上すすったら戻してしまいそうになる。そのとき五位に懐かしくよみがえるのは、むしろ飽きるほど芋粥をすすってみたいとあこがれていたころなのである。

さらにずっと後年、まさに書物も芋粥と同じなのだと思い当たった。中学に上がって町に住むようになってから、小遣い銭をもらうたびに本屋に出かけた。読もうと思う本を文庫で一冊また一冊と買って帰っては、小さな書棚に並べるのが無上の楽しみになった。高校時代もそうだった。大学にはいってからいっそうこの楽しみにのめり込んだ。それから数十年、大学に残って研究者の端くれとなったわたしの蔵書は増え、同僚の誰よりも本だけは買い込んだ。わたしの敬愛する作家が遺言でわたしに相当量の蔵書を贈ってくれた。したがってそれを含めると、ちゃんとかぞえたことはないが、だいたい二万冊には達するであろう。

やがて退職を目前に控えて研究室の蔵書を整理しなければならなくなった。とうとう郷里の実家に書庫を建て、送ることにした。地元に建築家の友人がいる。設計を頼んで一万冊が収納できるようにしてもらった。設計図では希望どおりにしてくれたが、業者がその設計図をちゃんと見ないで書棚を作った。そのため出来上がってみると、収納数はせいぜい六千冊どまりである。二万冊を一万冊に減らすのもおおごとだが、そこからさらに四千冊を減らさなくてはならなくなった。遺贈された本には手を付けず、外国の研究書のたぐいを大量に処分した。洋書は田舎に置いても誰も利用する者がないからである。

一滴文庫はどうだろうか。作家は「ぼくと同じように本をよみたくても買えない少年に」と私設図書館を建てた。収蔵されているのは和書ばかりである。見たところ美術全集や仏典も多いが、小説が大半である。読もうと思えば誰でも読める。週末の一日、読書用のテーブルを前に秋の陽だまりのなかに座って、作家の著書をあれこれひらき、一時間ほど見ていたが、誰一人閲覧室にはいってくる者がない。閑寂な空間は文字どおり「たった一人の君に開放」されているだけであった。

見学は本館だけで二時間近くもかけたから、午前の予定はそれでいっぱいになってしまった。その代わりほとんどひと気のない館内をゆっくりと見ることができたのはさいわいだった。話が前後するが、本館入り口で履き物を脱ぐとすぐ左手の一室に通される。一隅に大型の受像機が置かれ、その前に椅子が並んでいる。二十人ほどの来館者がゆっくり腰かけられる。作家の生涯のあらましや文庫開設までのいきさつなどが映し出される。だが、わたしの目を奪ったのはその部屋の三方の壁に掲げられた何点もの大きな絵のほうであった。それは思いがけない出会いだった。水上勉が後年の自著のカバー絵を、渡辺淳《わたなべすなお》という若狭出身の画家に託したことをわたしはよく知らなかったのである。

渡辺淳はいわゆる農民画家だった。飾らない朴訥な人柄を水上は愛した。その原画を見るのはむろん初めてだ。力強い画風にわたしは引きつけられた。日本海側という風土を反映してか暗い色調である。同時にそれは大地の重みをずっしりと感じさせる。黒みを帯びた影のような深い草の茂み、夜目に浮かぶ農家の灯り、入り組んだ若狭湾とその向こうの海などを、じかにじっくりと見られたのはもっけのさいわいだったと言わねばならない。

聞いた話だが画家に関してこういうエピソードがあるそうだ。渡辺の弟子になりたくてやって来た人が、村の畑で農作業をしている農夫に声をかけ、渡辺画伯のアトリエはどこですかと尋ねた。するとここですと目の前の農家を指さし、渡辺は自分ですと名乗ったそうだ。絵を描く人には全然見えなかったというがさもあろう。作家とならんで撮った写真も掲げられていた。まさに朴訥温順な農夫の顔立ちに見える。だが、渡辺は次の言葉を残している。「この谷のこの土を喰《くら》い、この谷の風に吹かれて生きたい」

谷というのは佐分利谷のことで、いまは川上区というらしいが、むかしふうに若州佐分利谷郷と呼ぶほうを土地の人々は好むと聞いた。山間の集落には独特の気風が伝わるともいうがわたしなどには分からない。ただ、渡辺はこの奥地で炭焼きや郵便配達を長く務め、日展に入賞して有名になったのちも故郷に留まることを選んだのである。生前の渡辺淳と懇意だった本田茂親という旅行作家が次のように書いているくだりを、わたしは旅から帰ってから印象深く読んだ。

「貧しくて高価な画材など買えなかったから、セメント袋や麻袋、ベニヤ板などをキャンバス代わりに用いた。絵筆の代用をつとめたのは川原の葦や菊科の植物の茎だった。葦の茎をハスに切って使うと独特の味のある線を描くことができたし、菊の茎は一端をほぐして用いると柔らかな毛先の筆に早変わりした。さらに、石灰や粘土、炭焼き窯から出るタール、草花の汁、各種の岩粉などを適当に調合して絵具をつくった。これらの葦ペンや菊の茎の筆、手製の絵具類などは、のちに渡辺さんが水上勉先生の新聞小説挿絵を描くようになったときにも大いに役立つことになった」

水上勉はあるときこの谷を上って渡辺家を訪れ、自作に挿絵を描いてくれるよう頼んだ。そこから二人の交流が始まったという。水上のために渡辺が挿絵だけでなく本のカバー絵を手がけたのは七十冊以上とも、百冊とも言われる。いずれにせよ、それだけで両者の信頼の厚さと交流の深さがうかがわれようというものだ。

帰りがけにせめて画集をと思ったが、文庫のスタッフに問うとすでに絶版となって久しいと言われた。

三　古河力作の墓

そのあと、タクシーに妙徳寺に行ってもらった。大逆事件に連座して処刑された一人に古河力作という人物がいる。若狭の出身である。その墓を訪ねるためだった。途中、若狭湾を望むドライブインで昼食を済ませる。アジフライ定食を注文すると、これが肉厚で脂の乗ったやつがからりと揚げてある。朝食をそそくさと食べて出てきたので、もう一皿単品で頼みたいくらい旨かった。

水上勉に古河力作の生涯を書いた伝記小説があって、牧子さんが本誌本号(『トルソー』第四号)にそれについて書いている。じつはその原稿を雑誌掲載前に読ませてもらってわたしは力作に興味をいだいたのである。一滴文庫を訪ねるついでに墓も見ようと思い立ったのはそのためだ。一滴文庫の二階展示室には小さな聖書や身の回りの小物など、力作さんの遺品もガラスケースに収められていた。幼い弟妹に宛てた仮名書きの手紙もあった。

牧子さんは年来独自に大逆事件に連座した人々に関心をお持ちであるから、各地に調査に出かけられては、成果を論考的エッセイとして発表されてきている。わたしも幸徳秋水の陳弁書や石川啄木の論説、徳富蘆花の『謀叛論』を始め、研究書もいくらかは読んではいた。十年ほど前になるが、右に挙げた同時代の文献をめぐって講座をひらいたこともある。だが、古河力作の人物にとくに関心をそそられたというほどではなかったから、水上勉の伝記小説も当時は読んでいなかった。

妙徳寺へは車なら比較的容易に行けるだろうと思ったのだが、寺を探し当てるのは簡単ではなかった。水上勉の著書には参道と記された標石があると書かれているが見当たらない。どうも敦賀から乗ったタクシーでは運転手も勝手がちがったらしい。よほど気をつけていなければ見すごしてしまうと水上も書いてはいるが、そのとおりだった。春なら路傍にさまざまな野草が花をつけ、山には小ぶりな山桜が咲いていているとも水上は書いている。だが、いまは秋、枯葉が山道一面に散り敷いている。そこを行ったり来たり、数度の往復をくり返し、ようやく竹林に覆われた山門の下にたどり着くことが出来た。孟宗竹が鬱蒼と茂っている。そこから車を入れるとあたりが急に暗くなった。じき行き止まりで、あとは人が歩けるだけの道幅しかない。山門の横から斜面をはい登る。

寺に向かうと、上からさかんに犬が吠えかけてくる。一匹ではない。少なくとも二匹は飼われているらしい。吠える犬は苦手である。綱がついているのかどうか分からない。ただならぬ犬たちの様子で人が来たと分かったのだろう、庫裡《くり》の横合いから僧が姿を見せた。意外なことに若い尼僧である。年のころ二十代半ばだろうか。しかももっと意外なことに日本人ではない。色白で鼻が高い。西欧か北欧の出身だろうか。草履をつっかけて小走りに出てきた。来意を伝えると案内しましょうと日本語で言って先に立ってくれた。

墓地は山の斜面を平たく削って造成したものと見え幅が狭い。杉の古木がずらりと立ち並ぶなかに古河家の墓所があり、一群の墓石の奥に若き革命家の墓はあった。案内してくれた尼僧はすぐに立ち去ったが、さいわい故人の戒名は知っている。といっても父親と同じ一つの墓石であるから容易に見当がつけられたという意味だ。

自分は非墳墓主義者であるから墓はいらない。墓を作る費用があったらなにかうまいものでも買って食べてくれ。こう力作は遺言した。だが、遺族は父子の戒名を並べて彫った。慎道全逸居士とあるのが父親の慎一氏で、その左側にやや小さく行山恵力居士と彫られているのが力作さんである。水上は力作さんの没年明治四十四年一月二十四日と墓標側面に刻まれていると書いている。没年がつまり処刑が執行された日である。だが、墓石をよく見ると力作さんの側に文字はない。まさか削り取られたとも考えにくいが、どうしてかは分からない。それでも念のためにわたしは墓石の裏側を見ようとした。苔が一面に生えた斜面が落ち込んでいて足場がわるい。用心しいしい裏側に回った。やはり文字らしいものは刻まれていなかった。

「力作さんの墓に詣でて、還源院行山恵力信士と口ずさみながら、この戒名が示す意に思いをふかめて私は合掌した。還源とは源へ帰る意であり、行山とは山へ向かう意であり、恵力とは、心を他につくすめぐみの人、力作さん……といった意でもあろうか」と水上は書いている。若狭の人・古河力作の生涯をわたしは水上勉の伝記小説をとおして知っただけであるが、花をめでて園芸家となった力作が、どうして国家元首暗殺の謀議に加担せねばならなかったのか、その謎の解明に一石を投じたいと思ったと作者は言っている。

わたしは墓石に並んだ父子の戒名を見つめながら、しばらくそこに佇んだままでいた。犬たちはさっきから鳴き止んで周囲にはなんの物音もしない。

帰りがけに尼僧に挨拶するため庫裡のガラス戸をあけて声をかけた。ややあって廊下を近づいてくる足音がひそかにして、先ほどの若い尼僧が姿を見せた。わたしの前に膝を折って、礼を言うわたしに挨拶を返した。失礼ですがと言って国籍を尋ねると、ドイツから来日したということだった。さきほどはうんと若いと思ったがこうして近くで相対して見ると三十歳は越えているだろう。先方からもわたしがどこから訪ねてきたかを訊かれた。東京ですと答えると、東京は行ったことがあるがそんなに遠方からと驚く様子なので、ドイツよりもずっと近いですよと言って笑わせた。こちらはたたきに立ったままだが、それから小一時間もしゃべることになった。

あの墓にときどき訪問者があるのですかと訊くと、ときどきおいでになる人があるという。しかし、墓の主が誰でどういう人物かは知らないと言った。大逆事件という日本語も要領を得ないようだった。ドイツ語で言葉を思いつかないのでハイ・トリーズンと英語で言うと、ああ、とうなずいて急に真剣な面持ちになった。相手が英語を解する人と分かったことでもあり、わたしは事件のある側面を語ってみる気になった。古河力作と直接関係があるわけではなかったが、とっさにわたしの頭に思い出されたのは徳富蘆花の『謀叛論』だった。同書の英訳があるかどうかはつまびらかにしないが、もしあるとすれば英語題名はOn the High Treasonとなっているかもしれない。

『謀叛論』は講演として多数の一高生たちの前で語られた。中野好夫の浩瀚《こうかん》な蘆花伝がそのときの様子を伝えている。水上もむろん講演の模様を書いているのだが、わたしに思い出されたのは十年も前にやった講座の資料として読んだ中野の叙述のほうだった。外国人の尼僧の前で大略こんなふうにわたしは語った。

――大逆事件をめぐって、当時の著名な一人の文学者がこの事件に巻き込まれた人々を処刑から救出しなくてはならないと考えたのです。かれは天皇に対する直訴状を書きました。徳富蘆花という作家です。ところがそれを執筆しているあいだに処刑がおこなわれてしまったのです。それを知った蘆花は取り乱しますが、そこへ学生たちが訪れるのです。講演の依頼のためでした。二つ返事で作家は講演を引き受けます。演題をどうするか。作家は目の前の火鉢のなかの灰に、火箸で「謀叛」と書いたそうです。それを読んだ学生たちは血相を変えました。しかし、演題を変えてくださいとも言えず、よろしくお願いしますと言って帰りました。

当日、会場は一千名がはいる大教室が用意されていました。窓という窓には学生その他一般の聴衆が鈴なりになっていたそうです。演壇の傍らに演題を掲げた台がありました。そこには「演題未定」と書かれてあった。しかし蘆花が登壇する直前になって紙が引き剥がされる。すると下から「謀叛論」という三つの文字が現われたそうです。とたんに場内は水を打ったように静まり返った。一千人にあまる聴衆は作家がどのように語り出すのかを固唾を呑んで見守りました、最初のうち蘆花は、自分の行き来する武蔵野の一日をまるで昔話のように語るところから話を始めた。やがて幸徳秋水たちの処刑の問題に進みました。そこからあとは一瀉千里、思うことを腹蔵なくと言ってもいいくらいぞんぶんに述べた。草稿は用意されていましたが、講演を聴いた何人かの人が蘆花はいちども原稿を見ることがなかったと言っている。こんにちテクストとして読む『謀叛論』と、実際に講演で蘆花が語ったことと、ぴったり一致するわけではないでしょう。草稿のある部分は省略され、ある部分は付け加えられたようだという記録を残している人もいるのです。しかし主旨は首尾一貫、蘆花が最初から言おうとしていた「謀叛」というテーマと、幸徳秋水を初めとする大逆事件に連座した人々の思想と行動については、草稿に書かれていたとおりだったという証言も残っています。

当時このようなことを処刑からわずか一週間で、しかも明治日本の最高のエリートを育てる一高の大教室に集まった一千名の聴衆を相手に言ってのけた徳富蘆花の文学者としての勇気と信念、またその雄弁には感嘆のほかはありません。

若い尼僧はわたしの話に熱心に耳を傾けてくれた。この寺に来てもう十何年にもなりますが、そのような重大な話はきょう初めて聞きましたと言った。自分はもとより住職ではないが寺の管理を任されているということだった。わたしにようやく合点がいった。寺はほかにひと気のようなものがない。よく吠える犬たちを飼っているのは理由があったわけだ。

もういちど尼僧に礼を言って表に出た。とたんにまた元気のいい犬たちから吠えかけられる。車は坂の下で方向を変えて待っていてくれた。車が山を下り、広い道に出ると、路傍に色とりどりのコスモスが咲き誇っている。車は一路敦賀に向かって走った。わたしの脳裡には古河親子の戒名を刻んだ墓標がまだありありとしている。

第五章　土佐への旅

物部川渓谷

一　旅の二つの目的

今年（二〇一五年）の三月末、わたしは四国高知県を流れる物部川を見に出かけた。旅の目的が二つあった。一つは学生時代の恩師の墓所がこの川沿いのK市土佐山田町にあるので、いちど参って挨拶したかったのである。いまから四十年前の一九七五年、ちょうどこの季節に旧師は亡くなった。亡くなる前年に師は回想的随筆を書いている。

「停年退職は事情で少し延びるようだが、その後は、天との相談になるけれども、物部川が渓谷を出切るあたりにある故林に帰って晴読雨読しながら、いまひとたび土佐の夕日をよく浴びておいてから、眠りたいと思っている」

「晴読雨読」は「本の虫」を自認する旧師の日ごろの口癖で、蔵書数千冊をそのまま郷里に持ち帰るのだと言っていた。だが土佐の夕日をいまひとたびよく浴びたい、という希望を天はかなえてくれなかった。結核のため病没したとき旧師は六十六歳だった。その墓所を四十年間ただのいちどもわたしは訪れたことがなかったから、今回が初めての墓参である。墓所のそばに書庫が設けられていると聞いていたので、出来ればなかにはいらせてもらって、蔵書をじっくりと眺め、書物の感触を確かめて来たいと思った。

物部川のもっと上流に、今回の旅のもう一つの目的地があった。猪野々《いのの》の里である。歌人・吉井勇の記念館と歌碑がここにある。だが猪野々にはもう一つ歌碑がある。一人の青年の歌が刻まれているはずであった。それは、敗戦直後、戦犯として刑死を遂げた青年が、死を前にして詠んだ歌の一つである。

音もなく我より去りし物なれど
書きて偲びぬ明日と言ふ字を

吉井勇は青年とは一面識もなかったが、刑死したことを知って、のちに「みんなみの露」という随筆を書いている。

「この未知ではあるが、同じように御在所山を愛し、物部川を愛し、猪野々の里を愛した青年を追悼する心持ちで遺書の一節と遺詠の数首を引くことにしよう」

勇が引いた歌は次の二首であった。

みんなみの露と消えゆく命もて
朝かゆすする心かなしも
をののきも悲しみもなし絞首台
母の笑顔をいだきてゆかん

さらに勇はこう書いていた。

「わたしの泊まったこの部屋の壁には、不幸な木村君がうつした物部渓谷の写真がいまだにかけられている」

青年は大阪吹田《すいた》市の生まれだったが、健康上の理由から南国土佐に移り、旧制高知高校に進学した。物部川は青年の第二の故郷となった。

一九四五年七月、インド洋に浮かぶ島々の一つカーニコバル島で、そこに駐屯していた日本軍が住民多数をスパイ容疑で処刑した。処刑に先立つ取り調べの際に、虐待にあたる暴行をはたらいたという容疑で青年は戦争終結直後に告発され、英軍によって裁判がシンガポールでひらかれた。判決は死刑であった。シンガポール郊外にあるチャンギー刑務所で刑が執行された。一九四六年五月二十三日の朝のことだ。この青年の名は木村久夫。陸軍上等兵、享年二十八歳だった。その遺書が

『きけわだつみのこえ』の掉尾《とうび》に掲げられていることはよく知られている。

したがってこれからわたしが書くのは、物部川へ出かけたわずか数日間の旅のことである。六十代なかばで病没した旧師と、三十歳にも満たぬ若さで刑死を余儀なくされた若者とのあいだに、共通するものなどさしてあるように思えないであろう。しいて共通点を挙げれば、二人とも物部川にことのほか愛着をいだいたということ、それから両者が、学年はもちろんちがうにせよ、ともに旧制高知高校の同窓であるということぐらいだろうか。

にもかかわらず、物部川を訪ねることは、世代の異なる二人の日本人の精神の原基をかたちづくった風景を訪ねる旅にほかならない、とわたしには思われた。生前たがいに相まみえることのなかった二人だが、それぞれなみなみならぬ懐郷の情をもって同じ一つの河川を、人生に別れを告げる間際まで想起して止まなかった。かれらの故郷感の豊かさと深さは以前からわたしの心にあり、物部川とその渓谷への関心をいだかせていた。木村久夫の撮影になるという物部川渓谷の写真、および渓谷そのものを、いちどこの目で見て来たかった。

二　イギリスという名のヨーロッパ

高知県K市、国道一九五号線から逸れて山裾のほうへ移る道が川を渡っている。長い橋がかかっていた。旧師のいわゆる「物部川が渓谷を出切るあたり」にわたしはさしかかったところだった。

交通量が少ないのをいいことに、橋のなかほどに車を止めて降りてみる。欄干越しに川の流れや水の色を眺めると、水量はたっぷりとしていて目の覚めるような碧色であった。少年時代に旧師が毎日目にしていたのがこの流れとこの水の色だった。

少年はやがて上級学校に上がり、高校を卒業するや故郷を出て東北仙台へおもむき、紆余曲折ののち英文学にゆく。と同時に阿部次郎に私淑する。(後年、阿部次郎全集の編集委員を師は務めることになる)

卒業して外務省調査局に入り、二・二六事件のころから敗戦までの仕事は、「イギリスの文化情勢に注意していること」であった。その間二度の応召があったが、いずれも即日か準即日にして同じ職場に戻されたのは、宿痾となる結核のためだった。

それにしても、この職場のおかげで時局の制限を受けることなく、英書を好きなだけ読むことが出来た。と同時に、英文学の現代的な位置づけについて、師はじっくりと考え抜くことが出来た。師は書いている。

「この後ますます明らかに意識されてきたことは、もう文学的にもイギリスという〈国〉はない、フランス・ドイツ・イタリアなどとの相関関係にあるイギリスというものがあるだけである、あるものはイギリスという名のヨーロッパであるということ、ヨーロッパという共通の底面の上に立つさまざまの円錐形の頂点がイギリス・ドイツ・フランスなどであるということである」

こうして、病弱ゆえに応召を免れた師は、年齢が行っていたこともあり、日本浪漫派のような反近代への逆転や日本回帰といった思考のねじれや情念のよじれとはほとんどまったく無縁に、また東北帝大出身であるがゆえに京都学派の影響を受けることもなく、ダンテとシェイクスピアとゲーテとヘーゲル、キーツとゲオルゲとリルケとT・S・エリオットを中心に、西欧への冷静で吟味的な思索を戦時下においても続行することが可能となった。

敗戦を契機に外務省を辞し、教師に転じて明治大学で教鞭を執ることになる。ずっとのちにわたしなどが大学院時代に叩き込まれた比較文学ないし世界文学の構想のなかで文学を読むという習慣は、旧師にあっては右のように、戦争のさなかにあっていよいよはっきりとかたちを整えていたのだった。

三　墓を探す

旧師橘忠衛《たちばなただえ》先生の墓所を探し当てるのはそれほどむずかしくないとわたしは思っていた。ところが、土佐山田で宿を出るとき若い内儀に質問してみたところ、橘という姓自体が山田町付近では聞きなれないということだった。近くで人夫たちに作業の指揮をしている老人がいた。内儀の舅というその老人にも訊いてくれたが知らないらしかった。内儀は家のなかにいったん引っ込み姑にも訊いてくれたが、やはり心当たりがないという。山田駅前にインフォメーションがあった。そこでなら分かるかもしれない。

なかにはいって行くと、パンフレットやチラシを並べる衝立の陰から四十歳ぐらいの女性が顔を出した。用件を言うと広域地図を取り出して広げ、橘姓の家を探してくれた。

地図の上では一軒だけだったが、電話帳ではもう一軒見つかった。地図に出ている橘は物部川と公園のあいだの区域にあるらしい。もう一軒は山田町の街区のなかだという。前者のほうが可能性が高い。電話をかけてくれたが、あいにく留守電になっているということだった。もう一軒のほうはすぐに応答があった。

――そちらのご親族の方で四十年前まで大学で英文学の教授をなさっておられた橘忠衛という方はおられませんか。

いないという返事であった。最初の橘家のほうが可能性はいよいよ高い。じかに行ってみるに越したことはなさそうだ。念のため地図をコピーしてもらい、電話番号も控えた。

日曜日であったから、公園は花見客でかなりにぎわっていた。駐車場も人が出て整理しているが満車である。公園の奥のほうに新築のビルがいくつか建っている。近くまで行ってみると高知工科大学とある。そこの駐車場もいっぱいであった。一台突っ込むだけのスペースもなさそうだ。やむを得ず通りに戻り、道端にある倉庫の前に車を止めさせてもらう。シャッターが下りているので短時間なら咎められずにすむだろう。車を離れる前に非常用のライトを点滅させておくのを忘れない。

段々畑がずっと連なっている。渓谷に鋭く落ち込むような急斜面を切りひらいて石垣を積み、雛壇のようにしてある。それぞれの段は幅がせいぜい十メートルあるかないかだろう。そこに畑が作られているが人家も建っている。段の先端のところにかろうじて人が一人歩けるような通路がある。バランスを取り損なうと下の段に落ちてしまいそうだ。歩いてゆくと前方にお堂のようなものが見えてきた。写真でそのかたちを覚えていたので、旧師の墓が見つかったと思った。ところがお堂の前まで行くと、すぐ手前のスウィートピー畑にしゃがんで手入れをしていた老人がおもむろに立ち上がった。

それは自分の墓だが、と老人は言った。

——ちょうどこういうかたちの墓所を探していたので失礼しました。こちらではこういうかたちの墓所が一般的なのですか。

——近ごろははやらないねぇ。畑も広くないのに場所ふさぎになるばかりで。わしも少し早まったかと思っているところだよ。

墓は自分の土地ならどこに作ってもかまわないのだという。老人は斜面の下のほうに視線を投げた。十メートルばかり離れたところに共同墓地があった。七、八十の墓石がびっしりと並んでいる。かたちは日本全国どこでも見受けられるおなじみの箱型をした御影石である。黒い表面が日の光を照り返してぎらぎらしている。墓地が出来てからあまり歳月がたっていないのだろう。そこもこのあいだまで畑だったところだろうと思われた。

わたしは四十数年前に建てられた橘忠衛という人の墓を探していると言った。すると老人は、そういう人は知らないが橘という家ならこの先に一軒ある、と奥のほうを指さした。付き合いがあるわけではないし、奥のほうにはめったに行ったこともないから確かなことは分からないが、ともつけくわえた。

渓谷沿いの斜面の猫の額のようなところに軒を並べていながら、ほとんど付き合いがないと言われて少々驚かないわけにはいかなかった。とにかく先へ行ってみよう。同じような堂墓がもう一つ目にはいった。だが名前を見るとこれもちがった。さらに数十メートル奥へ進む。

斜面左手の一段下がったところに橘という表札を掲げた家があった。こちらが雛壇ないし棚畑の一段高いところに立っているので、庭や玄関先、表札まで眼下に容易に読まれる。電話では留守のようだったが庭の物干し竿には洗濯物がどっさり干してある。それを見て訪うのがなぜかためらわれるような気がした。

右手は空き地であった。雑草が好き放題に生えているから畑ではない。しかしよく目を凝らすと、ぼうぼうと生えた草のあいだにかろうじて畝のようなものが見分けられる。どうやらかつては耕作されていたらしかった。先生は畑のなかにご自分の墓を作ったと言っておられたな。墓らしいものは見当たらないが、その空き地になっている部分が気になった。不自然な印象を与えるのである。しかも周囲に空き家が少なからず見受けられる。

そう思って段々畑のいちばん上を見上げると、集合住宅が建っている。真新しい。バルコニーがいずれもがらんとしているところを見ると、まだ入居者もいないのだろう。さっき見た大学の建物がその背後に見えている。あとで分かったが集合住宅は留学生用の寮であった。校舎や学寮を建てられるだけの広い土地がもともとそこにあったとは思いにくい。大学が新設され、寮が建ち、公園が整備され、それにしたがって物部川に沿うこのあたりの狭い土地の区画整理が必要になったのであろう。

わたしは寄る辺なく一時間もそのあたりをうろうろしていたろうか。上にあがって花見客で賑わう公園をぶらついてもみた。歩きながら、橘家を訪問すべきかいなか迷っていた。念のためもういちど電話をかける。やはり留守電になったままである。そのとき耳もとでいきなりサイレンが大音響で鳴り出し、わたしをぎょっとさせた。もう正午なのである。それを潮にその場を立ち去ることにした。

わたしは車を走らせながらこんなふうに想像をめぐらせないわけにはいかなかった。先生の墓は周辺の他家の墓とともに取り壊されたのではなかろうか。遺骨は掘り出され、どこか近くの寺の納骨堂にでも移されたのかもしれない。書庫らしい建物も見当たらなかったが、数千冊になんなんとするあれらの書物はいったいどこに消えてしまったろう。墓所も書庫も撤去されてしまったとすれば、それは時勢の流れに押し流されたということなのであろうか。あるいはあの下のほうに作られてまだ日も浅いように見受けられた共同墓地を訪ねてみたら、先生と夫人の墓石もあったのかもしれない。それにしても先生の蔵書はどうなったのであろう。いつしか、墓よりもむしろ蔵書のことを気にしている自分がいるのだった。

四　猪野々の里に建つ歌碑

次の目的地は猪野々の里であった。

物部川上流に向かって山際の細い道が続く。雨上がりで地面がゆるんでいるから油断ができない。前方に立て看板があった。落石注意とある。もっと進むとこんどは路肩崩落に注意とある。国土交通省が出している物部川整備計画書というものにわたしは目を通してあった。その一節がきれぎれに脳裏をかすめる。「下流部には、河道狭窄部や断面幅の不足する脆弱な堤防の区間が残り、水衝部では局所洗掘による護岸の崩壊が起こるなど、いまだ、河川整備が十分ではない区間が残っている」とか、「上流域の山腹崩壊等の要因による濁水の長期化や河道内樹木の繁茂によるレキ河原の減少等の課題も発生している」といった文言が、専門用語をちりばめたその詰屈《きつくつ》さのゆえにであろうか、かえって妙に頭にこびりついていた。

さて、このまま進んでいいものかどうか。車を止めて躊躇していると、うしろから一台のマウンテン・バイクが追い越して行った。その後ろ姿はじきに山鼻を回って見えなくなった。わたしもあとを追うことにする。ところが百メートルも行かないうちにバイクはこちらに戻ってきた。ちょっと止まってくれという合図をすると、乗り手は足を地面につけた。ヘルメットを上げたのは二十代初めの学生らしい若者である。首を横に振りながらこう言う。

——車輛は通行止めですね。危ないのでバイクでも先へ行けません。路肩がごっそりやられています。上から大きい石も落ちていますしね。

それでは仕方がない。こちらも引き返すことにした。だいぶ回り道を余儀なくされるがいたしかたない。人工湖にかかった吊り橋を渡ると、道幅が前よりぐっと狭くなった。めったに車は見ないが、それでも田圃が見え出すと一度か二度は前方からくる車とすれちがうため後退しなくてはならなかった。その代わり地元らしい人の車にわたしも道を譲ってもらったりもした。すれちがいざま、どうも、と声をかける。

やがて目の前に忽然と姿を現わしたのはみごとな棚田であった。田植えはまだ始まっていないものの、どの田にも水は引かれている。猪野々の里にやって来たのである。山懐にいだかれたのどかな水郷であった。車はそのなかを通って行く。

吉井勇記念館はすぐに分かった。蒲鉾《かまぼこ》をふた切ればかり、板の上で厚切りにしておいて、あいだを少し離して並べたような印象がわたしに来た。モダンと呼ぶならそうも呼べよう。だが、このような鄙《ひな》にはちょっと似つかわしいと思えない建物である。敷地の一隅に歌碑が建てられていた。

寂しければ御在所山の山桜
咲く日もいとど待たれぬるかな

猪野々の里を詠んだ吉井勇の歌は七百首以上にのぼると言われるが、そのなかから歌人自身が選定したという。これまで吉井勇の仕事を、じつはよく知っていたとは言えない。木村久夫のことを調べていて、渓鬼荘なる庵を編んで勇が猪野々に隠棲し、それが三年に及んだことを知ったのもここ数年のことだ。黒澤明監督の『生きる』のなかで、主人公によって印象深くうたわれる『ゴンドラの唄』という歌がある。少年時代からわたしはその歌を知ってはいたものの、歌詞の作者が吉井勇とは迂闊にも長いあいだ心づかなかった。

久夫は旧制高知高校時代に吉井勇に心酔し、勇が去って何年もたってからだが、よくこの地を訪れた。愛する歌人の隠棲の地だったことが最初のきっかけだった。数日あるいは長いときではひと月も滞在することがしばしばあった。なんどか通ううちに村の子供たちからも懐かれ、よく物部川に魚を釣りに行ったという。

三年のあいだ勇が日夜眺め暮らした風景、高校時代の久夫がしばしばやって来て思索と散策を重ねた田圃や畑のなかの風景、そして久夫の慫慂《しょうよう》で師の塩尻公明もまた好んで訪れていたその猪野々の里が、いまわたしの目の前にあった。

水の音、重畳する斜面、眼前に迫る急峻な山々。蕨や蕗の薹などこの季節のさまざまな山野草、木蓮、沈丁花、桃、桜といった木々の葉や花々の彩り、風に揺れる丈高い一叢の竹林、鶯を始め小鳥たちの鳴き交わす声、畑の畝起こしに余念ない里人の質朴な後ろ姿。その田園風景の一つ一つのすべてが、七十数年たったいまもここにはあるのだった。時間がここではたゆたっているようだ。

というより、時間はここではゆったりと落ち着いているのだった。

ひと気のない吉井勇記念館のなかを見学しているときだ。奥のほうからしきりにどーんどーんという音が聞こえる。扉を叩くような音であるが、静寂のなかにこだまするのである。気になるので行ってみると、そこは透明なガラスに囲まれたドーム型の一室であった。陽に当たらないほうの下方になにか動く気配がする。見ると外に一羽の鶏がいる。それがくちばしでガラスをつついて、ドームに反響を生じさせているのだった。さらによく見ると鮮やかな色彩である。長い尾羽がしゅっとまっすぐ伸びている。鶏ではない。れっきとした野生の雉である。あとで受付けの若い女性に訊くと、裏山からときどき遊びに来て、ああして窓をつついては反響を楽しんでいるのだということだった。

木村久夫の歌碑は勇の歌碑と並んで立っていると聞いていたが、記念館が建てられると、勇のだけが敷地内に移されたという。受付けの女性にそう告げられて合点がいった。さっき敷地の隅に見たのがそれであったか。

おしえられた道順にしたがって歩いて行く。数軒の家のかたわらを通った。いずれも廃屋である。荒廃が進んで、壁は落ち、窓はほとんど破れている。ぼろぼろのカーテンが風に揺れ、窓際に置かれた瀬戸物は欠けたまま転がり、道端からも見える床は土埃と泥にまみれている。牧歌的と見えたこの里にも、過疎の波は容赦なくひたひたと打ち寄せていた。

渓谷を見下ろす高い断崖の突端に歌碑は立っていた。隣りに撰文を刻んだ小さな碑があり、一九九六年、久夫の五十回忌にあたり、誕生日の四月九日、旧制高知高校の同級生たちによって建立された旨のことが記されている。

耳を澄ますと下から川のせせらぎが登ってくる。その音がとても近い。渓谷は深いのに水音がそれだけ大きいのは、峡谷に挟まれた流れが音を左右の山峡斜面に複雑に反響させるからだろう。だがこの水音は物部川からじかに聞こえてくるのではなかった。支流の一つに岡田谷川という渓流があって、斜面を屈曲しながらいきおいよく流れ下っている。雨の直後などは急激に増水して鉄砲水になる恐れがある。立て看板があって、十分注意してください、と警告していた。

鉄柵に囲まれた歌碑は高さ一メートル半ぐらいの石で、うっすらと苔むして浅黄色である。だがそれは錯覚で、苔は鉄柵と台石を覆っているだけだった。歌碑の磨かれた表面があたりの新緑を映しているのである。背後の竹林で鶯が鳴いた。歌碑の左側に山桜の古木が立ち、小さな花びらをちらほらつけている。細い枝が碑の真上に伸びている。枝の先にも可憐な花びらがいくつか咲いているる。さながら若い娘が小手をかざしているかのようだ。歌碑に刻まれていたのはやはりあの歌であった。

音もなく我より去りし物なれど
書きて偲びぬ明日と言ふ字を

撰文碑には、「歌は運命を淡々と受けとめた澄み切った心境で獄中において歌いあげた十数首の作品の中から私達の心にいつ迄も刻みこまれていると思われる一首を選んだ」と刻まれている。だが、その歌を口に出して呟くと、急に鶯の鳴き声も渓谷の水音もぴたりと止んでしまったようだった。ここに来る前からとうに知っていたはずの歌だが、この場所に立っていま口に出してみると、あらためてその重さがずしりと来た。

どんな思いで久夫はこの歌を書いたのか。運命を淡々と受けとめた澄み切った心境？　果たしてそうだろうか。歌碑が立つ断崖を取り巻くあたりの静寂が、まるで固唾を飲んでわたしを凝視しているかのようだった。久夫が本の余白に記した文言のあちらこちらが思い出された。

「吸う一息の息、吐く一息の息、食う一匙の飯、これらの一つ一つのすべてが、今の私にとっては現世への触感である。昨日は一人、今日は二人と絞首台の露と消えて行く。やがて数日のうちには、私へのお呼びもかかって来るであろう。それまでに味わう最後の現世への触感である。今までは何の自覚なくして行ってきたこれらのことが、味わえばこれほど切なる味を持ったものなることを痛感する次第である」

「口に含んだ一匙の飯が何とも言い得ない刺激を舌に与え、かつ溶けるがごとく、喉から胃へと降りていく触感に目を閉じてじっと味わう時、この現世のすべてのものを、ただ一つとなって私に与えてくれるのである。泣きたくなることがある。しかし涙さえもう今の私には出る余裕はない。極限まで押し詰められた人間には何の立腹も、悲観も涙もない。ただ与えられた瞬間瞬間をただありがたく、それあるがままに、享受していくのである」

ただひと匙の粥を味わうことに、生への敬虔な喜びを見いだした木村久夫は、現世をいとおしみ、生きてこの世にある自らを、最後の瞬間まで確かめ続けたかったにちがいない。

五　木村久夫文庫にて

木村久夫の歌碑の前に立ったことで、今回わたしが土佐へやって来た第二の目的を達したことになる。短い旅を終える前に、もう少し時間の余裕がありそうだった。この機会に高知大学にも立ち寄りたい。久夫が出征前までに集めていた蔵書は、本人の遺言どおり母校つまり現在の高知大学に贈られたはずだから、その木村久夫文庫を見てから帰りたかった。道の途中から高知大学図書館に電話をかけると、同文庫閲覧の許可が得られた。

係りの人に案内されて図書館の二階に上がって行く。木村文庫はその奥の突きあたりから二つ目の書架にあった。数十冊の書籍が並べられていた。ほとんどは久夫の専門分野であるリカードウなど経済学関連のものである。とくになにかお探しですかと係員が訊くので、わたしは田辺元の『哲学通論』が見たいのですがと申し出てみた。先方がなにか言いかけたので機先を制してこう言った。

――故人は獄舎で最後の日々に『哲学通論』を読んでいました。それは他の遺品とともに日本に送り返されたはずですが、寄贈対象から外されていまもご遺族のもとにあることは知っています。

ただ、木村久夫さんは応召前の学生時代に同書をいちど通読しているはずなので、そちらが寄贈図書のなかにはいっているのではないでしょうか。

係員は腰をかがめて書棚の下方を物色していたが、やがて見つけてくれた。新書サイズのその本を、わたしは他の二、三の資料とともに空いているテーブルに運んだ。おもむろにページの最初を開けると、「昭和二十三年用高知師範学校教科書」とある。「48.9.14 高知師範学校専科一年××君と輪読」と鉛筆による書き込みもある。一九四八年と言えばすでに木村久夫はこの世の人ではない。蔵書寄贈後に久夫の後輩にあたる学生がこの書を借り受け、友人と輪読したのであろう。ページをざっと繰ってみると、鉛筆による傍線のほかに、赤鉛筆が用いられている個所もある。田辺哲学のどの個所のどのくだりが若き久夫の関心をとらえたのだろう。

だが考えてみると、高知師範は高知高校とともに戦後新制高知大学に統合されたのである。一九四八年の時点ではまだ師範学校は現存していた。したがってこれは久夫の蔵書にもともとあった本とは思えない。(のちに調べて分かったのだが、遺族が久夫の蔵書を高知大学に寄贈したのは一九七〇年代に入ってからであった。してみれば、同文庫でわたしが手に取った田辺著書は、もとから図書館蔵書のなかにあったもので、久夫の蔵書寄贈後に文庫に加えられたのであろう)

いずれにせよ、戦中ならいざ知らず、戦後も依然として京都学派の領袖の一人田辺元の著書が、教科書として師範学校で採用されていたというのは、わたしには否定的な意味で一つの発見であった。南原繁の『国家と宗教』や丸山眞男の『日本の思想』や久野収の「京都学派と一九三〇年代」

や加藤周一の「戦争と知識人」などがすぐにわたしの頭に思い浮かんだ。たとえば加藤の論文で、日本浪漫派と京都学派とがともに全否定されているくだりなどがそうである。

ここで京都学派だけについて言っても、「京都学派は生活と体験と伝統をはなれた外来の論理の何にでも適用できる便利さを、積極的に利用してたちまち『世界史の哲学』をでっちあげた。およそ京都学派の『世界史の哲学』ほど、日本の知識人に多かれ少かれ伴わざるをえなかった思想の外来性を、極端に誇張して戯画化してみせているものはない。ここでは思想の外来性が、議論が具体的な現実に触れるときの徹底的なでたらめ振りと、それとは対照的な論理そのもののもっともらしさに、全く鮮かにあらわれている」と峻烈そのものであるが、その批判は肯綮《こうけい》に当たっていると思われる。しかもその京都学派の「もっともらしさ」と「でたらめ」の融合の典型的な例として、加藤が名指しで弾劾を加えているのが田辺元であった。

その意味で、木村久夫の最後の愛読書が田辺元の『哲学通論』だったということは、木村もその一人である当時の若い学徒たちが抱え持たされた知のアイロニー以外のなにものでもないであろう。現に加藤は、「『きけわだつみのこえ』は、死に意味をあたえようとする精神的な努力の集成である」と言い、「愚かないくさのなかでの避け難い死に、何とかして意味をあたえようとしたとき、多くの手記の筆者たちがより所とせざるをえなかったのは、何よりも京都の哲学者と日本浪曼派の仲間であった」と言っている。

京都学派と日本浪漫派へのわたしの連想はなおも続いていたが、もう一つの資料を手に取って見ているうちにいつしか注意の中心が入れ替わって行った。

六　カーニコバル島のスパイ事件

『紺碧の空に』というその資料は木村久夫追悼文集であった。ページを繰って行くと、挿入されている写真のなかに物部川渓谷を写した一枚があった。「昭和十五年ごろの物部川　木村久夫氏撮影」とキャプションが添えられている。吉井勇が言及していたのはこの写真のことではなかろうか。わたしの目はその写真に食い入った。

それから「夢にかよえ」という回想的随筆があった。久夫の恩師の一人にあたる八波直則によるものであった。久夫は「物部川」という小説を書いていたという。その小説のなかに数編の和歌が引用されている。いずれも吉井勇のものである。

眠られぬ夜はまたしても思ふかな
鏡川原を猪野々の里を
雨降りて尋ね得ざりし淋しさに
猪野々に心残してぞ来ぬ
吾妹子と呼ぶべき人もあらなくに

また来つと言ふこころ悲しも

「謙蔵は旅館の窓辺によりながらふと歌人吉井勇がこの里で作ったというこの歌を思い出すのだった。それというのもこの歌に述べられている感興が、実にそっくりそのまま自分のものの様に思われるからだった」

謙蔵というのが小説の主人公である。久夫自身と考えて差し支えない。吉井勇の歌に仮託して、物部川および猪野々に向けた深い愛着を書き記しているのである。猪野温泉の宿である依水荘に久夫が通い出したのは昭和十五年の夏からであった。依水荘主人だった今戸顕氏の談話が八波文に引かれている。

「色の黒い、眼鏡をかけたやせっぽちで、とても優しかった。物部川で釣りしたり、流木でイカダを組んで遊んだり、本当の弟みたいに可愛がってもらいました」

そこを読んでわたしがはっと思いあたったのは、久夫が妹の孝子宛てに書いた戦地からの便りだった。カーニコバル島での住民との交流について書いている便りのなかに、偶然だが「弟のように」という比喩が出てくる。

「言葉が通じるということは人の愛情を増すものだ。弟のように可愛がり、戦争が終われば内地へつれて帰りたいと思うこともある」とある。この便りを引用しているのは、わたしが旅に携行してきた加古陽治氏の『真実のわだつみのこえ』であった。この著者も久夫が「当時の兵としては例外的に差別意識が希薄だったことが分かる」と述べている。同書には、久夫とともに住民との折衝に当たっていた大野實氏の次の証言も引かれている。

「英語を話すインド系の住民だけでなく、現地語を覚えて先住民ともつきあった。あくまでも占領者と披占領者という立場ではあったが、木村は住民たちと熱心に交流した」

ＲＫＣ高知放送が二十年前の一九九五年に放映したドキュメンタリー『山里の墓標——木村久夫の遺書から』に大野實氏が出演したときの証言という。こうしてみると、久夫の日ごろの人間的な優しさは、猪野々の里の人々に対してと同様、インド洋の小島の住民に対しても隔てなく注がれたのだ。

しかし、久夫の運命を翻弄したのは、戦争末期の同島におけるスパイ事件の発覚と容疑者の過酷な取り調べ、そしてその直後の住民大量処刑にいたる一連の事件であった。イギリス軍のためにスパイ行為をはたらいたと断定された住民八十有余人が、裁判もなしにひそかに軍の手で処刑され、イギリス海軍の艦砲射撃で出来た穴に無造作に投げ込まれた。まもなく戦況が急速に悪化し、イギリス軍上陸はもはや阻止できず、降伏は時間の問題となった。降伏すれば、スパイ事件が戦争犯罪として告発されることは必至であった。上層部は裁判をおこなったうえでの処刑と見せかけることを申し合わせた。真相を暴露しないようにと、部下たちに厳重な箝口令《かんこうれい》を敷いた。久夫はこの命令にしたがった。そのため裁判の焦点は取り調べにあたった久夫らの被疑者に対する虐待事実の有無にしぼられた。自白を強要するために被疑者に暴行を加え死にいたらしめたというのが上等兵・木村久夫への告発理由だった。

久夫の有罪判決に決定的な影響を与えるような証言が現地人からなされた。その証言をした一人が、「弟のように」可愛がっていたあの青年であった。だが『哲学通論』余白にも、父親宛て遺書にも、裏切られたとか、恩を仇で返されたとかいった恨みの言葉はない。ただ、前者の余白に「江戸の仇を長崎で討たれたのである」という文言があり、「弁解は成立しない」という言葉もある。「全世界からしてみれば、彼（悪をなした当人たち——引用者註）も私も同じ日本人である」とも書かれている。さらに久夫はこう記す。

「彼の責任を私が取って死ぬ。一見大きな不合理ではあるが、これの不合理は、過去やはり我々日本人が同じくやってきたのであることを思えば、やたら非難は出来ないのである。彼らの目に留まった私が不運なりとしか、これ以上理由の持って行きどころはないのである」

「彼ら」が直接にはだれを指すのかははっきりしない。イギリス軍か、オランダ軍か、そこにカーニコバル島の人々も含まれるのか。「弟のように」思っていたあの若者も含まれるのか。

わたしは考えた。木村久夫個人の側にも誤算はなかったろうか。カーニコバルの若者がどれほど自分になついているように見えようとも、「占領者と披占領者という立場」に変わりはなかった。披占領者に対する占領者の親愛感は、いわゆるノーブレス・オブリージェの域を結局は出ることが出来ない。英国作家フォースターの長編小説『インドへの道』（一九二四年）に描かれたイギリス人教師フィールディングとインド人医師アジズとの関係が、そのときのわたしに思い合わされた。

大英帝国の側にある人間と植民地の側にある現地人との非対称性が原理的に不当である場合、個人的な心情においてどれほど分け隔てなく付き合っているつもりでも、ほんとうに対等な友情というものは成り立たないのだ。両者が自分たちのあいだの壁を物理的に打ち壊すために協力し合うことにおいてしか、両者の関係はさしあたりどちらかのどちらかに対する「瞞着」によって、対等であるかのように見えているだけなのである。

木村久夫青年の現地人若者に対する親愛感に偽りはなかったということは疑いを入れないとしても、二人が置かれた状況が、二人の関係を虚偽のものとしてしまう。その現実に木村久夫本人はどこまで自覚的であることが出来たろうか。たとえば戦争中の戦地慰問に応じた自らの過ちを批判的に回想しつつ、戦後まもなく書かれた佐多稲子の『虚偽』(一九四八年)という短編小説がある。慰問団の一員として南方におもむいた作家・佐多稲子は、応召する前は山口県で小学校の教師をしていたある兵士が、マレー人の児童らに熱心に日本語をおしえている姿を見かける。その兵士の心底からの熱心さとはうらはらに、その表情のかげりを作家は見逃さない。「どこかで自分を瞞着しなければならないものがあるのにちがいなかった」と書いている。

兵士の内部には占領者という自らの立場への意識がわだかまっていて、そのため忸怩《じくじ》たる思いが表情に浮かんできてしまうのだ。こういう具体的な観察を、帰国直後に作家はおおやけに書くことは出来なかったろう。戦後だから書くことが出来たということはあろう。それはともかく、検閲を考慮したうえで親戚や肉親に宛てて書かれた木村久夫の便りに見える楽天性の背後にも、現地の人々に対する占領者としての自分の忸怩たる思いが隠されていたのではなかろうか、とわたしは想像する。

さもなければ、日本軍の非道な行為のために、同じ日本人として自分は死んでゆくという超論理的な連帯責任の意識を持とうとする木村の心意を理解することはむずかしい。またそれ以上に、行間にしばしば激しく噴出する軍部の非道さと卑しさへの憤りと侮蔑のすさまじさを、十分に説明することも出来ないであろう。

七　二つの遺書

木村久夫の遺書が『きけわだつみのこえ』に収録され、広く知られることになったのは、塩尻公明のエッセイ「或る遺書について」が機縁となったのである。塩尻は木村が高知高校で私淑した恩師だった。木村に勧められて塩尻も猪野々の里にしばしば出かけ、滞在した。

エッセイが雑誌に発表されると、それ自体が有名となり、やがて単行本として出版される。木村久夫への関心から塩尻の仕事もわたしの視野にはいってきていたから、著書の何冊かは所持している。（そのなかには処刑前の木村久夫が、「先生の著書『天分と愛情の問題』をこの地の遠隔なりしため、今日の死に至るまで、遂に一度も拝読し得なかったことはくれぐれも残念です」と記した当の著書も含まれている）

それればかりか、『きけわだつみのこえ』新版あとがきにも言うように、「木村久夫の手記は、死亡の時期が本書収録の死者の最後にあたるという理由だけからでなく、連合国によるB、C級戦犯に問われた戦後の短い生の思索のなかから『日本国民の遠い責任』にまで言及し、今日的な問題を提起しつづけているところから」同書の掉尾に配されることにもなったのだった。

木村遺書を一個の特異な位置から引き上げ、いわば今日的な問題を提起し続けるアクチュアリティを持つものとすることに、塩尻のエッセイは大きな役割を果たしたのである。

ところが昨年、もう一つの遺書が存在することが判明した。東京新聞がそれを特集し、一面で大きく扱って詳しく報道した。

記事を書いた加古陽治記者がそれを『真実のわだつみのこえ』という本にまとめ、よりいっそう詳細にあとづけた。わたしもその本を読み、少なからず衝撃を受けないわけにはいかなかった。現に今回の旅にも携行している。

加古氏の同書に詳しいが、『きけわだつみのこえ』に収録された遺書は木村久夫が書いたままではなかった。原文どおりでなく、少なからず削除部分があり、編集されたうえに書き換えもおこなわれていた。原文から削除された個所は十個所以上数十行にも及ぶ。削除したのが恩師の塩尻公明にしても、久夫の父親の久にしても、前者は愛弟子のため、後者は息子のため、ともによかれと思ったうえでの善意の加工と推測される。

だが、削除の結果、木村久夫がとくに強調したかったことが、かなり稀釈されたという印象は否めない。それが第一に軍人（とくに陸軍）への仮借ない痛烈な批判なのである。東条英機の実名を挙げて、自殺をはかることによって戦犯としての訴追を逃れようとしたその無責任を糾弾しているが、そのくだりも削除対象となった。さらに次に掲げる文章もしかりである。

「日本の軍人、ことに陸軍の軍人は、私たちの予測していた通り、やはり国を亡ぼしたやつであり、すべての虚飾を取り去れば、我欲そのもののほかは何ものでもなかった」

「大東亜戦争以前の陸海軍人の態度を見ても容易に想像されるところであった。陸軍軍人は、あまりに俗世に乗り出しすぎた。かれらの常々の広言にもかかわらず、彼らは最も賤しい世俗の権化となっていたのである。それが終戦後、明瞭に現れてきた。生、物に吸着したのは陸軍軍人であった」

「単なる撲るということだけからでも、われわれ日本人の文化的水準が低いとせざるべからざる諸々の面が思い出され、また指摘されるのである」

これらは死刑囚としての絶体絶命の足掻きから、いっぽう的にぶちまけられたルサンチマンではなかった。その証拠となる次のような事実も加古陽治の著書は記している。

それは陸軍参謀だった斎藤海蔵に関わることだ。スパイ事件に連座したとされる八十有余人のカーニコバル住民の殺害を命じた中心人物が斎藤であり、木村久夫らに過酷な取り調べを要求した張本人でもある。だが裁判で証言せず、木村たちを見殺しにした。

一九六八年八月十五日、ＴＢＳテレビが朝の番組『おはよう、にっぽん』で木村久夫の二十三回忌法要を取材した。その法要に斎藤が参列した。当然木村家の遺族にも対面することになった。このときが初対面であった。遺族のほうでは斎藤が参列することを知らされていなかった。本堂に上がった斎藤は久夫の母親の前で正座し、深く頭を垂れこう詫びたという。

「ご苦労かけました末、大変なことになりまして、みんな私がいたらんためでございまして、まことに申し訳ありません」

その場に木村久夫のかつての同僚である大野實が居合わせた。大野は斎藤に向かってこう言った。

「戦争終わってね、裁判になって、なぜ一言ね、おっしゃっていただけなかったか。『責任は私にある』と言ってくだすって無罪でお帰りになるなら、私たちは納得しますよ。木村君が死ぬまで忘れなかったのは、なぜ言ってくんなかったんだということだと思うんです」

斎藤は「はい、おっしゃる通りです」と認め、次のように弁解した。

「私も証言する予定にしとったんでございます。ところがある弁護士から『斎藤さん、言っちゃいけない』と言われたんです」

この法要のあとしばらくして、『週刊新潮』が斎藤にインタヴューを申し入れた。すると法要の際に見せていた殊勝な態度とは打って変わって、斎藤は記者に向かってこう弁じ立てたという。

「木村君の遺族と会った時、まことに気の毒と思ったし、そういいもしました。ただ、相済まなかったとはいわなくてもよかったと思っています。そういってしまうと私が木村君に罪を着せ、一人生き残ったような印象を与えてしまいますからね」

「木村さんの遺族をお気の毒だとは思う。しかし、恨まれるいわれはないし、謝る必要もない。（略）人間だから処刑されたくないのは当然ですよ」（省略は加古著書のママ）

この「当然」というのは木村久夫の心情を忖度《そんたく》して言っているのであろうか。それとも斎藤自身の裁判当時の偽らざる気持ちを述べているのであろうか。省略された部分があってちょっと分かりにくいが、文脈から察するに、斎藤自身の本心がぽろりとこぼれ出たように受け取れる。いずれにせよ軍人らの正体暴露は戦後盛んにおこなわれた。事件からもう二十数年たっている。いまさら珍しくもない、と軽く見なす向きもあろう。

だが、ここに現われた元陸軍参謀のおのれの過去を糊塗して恥じない陋劣《ろうれつ》ぶりは、生前の木村久夫によってとうに見抜かれていたのである。一軍人の品性の問題としてだけでなく、元首相・東条英機から元陸軍大臣・荒木貞夫、将官や佐官クラスの高級軍人、そして各階級の将兵にいたるまで、皇軍というものがどのようなものであったか、どの程度のものであったか、久夫は末期の目でその実態を凝視した。同時にこれらの軍人と軍閥の跋扈《ばっこ》をずるずると許して行った国民の「遠い責任」にも、この青年が言及していたことは前にも触れたとおりである。

軍人や軍部へ向けられたその憤りの激越さとうらはらに、生まれ故郷の大阪吹田《すいた》や高校時代を過ごした猪野々の里を始め土佐の風土を想起するときの木村青年の心は、澄明な喜びを伴っていた。また獄中にあって、口に運ぶひと匙の粥の味わいのなかに深い感動があることを書き綴った文言には、生きてこの世にあることの実感と敬虔な慎みとが込められていた。こうして『哲学通論』余白に書き残された木村久夫の遺書は、処刑までの日々の揺れ動く心のありようを、絶望と怒り、諦念と執着、感動と感謝、敬虔と慎み、その一つ一つに向き合って、如実克明に極限まで映し出している。

わたしは木村久夫が撮影した物部川の写真にもういちど目を移した。その渓谷の風景のなんという静けさであろう。歴史そのもののように屈曲する川の流れを眼下に見ながら、断崖の上にたたずんでいた青年は、やがて自分がどのような運命に巻き込まれてゆくことになるかをそのときまだ知らない。

最後に、ずっと気になっていた旧師の蔵書に関する後日談をわたしはここに付け加えておく。高知県K市の観光課に問い合わせて調べてもらったところ、同市図書館に橘忠衛蔵書が寄贈されたという記録があった。やはりあった！　とわたしは興奮した。ところが次の瞬間には失望が来た。寄贈されたことは事実であるが、その蔵書が現在どうなっているかは不明、と図書館側が回答してきたからである。一、二冊の本の話ではない。数千冊の書物である。どうなっているかとは実際こちらが訊きたい。だがそれ以上は埒が明かなかった。「晴読雨読」というほど本の虫だった旧師の本はどうなってしまったのか。墓と同じ運命をたどったのであろうか。

付記

後日談の後日談ということになるが、この紀行を読んでくれた旧友から意外な事実をおしえられた。恩師の墓と書庫はいまも無事であるというのだ。やはり物部川河口を見下ろす場所らしい。ただしよくよく聞いてみると、わたしが探し回った河口斜面の反対側つまり対岸に位置するらしい。市役所などにあたって調べたかぎりでは、そこも橘家の所有に属する土地であるということまではわたしに分からなかった。いずれにせよわたしの物部川への旅はまだ終わっていないことになる。

第六章　関門海峡への旅　大西巨人

一　和布刈《めかり》神社

関門海峡の九州側突端、旧門司市（現北九州市門司区）にある和布刈神社をわたしが訪ねたのは三年前（二〇一八年）の春のことであった。大分県出身の伊藤君が久しぶりに休暇を取って帰省するつもりですとわたしに言った。帰省ついでに門司に降りて和布刈神社を見ようと考えているところですとも伊藤君は言った。二人は例によってその晩も、神田駿河台の明治大学付近にある行きつけのワインバーの最奥の席に陣取って、それまで映画や文学のあれこれをとくに脈絡あるでもなく語り合っていたのである。談たまたま大西巨人の文学に話柄《わへい》が転じ、わたしの饒舌にいちだんと拍車がかかった。伊藤君が近ごろ大西巨人の小説を立て続けに読破しつつあることをわたしは知っていた。語り合っているうち、九州福岡県出身の作家である大西が、短編小説連作集『五里霧』の掉尾に置いた『連絡船』にわたしが話題をしぼったかたちになった。

話がその一編にしぼられたというのは、物語の内容に直接関係はなかったが個人的なある遠い記憶がそのときわたしの脳裡によみがえるようであったからである。その記憶がこの物語を個人的にも忘れがたくしていることがにわかにそのとき意識された。もっともそのことはあえて口には出さなかった。その代わり、物語冒頭に描かれる関門海峡を航行する省線連絡船のイメージをとくに好むとわたしは言った。すると伊藤君はぼくも同感ですと相づちを打った。かれがこの短編小説をも精読していることをうかがわせる口吻《こうふん》が際立ったのは、作中に描かれる和布刈神社の場面でこういう指摘をしたからであった。

「主人公と女性が連れ立って神社に近づくと、女性が立ち止まって軽く柏手《かしわで》を打って拝礼しますね」

「ああ、わたしもあそこは覚えている。鳥居の前だったかな。いや、柏手を打つのだから拝殿の前か」

「拝殿の前ですね。主人公のほうはただ素通りするだけですが」

「主人公は唯物論者だからね。信心とは無縁なんだ」

伊藤君はうなずいて黙っていたが、物語の記憶をたぐるようにして改めてこう言った。

「確かに信心は主人公にありませんが、素通りしてしまうのは無神経という意味でしょうか」

「……」

「連れの女性の柏手や拝礼のしぐさを主人公は別にからかったり、止めさせようとするわけではありませんね。確か『干渉せずに』と書いてあったと思います」

「ふむ。それで？」

「ちょっと深読みになるかもしれませんが、干渉しないのは女性のしぐさを模倣もしない代わり、軽蔑もしないということではないかと思うのです。『ただ素通り』するからといって、その人間が無神経であると結論づけるというのは、それこそ大西巨人の文学に対して、無神経とは言わないまでも、ごくとおりいっぺんの読み方をしてしまうことではないかとも思うんですよね」

伊藤君の言葉を聞いているうちに、わたしの脳裡に一つの情景が呼び出されるような気がした。どこかで同じような光景に遭遇したことがあったがどこだったろう。すぐには思い出せなかった。

というのは、伊藤君が続けてこう言ったのでわたしの意識も方向を転じたからだった。

「こんどの帰省かたがた門司に降りて、連絡船が下関とのあいだを往来する海峡の景色を見てこようと思っています。それから和布刈神社へも足を伸ばしてみようと思っています」

にわかにわたしは、自分もその海峡と神社が見たくなったのであった。それで伊藤君さえよかったら門司まで同行したいと言い出して同君を少なからず驚かせた。とはいえ、わたしは福岡県久留米の生まれである。父の墓も久留米の在所、黒木という谷あいの村にある。久留米の町にも黒木にも親戚が住んでいる。だから、わたしの旅は帰省ではないまでも、親類を訪ねて久闊《きゅうかつ》を叙し、亡父の墓参をすることを理由にしてもよかったのである。

それはとにかく、伊藤君の同意を得てからは、その晩のわれわれの話の後半は旅の予定をおおかに立てることに費やされた。二人の日程を調整し合って門司のあとは小倉に出るとしよう。そして鷗外寓居跡と清張記念館もこの際見てきたい、とまで言って、あくまでも文豪たちゆかりの場所をめぐる旅のように装った。内心、わたしは私的な動機に駆られたことにいくぶんか軽薄さを感じ、忸怩《じくじ》たる思いを禁じ得なかったのでもあったろう。むろん、さきほど脳裡に浮かんだ個人的な記憶が、海峡への旅を急にしたくなった動機であることまでは最後まで口にしなかった。

二　連絡船

和布刈《めかり》神社は門司港の北東の岬にある。古来、年に一度干潮時に神官たちが裾をからげて厳寒の海に足を踏み入れ、ワカメを刈る。この神事が厳かに執り行われてきたところとして和布刈神社は知られる。元来は秘儀であって神罰を恐れ、見物人などは立ち入ることもめったに許されなかったという。それが戦後公開されるにいたったのは、敗戦によって心にすさみを生じた人々に古式の記憶を呼び戻させたいとの宮司の願いが込められたからだと聞いている。

現に松本清張は長編小説『時間の習俗』の冒頭に十ページを費やしてこの由緒ある神事について詳しく述べている。戦後のことであるから観光客がひしめくなかでの行事である。だが大西巨人作の『連絡船』の主人公は一九四一年の冬、神事とは無関係にここへかねて付き合いのあった女性をいざなうのである。神事がその日だったとしても、境内へ立ち入る人の数は多くはなかったであろう。主人公から折り入って頼みごとがあるのだがと言われ、相手女性はこんな寒い冬の季節にといぶかしく思いながらも承知して同行する。むろん寒風の吹きさらすそんな日の境内は無人であった。

本題となる話を主人公が切り出すのは神社境内においてではなく、その帰りのことである。それが『連絡船』という題名の由来でもある。作中でも言われるとおり、主人公の頼みごとというのはなにも和布刈神社を選んでなされなくてはならなかったというわけではない。同行を承知した女性は拝殿の前に立ち止まって両手を合わせ拝礼するぐらいのことはする。ところが、伊藤君が言ったとおり、主人公は連れの女性のふるまいには「干渉せず」自分はそのままさっさと境内にはいってしまう。話は戦時中のことであるがこの神社に対する主人公の関心は、かならずしも信仰のようなものの考慮が前提にあってのことではなく、神道的なものが主人公をここへみちびいたのでもない。これは東京での語らいで伊藤君もわたしもまずは一致した解釈だった。といってかれらは漫然とひと目を避けてやって来たのでもなかった。読者にも女性にも少し前に主人公が召集令状を受け取っていることは明かされている。

その以前から、門司のはずれの神社のたたずまいと、港からそこへつうじる海岸の風情がかもし出す寂寥《せきりょう》の感とが、自分の内面に似つかわしいと主人公には思われていた。神社の対岸には壇之浦と赤間が関が望まれる。早鞆《はやとも》ノ瀬と名づけられている目の前の海流の流れは速く、海というより川を思わせる。すべてが今生の見おさめになるやもしれぬ。いや、事実上その公算のほうが大きいであろう。このように思い定めているにちがいない主人公には、出征を前にぜひとも周到にはからっておきたいある一事があったのである。それを依頼する場所柄として似つかわしく思われたのがこの場所なのだった。対岸に平家滅亡を決定的にした壇之浦と赤間が関を望む立地も申し分がなかった。いわば和布刈神社とその周辺に立ち込めるいわく言いがたい寂寥に満ちた情趣こそ、自らの存在のおそらく避けようもない消滅への門出にはふさわしかった。

このようにわたしが書いてしまうと、主人公の心意をナルシシズムとのみ受け取られかねまいが、この同じ海峡を、省線連絡船と民営渡海船が往き来しているという日々の事実に主人公は印象づけられ、感動をいだいていたことも事実なのだった。その感動は、主人公が韜晦《とうかい》的にかつて「何処かで読んだ」という『日本の橋』の次のような文言の引用とも照応し合うものだ。

「自ら自然な道はつねにゆきかへりのためにあった。なほ遠ざかりゆく者のための道を思ひ得ぬことは、まことに時代と民族の不幸である」

それゆえ主人公は連絡船の存在を「今更にありがたく尊く感ずるのであった」。

おりもおり、主人公の勤務している職場の給仕たちのなかに、十五、六歳と見受けられるたいそう読書好きの少女がいることをある日知った。父親が出征して家が貧しいため女学校に進学したもののの中退して給仕としてはたらいていることを主人公は社内の第三者から聞かされる。主人公自身、左翼活動に従事したため治安維持法違反で大学を退学させられた過去を持つ。思想的・政治的には活動停止を余儀なくされ、学歴の上では学び舎を放逐された中途退学者である。内面を吹きとおる

「落莫の風」は、初志を貫くすべをくじかれた人間の挫折の苦い意識と無力感を常にさかなでして吹き止まない。

その主人公の目に、業務の合間もひまさえあれば文庫本を広げている少女の姿は無垢な者として好ましく映った。言葉を交わしてみると、はきはきとした受け答えの声もまた「澄明」であった。読んでいるものも白秋の歌集だったり、キイランドの短編集だったりした。ほかのものも含めてそれらはかつて主人公が愛読したものがほとんどであった。だからますます少女に好感をいだかずにはいられない。あるとき少女の姿が見えないので人に訊くと、少女のいとこおじにあたる人が親切にも学費を出してくれることになって、女学校へ復学する機会を得たということであった。少女のために主人公は喜んだがそれもつかの間、そのいとこおじも赤紙つまり召集令状を受け取り応召する。いとこおじ一家自体の暮らし向きが苦しくなり、ふたたび少女は女学校退学を余儀なくされたとやがて聞かされる。そういう矢先、主人公にも赤紙が来た。

自分が出征してもさしあたり実家には困窮のおそれはない。しかも自分は独身である。そこでこの有為な少女に勉学を続けてもらいたいと主人公は考えて一計を案ずるわけである。それが作中の言葉を借りれば、「精神の、魂の、連絡船」であり、一編の題名の真の意味でもある。

少女の父親やいとこおじのような自営業従事者とは異なり、主人公の場合、出征中も勤務先から給料が支給される。その社会格差のむごさに「特殊な憤慨」を主人公は覚えずにいられないが、とにかく自分に支払われる給料から、無名の人物を装って少女に勉学費用が送られるように取り計らうことは可能であろう。協力者として送り手になってくれることを、主人公は付き合っている女性に頼むわけである。この依頼は承諾され、匿名氏からの送金として少女が女学校を卒業するまで滞りなく援助は続けられる。

だが、敗戦後「不思議に命ながらへて」主人公が復員してみると、少女は女学校を無事卒業したものの、のち疎開を余儀なくされ、母親とともに海峡を渡って岡山県に移住したと聞かされる。それ以上のことは杳《よう》として分からない。いっぽう、送金の約束を忠実に果たしてくれた女性は、一九四五年初夏、不幸にして爆死したことを知らされる。戦争という状況続行下のことであった。

この一編の終わりは、「桜井(主人公名)の思い描いた『精神の、魂の、連絡船』の成り行きは、果たしてどんなことであったろうか」となっている。

「連絡船」の物語における概要は以上であるが、一歩踏み込んで、そのいわば趣旨についてはどうか。本編なかほどにはこう説明されている。

「……どこからどこへの、何から何への、連絡船なのか、それは、かれ自身にも、ほとんど五里霧中のような事柄である。ただ、もしも彼がその『精神の、魂の、連絡船』を(何艘か確実に)所有し得たならば、彼の内面における『落莫の風』は、たぶん吹き止むのではないか(少なくとも風勢がずいぶん落ちるであろう)、という漠然たる予感のようなものが、彼自身になくはない。……」

趣旨とは言いながら、物語に即して見てゆくかぎり、なお五里霧中の感が依然として完全には吹ききれないようである。もっともそう思うのは、読者であるわたし自身の側に、「落莫の風」とは言わないまでも、文字どおり「五里霧中」の実態が日ごろ内蔵されていたからでもあろうか。

三　石碑

伊藤君の手配で門司港に近いところに宿を取り、港を左手に見ながら神社までわれわれは歩いて行った。

道ばたに矮小な雛罌粟《ひなげし》が花をひらいて浜風に揺れていたが、関東で見るのと変わらない。すなわち可憐と言ってもいいが、花びらは小さく、色もくすんで色褪せた造花のようであった。ヨーロッパの路傍に咲く雛罌粟の色の鮮やかさはこれとまるで対照的である。ローマの廃墟の片隅に咲いた大輪の雛罌粟を目にしたときの感動を、ジョン・ラスキンが見事な散文に書き表わしている。「絹のごとく炎のごとく、天国の祭壇から落ちてきた燃える石炭のように」という比喩の素晴らしさが際立っていていまも忘れられない。大西さんのご自宅にうかがっていたころ、ある夏の旅から帰って大西さんにお会いしながら、ことしもフランスの雛罌粟を見てきましたという話をしたところ、大西さんは旅先からもらった君のはがきにも雛罌粟のこと書いとったね、おれはすぐに与謝野晶子の歌を思い出したが、あれはコクリコとルビを振ってあるね、あの歌はいいな、と言われた。そしてすぐに「ああ皐月　仏蘭西の野は火の色す　君も雛罌粟《こくりこ》われも雛罌粟《こくりこ》」と例によって低い声ですらすらと暗誦された。そんなことを神社への道々わたしは伊藤君に語った。

鳥居をくぐると境内でわれわれは自然に分かれ、思い思いの場所を見て回った。神社の真上に自動車専用道の大吊り橋が本州側に向かって懸けわたされている。大型車輛が通るのであろう、ときおり雷鳴のような激しい音が降ってくる。最初はぎょっとさせられた。衝突事故でも起きたかと思ったのである。

境内の奥まったところに清張の文学碑が設けられていた。一瞥しただけだから刻まれている文言は分からない。ただ、『時間の習俗』の冒頭に書かれた言葉や描写のかもし出す映像がとりとめなく思い浮かぶ。神事の描写であるから二月厳寒の深夜の儀式である。何千人もの見物客が固唾を呑んで儀式を見守るのだが、灯りという灯りは消され、神官が手に持っている竹筒の篝火《かがりび》だけがあかあかと輝く。「惟神《かむながら》の暗黒である」と作者は書いている。つまり神のおぼしめすとおりの闇夜のなかで行われるのが本来の「古式」なのである。

早鞆《はやとも》ノ瀬を背景にして漆黒の闇に浮かぶ神代の篝火というイメージについては、宿に帰ってからその晩の団欒《だんらん》でもわれわれの話題になった。伊藤君の連想は、神代の女神天照《あまてらす》が天岩屋戸《あまのいわやと》のうちに引きこもってしまったあとの全地を覆った闇の深さにまで及ぶらしかった。それをどうやら『連絡船』の主人公の内部に蟠踞《ばんきょ》する孤独なニヒリズムの深度を測る一つの手がかりともみなしうるのではと、同君は推量しようとしていると見えた。

「あの主人公は和布刈神社の神事ももちろん見ているわけでしょう。とにかく何度となく足を運んでいますね。それが気になって仕方がなかったのです。神道などとは無縁であるはずの主人公をあの神社にまでたびたび足を運ばせる。立地条件がそれを主人公に促して止まないのか、それともあそこはもともとそういう気《き》のようなものが宿っているのか。そうだとすると神社創建の遥か前からのなにかが作用して、あるいは感応するものがあって、主人公はあの場所にいざなわれるのかもしれない。こう言うとちょっと神秘主義めいてしまうのですが、物語を読んでいてそんなふうにも思われました」

かならずしもわれわれは主題を決めて話をしていたのではなかったから、わたしの受け答えも含めてそこから話題は逸脱してゆくふうであった。主としてわたしが、神秘主義と唯物論的思考とはついに対立し合ったまま睨み合う仲でしかないのかどうか、というような方向へ論議を持っていったと思う。舵を切り直したのは伊藤君のほうであった。かれには最前の話との関連で言ってしまいたいことがあったのである。

「主人公は不起訴処分になったとはいえ学園から放逐された身ですから、社会的制裁とともに学問の府によってすら国事犯としての烙印をも負わされたわけです。主人公一個の実存においては、思想信念がその烙印自体を不当きわまりないものとみなすにもかかわらず、やはり挫折の屈辱感と無力感は深刻以上のものがあったのです。それは、自らの手で烙印を引き受けたと言っていいほどの自虐的なまでの深刻さだったため、かれの精神に取り返しがたい損傷を与えずにはおかなかったのではないでしょうか。ですから作中なんどか言われる『落莫の風』という言い回しにしても、それをぼくはたんなる気分的な比喩というふうに受け取るだけでは不十分すぎるような気がして、こんどの和布刈神社行を思い立ったようなわけでした」
海峡を神社から左手に見ると高速連絡船が白波をけたてて頻繁に往き来している。対岸に到着するまでものの十分とはかからないであろう。したがってそれは昔日の連絡船ののどかさもなければ、ましてや主人公に連絡船の存在を「今更にありがたく尊く感ずるのであった」と思わせた切実さの感覚を、よくもあしくも著しく稀薄にしていると言わねばならない。主人公が日夜目にしていた連絡船へ託した思いは、目の当たりに見る現象としては時世の余儀ない変化とともに過去へと消え去った。伊藤君もわたしもそれは認めないわけにはいかないことだった。

それでも、和布刈神社を見たあとでわれわれは連絡船に乗り、対岸にわたった。下関で降りると向かったのは赤間神宮であった。港から車通りを二十分ほど歩く。安徳天皇を主神とするこの神社は和布刈神社とは趣を異にしており、朱色が目立った。左の奥まった裏手に平家一門の墓があった。十基あまり、ひしめくように並んで建てられていた。こ暗い一画でまったくひと気もない。そのためなんとはなしに悽愴《せいそう》の気が立ちこめているように感じられるのであった。付設の記念館で壇之浦の戦いを描いた絵巻を見た。同じような合戦図がずらりと並べられていた。時代時代に描かれた絵巻が現代にまでおよぶ。数はおびただしいが、絵から受ける印象は素人目にはだいたい同じである。合戦絵巻の色も鮮やかな華やかさの感じは、いましがた見たばかりの墓石群からかもし出される威圧感にも似た圧倒するような悽愴の気とは、まるで対照的であった。

ふたたび連絡船に乗って門司港に戻る。風に吹かれるのもいいと思い、こんどはデッキに上がった。快速船であるからうっかりすると帽子を風に飛ばされそうになる。さすがにくたびれたのでわれわれは宿へ帰って夕食まで少し休憩を取ることにした。こんどは右手に海岸を見ながら歩き出す。すると伊藤君がわたしの注意をうながした。これを見てくださいと言って、高さ二メートルばかりの石碑を指さす。磨かれたすべすべの表面になにか影絵のようなものが貼り付けてあるようだった。近づくとそれは港の一光景を写した写真を、そのまま石の表面に転写したものであった。こういう技術があるのかと思いながら目を凝らすと、写真は大型船の出港するところと見えて大勢の人々が高い船舷《ふなべり》に向かって手を振っている。印刻された説明文の小さな文字を読んで、それが兵士を満載した輸送船であり、これから戦地に向けて出征するところを写したものと知れた。大西巨人の小説で、主人公が久留米砲兵連隊に配属される。かれも門司港から戦地に向かった一人だったろう。じつはわたしの父親もそうだ。母から生前なんどか聞かされたことだが、父親の所属する部隊を門司港から見送ったのである。碑文を伊藤君が携帯で写し、あとでわたしに転送してくれた。それが次である。

「ご存じですか　先の大戦中　ここ門司1号岸壁から200万人を超す将兵が　はるか南方の戦線に　あるいは大陸の戦地へと赴いたことを……そして半数の100万人の将兵は　生きて再び故国の地を踏むことが出来なかったことも……門司港の山河を日本最期の風景としてその目に焼きつ

け　遠く離れた戦線に向かった多くの将兵を偲び　恒久平和を願う不戦の誓いを込めて　ここに『門司港出征の碑』を建設しました

近代日本黎明期から　門司港の発展にこの港湾が重要な役割を果たしてきましたが　この碑が忘れてはならない歴史の語り部となりますように……門司港出征記念碑建設委員会」

『連絡船』の主人公は大陸の半島から「生きて再び故国の地を踏むことが出来」た幸運な兵士の一人だった。わたしの父も幸運な一人だったと言わねばならない。父は大陸からではなく「はるか南方の戦線」から生還した。

いまは港の様子も当時の姿そのままではあるまい。小説の主人公が出発するのを、かれが付き合っていた女性がここで見送ったかどうかは分からない。わたしの母は見送りに出た群衆の一人だったろう。母は父と結婚する前だった。大学を繰り上げ卒業して父は入隊したばかりだったから年齢もともに二十二、三というところで、まだ婚約中の間柄であった。だが久留米の連隊に父が入隊することが決まると、母は東京から父に同行して来て、出征を見送ったのち東京に戻らなかった。久留米のある病院に看護婦として住み込み勤務し始めたのである。戦争終結まで父の帰還を待ち続けようと思ったのが、東京での病院勤務を退職した理由だったそうである。『連絡船』のなかで少女への送金を頼まれた主人公の愛人は福岡で爆死を遂げる。そのころ久留米とても米軍機の飛来は日常的であったが、母は機銃掃射を受けたことがいちどならずあったものの運よく生き延びられた。

門司港から出て行った二百万強の将兵、生還し得なかった約半数の将兵、福岡また久留米で空襲を受け、ある者は生き延びられ、ある者は爆死を遂げた。生死の明暗が分かれるにあたってそこにどういう作用がはたらいたのか。人知をもってして分かることではなかった。そんなことがその晩のわれわれのあいだで話題となった。

それぞれの部屋に引き取ってからわたしに来た記憶は、わたしをしばらく眠りにつかせなかった。大きく様変わりした現在の海峡の様相が、一九四一年に時代を設定されたこの物語を読むことそのものを味気ないものにしてしまうわけではない。海峡がこうむった時代の様相の変化が人の心にどういう変化を引き起こしたのか。海峡はどう変わったろう。そこを行き来する連絡船はどうか。そういうことをしきりに考えさせられたが、少なくともわたしの場合は「影響」はむしろ皮相なものにとどまったとも言えるようだった。『連絡船』の物語に関連して思い出された一つの際立った事実があった。それはわたしに一通の手紙のかたちを取ってよみがえった。

昼間、神社に向かう道すがら、わたしはちっぽけな雛罌粟からの連想で、大西さん宅訪問の際に与謝野晶子のコクリコの歌一首をめぐり、「フランスの野に咲く火のように赤い雛罌粟」のことを旅の土産話にし、その訪問の思い出を問わず語りに伊藤君に向かって語った。依然として伊藤君には言わなかったがそのおりわたしの念頭に去来したもう一つの記憶があった。それはこんどの旅の動機と結びついていた。フランスへの旅のあいだ大西さんを始めいくたりかの人々にわたしは旅だよりを出したが、返事などを誰からも期待していたわけではなかった。だが帰国するとアパートのメールボックスに届いていた一通の分厚い手紙があった。それは何通ものダイレクトメールのなかですぐにそれと見分けられた。かねて親しく知っていた字体であったからだが、確かに旅先からかなり頻繁にその人に宛てて便りを出したから、それへの返信であろうということは推測された。それにしても封書の分厚さと重さは相当なものであった。手紙をたなごころに乗せたまま、わたしはしばしのあいだ佇立した。差し出しの日付けを見ると届いた日の二日前となっていた。投函された場所からの距離を推測してたぶん帰国前日のうちには配達されていたものであろう。

和布刈神社を見たその晩、『連絡船』という物語との関連でその手紙がありありと思い出されたのだった。手紙自体を持参したのではなかったから、思い出したと言っても一字一句という意味ではもちろんない。だが、こんどの旅の前の晩に何年ぶりかで読み返してあったのである。その手紙をこれからここに書き写す。

五　旅に出なかった人からの手紙

先生、こんにちは。そして、お帰りなさい。数日後に帰国される先生を思い浮かべながら、この手紙を書くことにします。

どんなお気持ちで先生は日本に戻られるのでしょうか。ほんとうはもっともっと旅を続けたいと思っていらっしゃるのでしょうね。日本に帰ってくる楽しみが先生にはあるのでしょうか。先生にとって精神の旅はけっして終わることがないことは分かっているつもりですが、帰国される楽しみの一つがこの手紙であったならばと、そう願うと同時にそう思うと、どうしても書かずにはいられなくなるのです。

先生、手紙が待っている家に帰るのはいいものですね。わたし自身の経験から申し上げてもしみじみとそう思います。事実、ここ数日も、帰宅するのが楽しみでなりませんでした。誰も待つ人のない家なのに、先生からお手紙が届いているのでは、とそんな思いがわたしの頭をかすめるからです。そしてきょう、いくぶん緊張した気持ちとともにメールボックスをあけてみると、五日ぶりに先生からどっさり旅便りが届けられていました。葉書で三通、それに分厚い封書で一通です。いずれも旅先からお忙しい時間をもぎ取るようにして書いていただいたお便りにちがいありません。ありがとうございます。うれしかったです。気持ちがとても明るくなりました。

というのも、じつはきょうは体調が思わしくなく、会社を早退して帰ってきたのです。ここ数日、偏頭痛に悩まされています。きょうはその痛みがいつにもましてはげしく、とても我慢ができそうにないので、とうとう早めに退社させてもらいました。職場の最近の緊張からくるストレスと睡眠不足とこの天気のせいではないかと思います。先生、いましがたひと眠りして目がさめたところなのですよ。日本ではもう遅い時刻ですが、だいぶ気分が楽になったようなのでペンを取ったところです。

ヨーロッパの異常気象は日本でも話題になっています。フランスでは常軌を逸した暑さの日があったようですね。ルーアンからくださったお葉書にも、かの地の猛暑について言及されていましたね。でも、先生が旅をされたフランスとはちがい、日本のことしは冷夏となりました。先生が旅立たれてから台風や大雨もありましたよ。東京で夏の陽射しになったのは、ほんの数日前からのことです。きょうは久しぶりに本格的な夏の陽射しとなりましたが、最高気温が三十度を超えたのは九日ぶりのことだそうです。八月十七日などは十一月上旬の肌寒さということでした。この十日ほど、もちろんこの部屋では冷房はまったくと言っていいほど使わず、長袖で過ごした日がいく日もありました。東京の暑い夏はいったいどこへ行ってしまったのでしょうね。先生が旅から戻られる日は、また夏らしさを取り戻しているでしょうか。

先生が日本を立たれた日のことをよくおぼえています。うす日が射す夏らしい朝でしたね。わたしは新宿西口の改札を出て、人影もまだまばらな駅構内を足早に歩きながら、まもなく日本を立たれる先生のこと、そして今この場所ですれちがう人たちのことを、しきりに考えていました。

先生はしばらく旅に出てしまう。今すれちがった人はどんな人だろう。きょう、あの人になにが起きるのだろう。わたしはこれから会社に行って、業務開始前の一時間あまり読書をし、それから気の重い一日の仕事に取りかかる。いっぽうでは快活な気持ちで旅立つ人がいる。他方では重い気持ちで仕事に従事する人もいる。けれども朝だけは誰にも等しく与えられる。生きているかぎり、どんな人間にもかならず朝は来るのだ。きょうもまた心を新たにして、一生懸命生きよう。

そんなことをわたしは考えていました。どうか皮肉を言っていると思わないでくださいね。そんな気持ちはわたしに全然ありません。でも次の瞬間、昨年夏、先生が旅立たれたあの朝も、まったく同じようなことを自分が考えていたことを思い出しました。不思議ですがそうなのです。ただ、一つだけ確実に昨年と変わったことがあります。それは、改札を出てすれちがう人の数が少ないことにも表われているように、出勤する朝の時間の早さです。昨年より一時間半ほど早く会社に向かい、自分のための読書の時間を作るように努めているからです。

先生、あなたが旅立たれた八月五日も、晩になってから激しい雨が降ったのですよ。空港に向かわれる先生には、明るかった朝の様子が一変して、晩から豪雨が始まるなどとは思いもよらなかったことでしょうね。夕方、空がくすんだうす緑色に変わり、空が割れるような稲妻が走り、びくりとするような大きな音を立てて暴れたのです。怖いもの見たさとでも言うのでしょうか。雷の恐ろしさを知らない者の子供じみた甘さかもしれません。けれども、わたしはあの雷の音がむかしからたまらなく好きでした。ですからあの晩も、雨に打たれ、雷の音をすぐそこで聞き、びくびくしながらも、なぜかわたしは雷が自分を叱咤し、激励してくれているように感じられてならなかったのです。

先生、先生はきっと今回もいい旅をなさったのでしょうね。そういう旅をなさることを心から願っていました。旅立たれてから第一信が届けられたのは、八月十四日のことでした。届けられるまでに時間がかかるだろうと思っていましたから、あんなに早くお便りをいただけるとは。それだけに驚きましたし、もちろんうれしくもありました。なによりも励まされました。いただいたお便りから、がんばっていらっしゃる先生のご様子がありありと想像されるようだったからです。わたしもわたしなりの夏を過ごさなければと、いっそう気持ちが引き締まりました。

先生が旅立たれてからたくさんの映画を見ました。たとえば『太陽がいっぱい』『冬の猿』『黒い瞳』『パピヨン』『地下室のメロディー』『破戒』『陽はまた昇る』『荒馬と女』『西部戦線異状なし』など、これらはすべて先生からお借りしていた映画ですが、そうでない作品も合わせますともうすでに十五、六本は見たと思います。このなかのいくつかの映画について、先生は『わが心のスクリーン』でもお書きになっていますよね。映画を見るのも楽しみなのですが、見たあとで先生のエッセイを読むことのほうが、わたしにとってはもっと楽しい時間かもしれません。先生が映画についてお書きになる文章は、とても簡潔で、鮮明で、しかも生き生きしているように感じられるのです。通りいっぺんの感想などではないからでしょう。いつかお話しされていた記憶することの源泉が、それらの文章のなかにも宿っているように思われます。

「物語を記憶するということは、いつ、どこで、どんなときにそれと出会い、なにを感じたか、だれに伝えたか、それらすべてを記憶することにほかならない」

先生のこういう文を読んでいると、それが経験から生まれてきたものであり、土台の据え方、活かし方が練り上げられていることを感じないではいられません。たとえば『陽はまた昇る』について書かれた文もそうですね。かつて何年も前に訪ねられたスペインのサンティアゴ・デ・コンポステーラや、映画では描かれていない原作のくだりについて書かれていましたね。読ませていただきながら、広がりと奥深さの双方を、先生がご自分の見方と言葉でお書きになっていることが、わたしにもはっきりと伝わってくるようです。

先生がおられないこの夏のあいだ、きょうまで見た映画のなかで、わたしにとってこの一本、またはこの二本、と言ってもいい作品についてお聞きいただこうと思います。もしこの一本ということならば、アンリ・ヴェルヌイユ監督の『冬の猿』がそうです。ほんとうにいい映画ですね。深く、ゆっくりと、心に響いてくるようでした。映画の舞台となった町は、ノルマンディのたしかシェルブールの近くではありませんでしたか。お便りによると、日程が許さなくなってしまったため、今回の旅ではその町まで辿り着けなかったとお書きですが、せっかく予定に組み入れておられたのに、残念でしたね。

『冬の猿』に登場する若者も、老人も、映画のなかで言われているように、ともにこの世の「迷い猿」なのですね。老人が妻をどなる場面がありましたが、そのときの老人の言葉ほど、満たされていない人間の心をあらわにするものはないと思われました。日ごろ妻思いの優しい夫なのに、とっさの怒りに駆られて発した言葉だからこそ、いっそうすご味のようなものも感じられるのでしょうか。妻に対してだけでなく、自分自身に対しても、老人は憤りを感じたと思うのです。それは、小さな海辺の町で、むなしく老いてゆく自分を見つめるだけという日々に対する悔しさなのですね。

けれども、先生、この映画はけっして人生の苦難や悲哀だけを描いているのではありませんよね。時代は第二次大戦末期のノルマンディ、ドイツ軍に占領されているフランスの海辺の小さな町、日に日に連合軍の空爆が激しくなって、明日のことも分からないくらい切迫してきたころです。でも、描かれているのはむしろふつうの人々の人生の奥の深さであり、生きることの歓びでもあるようにわたしは思うのです。戦時下の人々を描いたお涙ちょうだいの映画ではない。それなのに、なぜ、こんなにも涙を誘われるのでしょう。涙は優しく、じわじわと、わたしの胸の内側から滲み出してくるようでした。それは、悲しみと幸せとはけっして対立するものではなく、幸せのなかには悲しみもまたかならずあるからなのかもしれませんね。

映画のラストシーンがとても印象に残っています。空襲も途絶えたある日、若者とその幼い娘を見送る老人は、乗換駅のホームのベンチに座って、若い親子に背を向けたまま憮然《ぶぜん》とした表情を浮かべています。列車が去ってしまうまで老人は後ろをふり返らず、けっして二人を見ようとしません。背を向けたまま気にも留めていないといった風情です。でも、老人が自分の肩の後ろに心を込めて親子を見送っていることは、見ていてはっきりとわたしに分かりました。自分が心をひらいた相手に対して、あのようにして見送る見送り方というのもまた人間にはあるのですよね。

けれども、あの場面を見ていてわたしはただ感動させられただけではありませんでした。老人が語っていた言葉を、あとからもういちど思い出させられたからです。

「汽車に乗らなくても、夢があれば旅ができる」

とても戦時下と思えないほど、いい言葉ではありませんか。あの若者は、老人の語る中国の伝説に象徴される「冬の猿」なのですね。中国の冬の猿がそうであるのと同じように、若者は迷い猿となって老人の暮らす海辺の町にやって来たのです。そしてしばらくすると、また旅に出て行きます。けれども、若者だけが冬の猿なのではなくて、老人もまたそうなのですよね。汽車に乗らなくとも、この老人も旅を続けている迷い猿なのだ、とわたしは思いました。老人が妻をどなるのはいちどだけ、これからはもうけっしてあんなふうにどなったりはしないでしょう。どんな時代に生きていても、夢がありさえすれば旅はできるのですから。

先週届けられた先生のお手紙には、長編小説『西部戦線異状なし』とマンスフィールドの短編小説『園遊会』について書かれていたので、わたしはそれらの作品も読んでみました。先生がお考えになっていることについて、わたしも自分なりにですが考えてみたかったからです。

おっしゃるように、『園遊会』のなかで、マンスフィールドが弟レズリーとのニュージーランド時代の幼い日々の思い出を、かたちを変えて描いているとするなら、わたしにとっていっそう興味深く感じられるのは、その物語のなかに、沈黙の世界のようなものが描かれていることです。言葉にせずとも分かり合えるなにかが、この二人の姉と弟のあいだには存在していたのですね。作中ではローラとローリーとなっていますが、この二人の言動から想像しますと、キャサリンとレズリーも、家族のほかの者が誰一人かれらを理解してくれずとも、姉と弟というたがいのあいだでだけ、なにかを敏感に感じ取る心の通い合いがあったのですね。それゆえ、二人は信頼し合える唯一の心の理解者同士であったように思われます。その愛する弟を戦争で亡くしてしまったキャサリンの気持ちを思うと、いまさらながらに心が痛みます。戦争の犠牲になったレズリーのような若者たちが何万と、それどころか何十万といたのですよね。こんどの旅でレズリーの墓も再訪されたという先生のお手紙も拝見しましたが、あまたの若者たちが死ぬことになった戦争の悲惨さが、まざまざと伝わってくるかのようでした。

きのう、原作小説のほうを読み終わったので、映画化された『西部戦線異状なし』も見ました。砲弾の炸裂するなかを突撃する戦闘場面の映像は、とても一九三〇年代に作られたフィクションとは思えず、むしろそれはほんとうの戦争を記録した映画のようでした。わたしの目の前に恐ろしい現実が突きつけられているような気がしてなりませんでした。小説を読んだこととあいまって、戦争の悲惨さ、無意味さが、重くわたしの胸に伝わってきたと申しても大げさではありません。ですからそのことも含めて、印象に強く残った二本目の映画として、もう少し詳しく書いてみようと思います。

戦争について兵士たちが話し合う場面がありましたね。自分は誰も憎んでなんかいないけれど、殺されるから殺さなければならない。戦争は熱病のようなもので、どんどん広がってゆき、止めることができなくなる。若い志願兵たちは戦場に出て、初めて戦争の恐ろしさというものを知ることになるのですね。

主人公のポールが休暇で故郷の町へ帰ったとき、かつて自分たち若者に愛国精神を説いて、志願と出征をうながした恩師や、無邪気にも英雄になりたがっている好戦的な後輩の生徒たちに、なんとかして前線の悲惨さを伝えようとする場面がありました。あそこを見ているだけでわたしは胸が詰まるようでした。ポールは戦場の現実を後輩たちに向かって懸命に伝えようとするのですが、誰にも聞いてもらえないのです。かえって語れば語るほど、逆の意味で生徒たちは興奮し、ポールを臆病者と言いつのり、卑怯者とののしりますね。このあとの場面でも、戦場を知らない父親たちの世代から、さっさとパリに向かって進撃しろ、というようなむちゃくちゃで無責任なことを要求されます。せっかく故郷の町に帰ったというのに、いたたまれなくなって、自分から休暇を切り上げてポールは戦場に戻ります。「帰らなければよかった。若者も、老人も、まるで戦場のことが分かっていない」とかれは口にしますね。あの失意と怒りに満ちた言葉こそ、最前線から生きて還らなかった兵士たちすべての真の言葉なのだ、とわたしが解釈するのは見当ちがいでしょうか。

戦争の悲惨さは、戦場に出た者には分かる。どんなにその戦争が悲惨で、無意味で、狂気じみているか、そして人間がもはや人間でなくなるか。けれども、戦争とはなにかという真実を説く人は、けっして戦場から戻っては来られないのですね。たとい生きて戻ったとしても、実際のところはほんとうに生きて戻ったとは言えないのでしょう。戦争がどういうものかを人々に伝えようとしても、伝えるすべはないのですから。自分の言葉に、人々は真剣に耳を傾けようとしないのですから。ですから、戦場から生きて戻ったとはいっても、生きている人々に対してよりもむしろ戦場で命を落とした戦友たちのほうに、いっそう深い親しみを覚えるのはむしろ当然のなりゆきなのでしょう。こうして、死んだ者と生き残った者とを、失意と怒りのなかに置き去りにしたまま、世界はふたたび熱病のように戦争の狂気に感染し、それがどこまでも広がり、死者の数もまたあとを絶たないのですね。

先生はことしもフランスとベルギーで戦跡を歩かれ、雛罌粟の花をあちらこちらで目にされたのでしょうか。また、戦争博物館にも足を運ばれ、記録フィルムや写真もたくさんごらんになったと思います。そのつど胸がふさがり、息苦しくなってしまうというのが、ほんとうのご経験ではないでしょうか。可憐な雛罌粟をごらんになってもきっとそうなのでしょう。でも先生は、そういう重苦しさを押しのけて、あえてご自分の足で戦跡を歩き、ご自分の目で戦争の記録を確かめずにはいられない。その先生の足取りやお姿を想像して、このわたしまでもが胸が苦しくなるような、息が詰まるような気持ちになってきます。

先生、精神的にお疲れになっただけでなく、お身体もお疲れでしょう。そしてなによりも気になります。今回は精神の日付け変更線を比較的容易に越えられそうですか。いつもそれがつらいと先生が言われているのを思い出しています。

それでも旅から帰られ、少し落ち着かれましたら、お会いして旅のお話をぜひうかがいたいと思っております。そろそろまた頭が痛み出しました。時刻を見ると午前四時を回ったところです。こんな時間になってしまい自分でも驚いておりますが、でも先生からお手紙が届くことがなくとも、この数日のうちに見た映画でとくに感動し、とくに考えさせられた二つの映画について、わたしのほうから書こうときょうは心に決めていました。

手紙でお見送りをし、手紙でお帰りをお待ちする。それが、旅に出ないわたしにできるせいいっぱいのことです。先生、ほんとうにお帰りなさい。

二〇〇×年八月二十二日

第七章　奄美大島への旅

田中一村

一　『クワズイモとソテツ』

二〇一〇年十一月末、奄美大島で開催中だった「田中一村　新たなる全貌」と銘打った一村の大回顧展を見るとともに、奄美の風景を三日ほど瞥見する機会がわたしにあった。

美術館では半日かけて一村の作品をじっくりと見ることができたが、なかでも感銘を受けたのは『クワズイモとソテツ』であった。生から死への移行、そして死から生への再生。その循環と変転が、正確無比な観察を踏まえて描かれたクワズイモやソテツやハマナタマメの稠密《ちゅうみつ》な絡み合いのなかに表現されている。装飾的な平面性を保ちながら、なんという奥の深いエロティシズムがそこには横溢していたことだろう。

田中一村は一九七七年、心不全のため奄美の寓居で急逝した。六十九歳だった。

一村が奄美に移住したのは十九年前、五十歳のときであった。

初老の画家を奄美におもむかせ、以来、死ぬまでその地にかれをとどまらせたものはなんだったのか。

漂泊詩人や隠遁の文人を思わせ、禁欲的で求道的な生き方をつらぬいた孤高の画家・田中一村。そういう一村のイメージがすでに人々のあいだに定着していよう。しかし、いくつもの奄美作品を実際の奄美の風土のなかで見て、わたしは従来の一村評価に対してある疑問のようなものをいだき始めている。それをここに旅の粗描として述べてみたい。

二　徹底した観察

一村芸術の基礎をなすものは一にも観察、二にも観察であって、徹底した観察の重要性を一村ほど自覚していた画家も少ないだろう。地元の人々が猛毒を持つハブを恐れて立ち入るのを躊躇する森のなかへ、一村はためらうことなく分け入った。ものをしかと観察するためには奥へはいらないといけないと村人に語ったという。いかにも変人の奇行のように人々の目には映ったことだろう。

自己の後半生を奄美に埋没させたかに見える一村。だが、かれの中央画壇への関心も最後まで失われることがなかった。その一端を示す挿話が、湯原かの子の力作評伝『絵のなかの魂』(新潮社)に紹介されている。

晩年の一村居宅を訪れた客に、週刊誌のグラビアページを広げながら、東山魁夷の絵を批評したことがあったという。魁夷が中国におもむいて描いた滝の絵であった。中国二千年の歴史を墨絵で描きたい、という画家の抱負を伝えた記事をも来客に示し、一村はこう言い放った。

「中国に一、二度行っただけで、二千年の歴史を墨絵で描きたいなどと、バカバカしいことをあの男は言っております」

さらに魁夷の『波濤』のカラー写真を示し、この絵から波の音が聞こえてきますかと切り出し、「岩に砕けて上から流れる潮は、まるで水道の蛇口から流れる水のようで勢いがありません。波はこんなものではありません」と一蹴してのけたのだった。その一村の激しい言動を湯原かの子はこう解釈する。

「老画家が人生の幕を閉じる直前に、久々に見せた激しい闘志だった。奄美で十九年間、画壇に迎合することなく一人で画業を続けながらも、一村は自分の絵が独りよがりの独善に堕さないように、画壇の水準をつねに意識の片隅に置いていた」

さらに一村と魁夷を対照させ、湯原はこう述べる。

「片や現代日本画壇の最高峰たる国民的画家、片や富とも名声とも無縁に生きることを余儀なくされた異端の画家――。まさに日本画壇の光と影である」

湯原の評伝が力作であることをわたしは認めるし、右の解釈にうなずく人々も少なくないであろう。だが、わたしは湯原に代表されるような解釈に対して、少なからず不満ないし疑念をいだかざるを得ないのだ。もし一村の「闘志」を画壇の中心にいるかつての美校の同期生に対するルサンチマンや嫉妬ととらえるなら、一村の芸術を矮小化するも同然ではなかろうか。むしろ一村の魁夷批判の射程がどこまで伸びてゆくかを見定めることが重要であるとわたしは思う。

ものの生態・性格を徹底して観察することを抜きにして真の芸術の創造は不可能である、という一村の一貫した信念を、魁夷へのかれの批評は含んでいたはずなのだ。

三　死者の目から

十九年におよんだ奄美暮らしのなかで、一村の観察の徹底主義は、独特の歴史を生きてきた奄美の島の人々の精神生活の根柢にまで降りて行った。それを暗示しているのが『クワズイモとソテツ』にほかならない。現にこの絵についての興味深い証言が、奄美在住の写真家濱田康作の口からなされている。奄美の集落の人々がこの絵を見たならば、まずとても「怖い」という感情をいだくだろうと写真家は言う。

理由は、この絵が島の人々にとっての怖い場所、聖地とされている場所から見られた風景を描いているからだというのだ。画家のまなざしは、まさにその聖なる場所から放たれている。聖地とは死者を風葬にする場所でもあった。ハブを恐れなかった一村だが、人々の敬虔さのよりどころとなる場所にも、ずかずか踏み込んで行った無神経なよそ者にすぎなかったのであろうか。そうではあるまい。

　この絵のなかで、画家のまなざしは死者の目でもあることに注目しなければならない。死者の目を内部に自覚することによって、画家は植物に象徴されるすべての生き物の生から死、死から生への循環と変転のダイナミズムが、奄美の人々の魂の根柢をなすものと響き合っていることを暗示し得たのだ。このダイナミズムの構造をいま説明することは紙幅がゆるさないが、歴史的に圧迫されてきた奄美の人々のエネルギーとそれが共鳴し合うものであることだけはまちがいない。

　一村の寓居からほど近いところに祭祀が営まれる場所、聖地があった。祭祀をはじめ、集落で執りおこなわれる行事に一村が深い関心をいだいていたことは、残されたスケッチ帖に描かれた祭祀に従事する人々のさまざまな姿からもうかがうことが出来る。一村は、奄美の習俗や民俗に深い関心を示し、自身も人々の暮らしに寄り添うように生活しながら、奄美の人々の生の根源をなすものがなんであるかをつぶさに観察し、理解して行った。絵に「怖い」という感覚が伴うとすれば、それはとりもなおさず人々の「心の奥に届く」なにものかを、一村のリアリズムが深くつかみ取っているからなのである。

第八章　精神の旅　宮本武蔵と独行道

一　吉川英治の武蔵

吉川英治による『宮本武蔵』はこれまでたびたび映画化され、テレビ・ドラマ化されてきている。原作執筆は一九三五年（昭和十年）に始まる。『朝日新聞』紙上に連載され、完結を見たのは一九三九年（昭和十四年）であった。ときあたかも日中戦争がようやく膠着し始め、太平洋戦争が目睫《もくしょう》の間に迫っていた。吉川の武蔵像は、昭和不況と日中戦争のもとで、閉塞《へいそく》した日常に生きる大衆の心情を深くとらえた。その力が、戦後そして現在にいたるもなお衰えないことは、ドラマや漫画などにかたちを変えながらくり返し描き続けられる事実からも明らかであろう。深層において時代が依然として閉塞状況を呈しつつあるからだろう。軍国・民主と相反する二つの時代に、それぞれいずれかの時代をかつて生き、また現在生きている人々の心情を、そのつどとらえて止まない武蔵像というものがそこに描かれているわけである。あるいは、軍国と言い、民主と言い、本来原理的に対立するはずの二つの体制と時代が、日本人の心情の深いところでは、いっこう異なりも対立もしないようなひとつながりの奇妙な構造になっているという事実を、それは暗示すると言うべきであろうか。そうであるならば、その心情の投影としての武蔵像に照明を当てて、武蔵の生涯の旅とその心意の一端なりとも究明してみようと試みるのも、あながち意味のないことではあるまい。

大佛次郎はかつて吉川英治の代表作と言えばやはり『宮本武蔵』だろうと言ったが、それは作品の成功を意味すると同時にそれが作者その人を物語っているからである。では吉川武蔵、その根強い大衆的人気の秘密はなにか。松本昭は「人々は作品を通して吉川英治の人生を読む。そして知らず知らずのうちに自分の人生をそこに見出しているに違いない」と書いている[1]。

桑原武夫らの大衆文化研究グループによれば、修養、武芸、三昧境、道、悟り、無、超越、人格力、意志力、人の知、行き過ぎ否定、……らしさの賛美、今より昔がよかった等々、これらはすべて日本の大衆に共有されるベーシックな観念であって、大衆はほとんど例外なく共感を示すという。吉川武蔵にはこのすべてがあるというのである[2]。

週刊漫画誌『モーニング』に連載中の井上雄彦による劇画『バガボンド』が若者の心をとらえているが、これも吉川武蔵を下敷きとしている。昨年(二〇〇二年)九月、単行本第十四巻の時点で累計発行部数二千五百万部を越えたという。人気がそのまま推移したと考えてよければ、今年はすでに三千万部を越えているだろう。しかし『バガボンド』においては、その人気の高さにかかわらず、右に桑原らによって挙げられた日本人のベーシックな観念は、さほど鮮明に際立たせられているようには見えない。

ところが、今年（二〇〇三年）NHK大河ドラマで放映されている『宮本武蔵』の場合はどうか。原作はやはり同じ吉川武蔵を下敷きにしているが、視聴率は低迷の一途を辿っているというのだ。台本に問題があるとも、武蔵、お通の性格造形に原因があるとも、また主要登場人物らのミスキャスティングのせいともいうが、確かに、若者から中高年世代までのどの層も、この番組にはかばかしく反応しているようには見えない。ドラマは桑原らが挙げたベーシックな観念をとらえそこねているのではなかろうか。

武蔵映画屈指の名作とされるのは内田吐夢監督の『宮本武蔵』全五部作である。これもまた吉川武蔵によっていること申すまでもない。一九六一年から毎年一本ずつ製作され、五年がかりで完成したその五部作が、衛星テレビから二日がかりで放映されると聞いた。『バガボンド』の武蔵にも、大河ドラマの武蔵にも、あまり熱心になれないわたしだが、内田監督の武蔵にはなにか期待のような、いっそ心躍りのようなものをすら覚える。われながら苦笑せざるを得ないが、なにしろ四十年ぶりに再見するのである。ご多分に漏れず、懐かしさが先だったがゆえの心躍りだろう、と自分で思い込んだ。

全五部を録画しておき、一日、ぶっとおしで見た。五年がかりでこしらえたものを、たった一日で見た。それだけに、内田吐夢の『宮本武蔵』が稀有の力作であることを、あらためて認めないわけにはいかなかった。全五部を通じて演出上の一貫したものが鮮明に伝わってくる。力作とは、われわれに向かって語りかけてやまぬ一貫した力のことであるとすれば、むろんその力の源泉に吉川武蔵がなくてはならぬ。が、ここでは、ことの行きがかり上、しばらく内田吐夢の映画に即して、武蔵像が放つ力をわたしは考えてみる。

初秋の一日、内田吐夢が初めて吉川英治を訪ね、映画化を頼み込んだときの模様が次である。

「年、一作――。

五年がかり五部作――。

吉川先生は、しばらく考えていられたが、あの澄んだ眼をかがやかすように――

『いいでしょう！』

と、頷いて下さった。

『ありがとう、ございます！』

私は、思わず手を膝についた」

『「宮本武蔵」映画化』という随筆にそれを内田は書いている。脚本がなかばできたころ、内田は再度吉川邸を訪れる。まだクランクインはしていない。

「五年間、武蔵と生きつづけるに当って、何か、心構えのようなお言葉をと、お願いした」

すると作家は言下にこう言った。

「武蔵の偉さは——畳の上で死んだことですよ」

この尋常なる往生の仕方をよしとする吉川の考え方に、坂口安吾などは反対の考えを示す。武蔵は試合に生きる生涯を全うすべきだったのに、晩年『五輪書』を書くなど悟りすまして道学者風を気取ったのは、すでに鋭気衰えた証拠であって下の下である、と『堕落論』のなかで坂口安吾はこき下ろした(3)。

それはともかく、続けて吉川英治が述べたこういう言葉を内田は書きとめている。

「武蔵は、生涯に何十度か、真剣勝負の刃の下をくぐり抜けて、尚且つ、天寿を全うしている。『吾れ、ことにおいて後悔せず』と、言い切っているが、武蔵の内的生活の、凄まじいばかりの、行の姿を見ることが出来る。武蔵は、巌流島で佐々木小次郎を倒した後は、強いて人と事を構えず、二刀流を教えて諸国を廻っているが、剣を内へ発展させたのでしょう?

ともつけ加えられた(4)」

吉川英治の自筆年譜によると、昭和三十六年(一九六一年)三月中旬から下旬にかけて、『私本太平記』の取材のため名古屋、京都、神戸方面に旅行している。太秦《うずまさ》の東映撮影所に立ち寄り、内田監督『宮本武蔵』の進行ぶりを見る、とある。内田によると、吉川は映画を第一部だけしか見ていない。翌三十七年、肺癌に脳軟化症を併発して吉川英治は逝去するのである。享年七十歳だった(5)。

二　ひと腰に託して

中村錦之助（のちの萬屋錦之介）が演じた武蔵像は、空前絶後とさえ当時のわたしに思われた。片岡千恵蔵や三船敏郎が演じた武蔵も見ているが、剣客武蔵における青春の彷徨と求道、そしてさらなる漂泊が、一作ごとにみごとに演じられたのは内田演出下の錦之助においてこそだった。再見していっそうわたしはそれを確信したのである。

関が原の戦で敗軍の側についてしまったため、戦国出世の野心を挫かれた宮本村郷士、無二斎の倅武蔵。このときはまだタケゾウと名乗った。短慮無自覚な暴れ者で、国境いの関所で処刑をまぬがれたが、白鷺城の天守閣に幽閉され、瞑想と読書の明け暮れが始まる。山と積んだ仏典と聖賢の書を読み破って三年、ついに求道の本願をいだく。

改めて世間に目を向ける。天下の分布図はすでに大きくさま変わりし、乱世は遠く過ぎ去ったかに見えた。腕と度胸と運で千石取りにもなってみよう。いや、大名にもなってみよう。その戦国の夢は過去のものになったと思われた。とはいえ武蔵は、蟄居三年の目で世の中を見たのである。だいぶ変わったようだな、と漠然と思うだけで、秀頼方の大阪系大名の心のうちや、徳川系諸侯の目論見などまでも、ありありと武蔵に見えていたわけではなかろう。

——いずれまたいくささ。

——時の問題だ。

巷間こういう噂がしきりに聞かれる。戦後景気を誰もほんとうの太平と信じきってはいないのである。

しかし、天下の形勢が表向き変わったことだけは武蔵の目に明らかだった。

それならば、やはりいまいちど自らの魂をひと腰に託し、これをどこまでも磨き上げてみよう。その錬磨の究極こそわが生き甲斐としよう。と志を立てたのは武蔵二十一歳のときである。出世の願いを断棄したのではないが、それは心の奥に畳んでおくほかはない。いま、自分のなすべきことは、乱世の打ち続くあいだに廃れかけた士道に代わる剣の道を歩きなおしてみることだ。

このとき以来、タケゾウはムサシとなった。原作では、剣客武蔵の修行の要諦は、次の独白に尽くされている。

「飽くまで剣は、道でなければならない。謙信や正宗が唱えた士道には、多分に、軍律的なものがある。自分は、それを、人間的な内容に、深く、高く、突き極めてゆこう。小なる一個の人間というものがどうすれば、その生命を託す自然と融合調和して、天地の宇宙大と共に呼吸し、安心立命の境地へ達し得るか、得ないか。行ける所まで行ってみよう。その完成を志して行こう。剣を『道』とよぶところまで、この一身に、徹してみることだ[6]」

それから十年。剣の道一筋を追求し抜き、やがて巌流島の決闘にいたるまでを、原作に沿って映画は描いてゆくのである。

なかでも第四部『一乗寺下り松の決闘』の大殺陣が圧巻であった。わたしはおよそ四十年ぶりにその大殺陣を見たのである。再び手に汗を握り、再び固唾を呑んだ。むかし高校生時代に郷里の映画館で見たときの記憶がまざまざとよみがえるような気がした。わたしは三年生だった。田舎とはいえ大学受験を控えて進学予定の級友たちは焦慮に駆られていたはず。とても映画どころではなかったろう。わたしとて事情は同じであった。だがその日、帰宅するときにうっかり駅前にあるその映画館の前を通ってしまったのが因果で、新たに貼り出されたスチール写真が帰宅後も網膜に焼きついて離れない。矢も楯もたまらなかった。そそくさと夕食を済ませたわたしは、級友某クンのところで勉強するとかなんとか理由をでっち上げ、母親の厳しい目をかろうじてあざむきおおせた。自転車に打ちまたがると、電光のように田舎の畦道を突っ走った。劇場はほぼ満員であった。念のため、場内をと見こう見したが、同学年の生徒はだれ一人来ていないらしかった。やがて照明が消え、映画が始まった……。

三　もう一人の武蔵の日

カラーであるが、終盤クライマックスのこの決闘場面だけはブルーがかったモノクロームの映像である。

払暁、これからほどなく、血なまぐさい修羅場となろうというその場所が、朝霧のなかに静かに浮かび上がる。俯瞰撮影による素晴らしい構図だ。早春とはいえ、荒涼とした田園風景。いまだ冬枯れしたままである。人の吐く息も白い。まだ雪も降れば氷も張る。冷え冷えとした外気の冷たさがじかに肌に伝わるようだ。

曇りガラスのような田のおもてにうっすらと霧が棚引く。ために、田圃は画面の奥まで続いているはずだが、霧が目をさえぎる。画面のこなたに松の巨木が一本、にょっきりと聳え、その根方へ三方から集まる道がある。その一つを、いましも五、六十名の男たちが隊伍を組んで向こうから歩いてくる。足元がまだ暗いのか、手に手に松明をかざしている。男たちの吐く息がいちように白いのがひときわ印象的だ。ひと足遅れてこの日の果たし合いの名目人、つまり吉岡方の総大将とその一行が到着する。先着した者らと合わせて総勢七十有余名。これが武蔵一人に打ってかかろうとする。

名目人吉岡源次郎は鎧の上に陣羽織を着て、出で立ちだけは初陣《ういじん》に向かう若侍の凛々しさを見せているが、なんといってもまだ十二、三歳の子供である。あくまで名前だけの名目人であって、実際の斬り合いには参加しない。松の根方に置いた床几に腰掛けたまま、武蔵が斬られるのを黙って見ているだけでよい。それだけで実地の勉強になるじゃろう。と、こう老父より諭されて、はい、と素直にうなずく無邪気さだ。

武蔵がどの道から現われるかは分からない。だから門弟らはおのおの三方に散らばり、道の両側に身を伏せ、いまや遅しと武蔵の到着に備える。なかなか来ない。が、さにあらず。松の背後の小高い山の中腹に武蔵の姿は最前よりあった。見晴らしのいい場所に立ち、そのあたりの地形をしきりに研究していた。二派に分かれて現われた敵集団の動静とその展開の一部始終を、武蔵はじっと観察していたのである。敵の数七十三、うち飛び道具三挺、など一切を見届けたうえで、目ざすはただ本陣。

よおし、いまだ。いでやっ、と二刀を抜き放ち、一気に山を駆けくだる。敵陣に躍り出て口早に名乗りをあげると、まっしぐらに名目人を斬りにかかる。虚を衝かれてうろたえる源次郎の老父が、必死に息子をかばおうとする。その背中を、阿修羅の剣が親子ともども串刺しにする。躊躇も容赦もない。この間、わずか一分にも満たぬであろう。速き手際こそむごけれ、である。

激怒に駆られた敵が三方より突進してくるのを尻目に、武蔵は細い畦道を縦横に走り回る。追いすがる敵。立ちふさがる敵。これを、当たるをさいわい、次々と斬り伏せ、薙ぎ倒す。薄氷の張った水田で、泥だらけになって斬り合う男たちの凄惨な修羅場は、あたかもドキュメンタリー映画を見るような凄まじい迫真性を帯びる。このなかに、執拗に追いすがろうとする一人の侍がいた。原作には登場しない。この若侍の名は林吉次郎。吉岡門下でありながら、他の門弟衆とは異なり、武蔵の剣の行き着くところが何処であるか、つねづねこの者はなみなみならぬ関心を抱いて見守っていた。それがたったいましがた、十三歳の子供を躊躇せず突き殺すところを見たのである。

――武蔵、きさまの剣を見たぞ。卑怯者。あまりと言えばあまりに無慈悲な剣、きさまの剣は地獄だ。怒りと憎悪に燃えつつ、林はこう言い放った。

——卑怯ではない、そこを退《の》け！　と武蔵も言い返す。こうして追いつ追われつ、とうとう細い畦道からはずれ、二人の戦いの場は田のなかに移る。どこかでカラスが鳴く。薄氷の下はぬかるみである。足を取られ、手を取られ、武蔵が振り回す刀は血糊と泥とで見る影もない。とうとう振り向きざま横に払った剣が、林の両目を薙《な》いだ。そのとき武蔵の表情が変わる。飛び出さんばかりに両眼が見開かれる。先に行われた般若坂の決闘では、躊躇なく敵の首を斬り飛ばした武蔵だったのに、追いすがる相手の両目を薙いだぐらいでなぜ驚愕するのか。わけの分からない叫びがその口からほとばしる。鬼かなにか、恐ろしいものにそこで出会ったかのようだ。もはや一刻もその場にいられない。物の怪に追われるもののように、こけつまろびつ、かしらを振り振り、ひたすらその場から遁走する。身も世もあらぬていである。その後ろ姿を、なにものかの凝固した視線さながら、静止したカメラが低めにかまえた俯瞰のままで、いつまでも見つめ続ける。

内田吐夢と共同で脚本を書いた鈴木尚之によれば、林吉次郎という人物を設定したのは、「武蔵を客観的に受け止めることのできる人間という意味合い」があったからだという。しかし映画を見れば、ありようは逆と見える。

いままさに下り松に赴こうとする武蔵の前に、林は単身現われる。殺意があって来たのではないが、一言武蔵から言葉を得たいのだと林は言う。申されよ、と武蔵が応じる。

——なんの意趣遺恨があればとて、かほどまでに吉岡一門を仇とみなされるのか。

——武門の習いです、と武蔵は当初穏やかに明確に応える。が、次々に繰り出される林の問いに、武蔵の応答は徐々に明晰さを失ってゆく。

――武門の習いというその言葉一つで、縁もゆかりもない多くの人々の命を殺めてもよいと言われるか。ならば、そのわけをお聞かせ願いたい。いったいなんのためです。

――知らぬ。

――知らぬ、とは。

――先ほどより屁理屈をならべ立て、この武蔵からなにを引き出そうというのか。そのわけを知らぬ、と申すのだ。

いっぽうはもっぱら問うのみ、他方はもっぱら受けるのみ。この問答は、問答を受けた瞬間から武蔵の負けと決まっていたようなものだ。

――その剣で貴殿は結局なにを求めようとしておられるのか。名利か、栄達か。

――ちがう。その言葉はそのまま貴殿にお返し申す。剣は絶体絶命。あえて言うなら、剣はつねに最高のものを望んでいる。慈悲はない。

このあと武蔵は、剣のことは剣に訊け、と殺気を孕んでにべもない。が、じつは武蔵は答えるすべをもはや知らないのである。

かくのごとく、林は武蔵の主観を突き刺し、突き破ろうとする存在である。といって脚本家が意図したような客観的存在ではない。むしろ主観のそのまた主観に属する存在であるとわたしは見た。おそらく林という侍は、武蔵の「求道」を批評的に見つめて止まないもう一人の武蔵なのだ。武蔵の「求道」の目的意識を質し、問い詰め、吟味しようとするもう一人の武蔵なのだ。すなわち、いっぽうで自己絶対化を目ざしながら、他方では執拗に自己の相対化をはかろうとする武蔵の自己意識なのだ。

内田と鈴木が意図した「客観」とは、おそらくその意味での「客観」ということであったろう。追いすがる林をけっして武蔵が斬ろうとせず、むしろ逃れようとしながら、はずみでその両眼を斬ってしまった。そのとき、武蔵は驚愕する。狼狽の表情を露わにする。それは求道そのものの意味を自分が害したという自己矛盾の意識からであろう。

四　われ、事において後悔せず

「七十三対一。命あっての勝負！」とわれに向かって檄をとばし、武蔵は敵の本陣に斬り込んだのだった。名門吉岡道場の面子をかけて結集した総勢七十有余人を相手に回して、武蔵は勝った。だが、戦闘のダイナミズムの素晴らしさのみが、映画を再見したわたしに固唾を呑ませ、手に汗を握らせたわけではない。なによりもわたしに舌を巻かせたのは、武蔵の機略と知略、それがものの

のみごとに軍略として効を奏してゆくさまであった。

機略と知略の総合としての軍略――。

本陣を正面から攻めず背後から衝く。本陣にいる名目人つまり敵の総大将をいち早く討ち、速や

かに現場を立ち去る。名目人を斬られれば敵の陣容は崩れ、にわかに浮き足立つはずである。逆上した敵は腰が定まらない。したがって去るにあたっては、火縄銃や半弓など飛び道具に注意をおこたらず、帰路をふさぐ者だけを迅速に薙ぎ払う。

大量の敵を相手にして勝つにはこれが唯一の秘策だ。ところが名目人は源次郎といって、まだ十いくつかの子供。（実際には少年は又七郎といった。先に武蔵に敗れた吉岡清十郎の実子だったらしい）(7)

前述したように、五月人形をでも思わせるようななりをして凛々しいが、むろん戦いようも知らない少年である。武蔵もそれは先刻承知していた。だがこの際、そんなことを気にかけてはいられぬ。それどころか、まず真っ先に少年を斬らねばならぬ。それが当初よりの作戦だったのである。だから背後から襲いかかった。武蔵の狙いに毒気を抜かれた敵が態勢を整えるいとまもあらばこそ、あっというまに父子ともども串刺しにした。

この戦いで負った手傷を養うため、武蔵は叡山無動寺に身を寄せる。しかし、ほどなく京の人々のあいだに悪評が立った。多数を相手にただ一人で渡り合い、勝ちを制した手並みは天晴れ。とはいえ、吉岡方の名目人として押し立てられたのは、年端もいかぬ子供だったというではないか。それを躊躇なく斬り殺すとは。いくらなんでも非道であろう。あまりにもむごい。あまりにも情けを知らない。いや、人間とも思われぬ。武蔵の前に現われた僧たちは、外道、悪鬼、羅刹、と武蔵に向かって聞くに堪えない悪罵を次々に放つ。こうして武蔵は屈辱のうちに叡山を追われるのである。

この場面で、はじめ武蔵が小柄を持って五寸ばかりの小さな像を刻んでいる。たどたどしい手つきだ。不動尊像を彫り上げた後年の武蔵ならいざ知らず、このときの手つきはまだ長年の手すさびとはとうてい見えない。したがって巧拙は論外である。ようやくおぼろにかたちが整いかけたところだった。そこへ山法師の一団が姿を現わし、武蔵に向かって前述のとおり口々に罵詈讒謗《ばりざんぼう》を浴びせるのである。

武蔵は耐えた。僧たちが肩を怒らせて立ち去ると、武蔵の胸奥にわだかまった言い分が、画面の背後からようやく絞り出される。

「子供とはいえ、敵の名目人だ。三軍の旗だ。それを斬ってなぜわるいか。武蔵は正しい。責めらるるべきは、子供を名目人に立てた者らのほうではないか。名目人を斬らねば、武蔵の勝利はなかったのだ。——われ、事において後悔せず！」

黙々として武蔵は像を彫り続ける。その手もとへカメラが寄ってゆく。左手に握られた像がしだいに大写しになる。どうやら観音像らしい。

「われ、事において後悔せず」——ここでつぶやかれるこの一句、武蔵の手になる武士訓『独行道』に見える。しかし、それが武蔵によって実際にしたためられたのは最晩年、というよりその死のわずか一週間前のことだった。文字どおりの絶筆である。

『独行道』は二十一か条よりなる。（ただし『二天記』および宮本武蔵遺蹟顕彰会本によれば十八か条とも言われるから、菊池寛のように十八か条としている人もいる）

武蔵は、事においてほんとうに後悔しなかったのであろうか。

五　後悔のこと

ここで映画や原作をしばらく離れるが、『独行道』の一句「われ、事において後悔せず」をめぐる諸家の解釈を見てみよう。

戦国時代史の研究者・桑田忠親は、『「五輪書」入門』を書き、その巻末に付した「二天記」(独行道)――「武蔵の自戒」でこの句を取り上げている。

「いったん済んだことを後悔したとて、追っつかない。後悔先に立たず、であろう。済んだことをいつまでもくよくよしていたとて、どうにもならぬ。そういう女々しい根性では、兵法に志すことはできぬ。兵法鍛錬のさまたげとなるだけである。(中略)かれ(武蔵)の実践剣法の強烈さからいって、たいていの場合、相手を一刀のもとに斬り捨てている。敵に悲惨な最期を遂げさせている。それを、いちいち後悔し、哀しみ、恐れ、恥じていたのでは、剣が鈍ってしまうこと、疑いなしであろう(8)」

また仏教史家の鎌田茂雄は、訳註本として『五輪書』を著わした。その冒頭に、「『五輪書』を読むにあたって」というエッセイが掲げられているが、『独行道』の右の文言について言及がある。鎌田が言うところはこうだ。

「武蔵は役に立たないことを一切しない、という徹底した実利主義の道を歩んだ。そのため後悔するのは無駄であると深く思いきわめていたのであった。武蔵は非情な合理主義者であった。人生は後悔しても何にもならない。生命懸けで生きている者にとって後悔は不必要なのである」[9]

桑田忠親は、「戦国時代史の第一人者として、研究に専念、執筆するかたわら、自らも剣をとり、高輪高校剣道部幹事、母校の剣道部部長、関東大学剣道連盟参与を勤めるなど剣道の練達と教導に尽してきた」人である。鎌田茂雄は『五輪書』を自己の愛読書と呼ぶ仏教史の研究者だが、経歴が少し変わっている。もと陸軍幼年学校から陸軍予科士官学校を経て、駒澤大学に進んだ。いわば武人肌の仏教学者である。いったん済んだことを後悔したとて追っつかぬ、とは桑田自身における納得の仕方なのであろう。人生は後悔してもなんにもならぬ、とは鎌田自身の人生観でもあろう。両者いずれも、なにさま決然たる解釈というほかはない。

……しかし、果たしてそうか。

果たして、後悔先に立たず、であろうか。果たして、生命懸けで生きる者に後悔は不要、であろうか。なにかよそよそしすぎる。なにかが欠落している。あまりにも字面を建て前どおりに解しすぎているのではないか、という猜疑をわたしは桑田・鎌田解釈に対して禁じ得ない。後悔し、悲しみ、恐れ、恥じることは兵法鍛錬のさまたげ、合理主義に徹し、事において後悔することのない人生、などというものをわたしはたやすくは想像できない。

凡愚の我田引水でもあろうが、あのときああすればよかった、こうすればよかった。あのときこう言えばよかった、ああ言えばよかった。こういうたぐいの遅きに失した悔いを、わたしはいったいなんど味わってきたことだろう。臍《ほぞ》を噛んだこと、いったいいくたびだろう。くよくよしても仕方がない、と自らを無理に励ましつつ、悔いなき人生の正反対をわたしは生きてきた。ことに臨んで、凡愚の身に実利も合理もありはしない。それをしたたか思い知らされる日々の人生である。したがって、真実桑田や鎌田の解釈のとおりだとしたら、わたしの武蔵への関心はないことになる。なぜなら、わたしにとって武蔵の求道は剣技の天才のそれというより、むしろ俗人の煩悩克服の努力にほかならないからだ。

六　悔いをひきずる

菊池寛は、『独行道』のこの一句をことのほか好んだ人であった。昭和七年執筆の『話の屑籠』に、「自分は武蔵の独行道十八カ条の中『我事に於て後悔をせず』と云ふ文句を常に借用してゐるが、僕が甘んじて借用するほどの文句を、外の誰がかいてゐるかと云ふのである」と述べている。[10]

色紙に揮毫《きごう》を求められると菊池寛はよくこれを書いた、と小林秀雄も証言しているし、また坂口安吾は前述の『堕落論』のなかで、牧野信一が菊池寛の書いたその句を所有していたことを記している。ある日、安吾が魚籃坂上の牧野の家を訪れると、書斎の壁に一枚の短冊が貼り付けてあった。「我事に於て後悔せず」と書いてあり、「それは菊池寛氏の筆であった」という。[11]

さて、それほど菊池寛が好んだ一句を引きながら、小林秀雄が言おうとするところはこうだ。

「これはもちろん一つのパラドックスでありまして、自分はつねに慎重に正しく行動して来たから、世人のように後悔などせぬというような浅薄な意味ではない。今日の言葉で申せば、自己批判だとか自己清算だとかいうものは、皆嘘の皮であると、武蔵は言っているのだ。そんな方法では、真に自分を知ることはできない、そういう小賢しい方法は、むしろ自己欺瞞に導かれる道だと言えよう、そういう意味合いがあると私は思う。昨日のことを後悔したければ、後悔するがよい、いずれ今日のことを後悔しなければならぬ明日がやって来るだろう。その日その日が自己批判に暮れるような道をどこまで歩いても、批判する主体の姿に出会うことはない。別な道がきっとあるのだ、自分という本体に出会う道があるのだ、後悔だなどというおめでたい手段で、自分をごまかさぬと決心してみろ、そういう確信を武蔵は語っているのである。それは、今日まで自分が生きて来たことについて、その掛け替えのない命の持続感というものを持て、ということになるでしょう。そこに行為の極意があるのであって、後悔など、先に立っても立たなくても大したことではない、そういう極意に通じなければ、事前の予想も事後の反省も、影と戯れるようなものだ、とこの達人は言うのであります[12]」

右の一節を含む小林の『私の人生観』は、戦後まもなく行われた講演に斧鉞《ふえつ》を加えてなったものだが、ここには武蔵の生き方よりも、むしろ小林の生き方が如実に出ていると言うべきであろう。「我事に於て後悔せず」とは戦前戦後を貫く小林の独行道にほかなるまい。

戦後、あの戦争はまちがっていた、やるべき戦争ではなかった、と右も左もいわゆる「一億総懺悔」に流れたが、その軽薄さ・浅ましさ・恥知らずを苦々しく思った小林が、後悔したいやつはたんと後悔するがいい、自分は馬鹿だから後悔なぞしない、と吐き捨てるように言ったというのは有名な話である。

たしかに安易な後悔ほど厭らしいものはない。自分という本体に出会う別の道がきっとあるはずだ。後悔などというおめでたい手段で自分をごまかしているうちは、その道をけっして見つけることが出来ぬ。道を求めて生きるという行為の極意は、自分の命の掛け替えなさに対する自覚を持続させることを措いてほかにはない。この小林の武蔵論は戦後だが、対するに坂口安吾の武蔵論は戦中である(昭和十七年十一月、十二月『文學界』に発表)。自分の生き方にただ一つでも人並みの信条があるとすれば、それは「後悔すべからず」ということにほかならない、と安吾は書いた。

立派なことだから後悔しないのではない。後悔してみてもしょせんは立ち直ることのできない愚かな自分である。だからこそ「いわば祈りに似た愚か者の情熱」から「後悔すべからず」と言うのである、と。

「いわば、僕が『後悔しない』と言うのは、悪業の結果が野たれ死にをしても地獄へ落ちても後悔しない、とにかく俺の精いっぱいのことをやったのだから、という諦めの意味にほかならぬ。宮本武蔵が毅然として『我事に於て後悔せず』という、常に『事』というものをハッキリ認識しているのとは話がよほど違うのだ[13]」

つっぱっているさまがありありと分かるが、じつは小林に対して安吾は見かけほど異なったことを言っているわけではない。それどころか、根本的には二人とも同じ心がまえを語っているとさえわたしには思われる。「とにかく俺の精いっぱいのことをやったのだ」という気持ちは、諦めであるにしても、一種の自己充実を伴うはずである。「掛け替えのない命の持続感」とそれはそんなに隔たってはいない。

それにもかかわらず。小林と安吾とはやはりちがう、と言いなおさねばならない。それは、小林が武蔵に見ているものが「行為の極意」であるのに対し、安吾が見ているのは行為の結果としての「事」に対する明晰な認識だからである。いっぽうは行為を持続させる精神に目を凝らそうとする。他方はおのれの行為の結果に向けてたじろがぬ目を据えようとする。そこが両者はちがうのである。

安吾は先の引用のすぐあとをこう続けている。

「我事において後悔せず、という、こういう言葉を編み出さずにいられなかった宮本武蔵は常にどれくらい後悔した奴やら、この言葉の裏には武蔵の後悔が呪いのように聴えてくる」(14)

呪いのようにというのはちと大仰なようだが、安吾の真意がそこに図らずも露頭していると見れば、その言い回しもあながち分からないではない。後悔が呪いのように聴こえるのは、それが安吾自身の内奥の声にほかならぬことを暗示している。むろん、せいいっぱい生きてきた、と言いきれる人をわたしも羨ましく思う。だが、事のそのつど自分に充実を感じることは、安吾にしてもむしろ稀だったのではなかろうか。まして平和ボケした凡夫のわたしに、せいいっぱい人生を生きている、などとはとうてい言えぬ。むしろ、次のような生き方のほうがまだしも共感できる。反体制的言動で知られた旧ソ連のある物理学者の話だが、あるとき、あなたの行動でなにかを変えることが出来るとほんとうに信じているか、と問われた。物理学者は応えた。

——いや。

——信じていないなら、なぜ行動するのか？　と相手がたたみかけると、物理学者は再び応えた。

——ほかの方法ではわたしが生きられないからだ。

ほかの方法では生きられぬ、とはほかの道というような発想を自分は採らない、ということであろう。ぎりぎりせいいっぱいの道をぎりぎりせいいっぱいに生きていく。それなら分かる。

とはいえ少し本題から外れかけたようだ。「我事に於いて後悔せず」——それを吉川英治はどう見たのであろうか。

前述したように、映画では僧たちの悪罵を受けたまさにそのとき、一句が武蔵に抱懐されるのであるが、原作では、後悔せずの一句を初めて武蔵が自己の戒めとしてしたためる場面を、作者は次のように描いている。

「洛内洛外の寺院の鐘が、いんいんと、無明から有明のさかいへ鳴っていた。諸行煩悩の百八つの鐘は、人をして一年のあらゆる諸行へ反省を呼び起こさせる。

——おれは正しかった。

——おれは為すことを為した。

——おれは悔いない。

そういう人間が何人あるだろうかと武蔵は思った。

一鐘が鳴るごとに、武蔵は、悔いのみを揺すぶられた。ひしひしと後悔されることばかりへ追憶がゆくのである。

今年ばかりではない。——去年、おととし、さきおととし、いつの年白分自身で恥じない月日を一年送ったためしがあるだろうか。悔いない一日があったろうか。

なにか、やるそばから、人間はすぐ悔いる者らしい。生涯の妻を持つことにおいてさえ、男の大多数は悔いて及ばない悔いを皆ひきずっている[15]」

その悔いの最たるものが、一乗寺下り松で子供を斬ったことだ。映画では老父ともども串刺しにしたのだが、原作では、武蔵は少年の首を斬っている。

「武蔵の刀によって描かれた一閃が、どう斬り下げられたのか、松の皮二尺あまりを薄板のように削ぎ、その皮といっしょに前髪の幼い首を血しおの下に斬り落としていた[16]」

桑田忠親が言うように、武蔵は「相手を一刀のもとに斬り捨てている。敵に悲惨な最期を遂げさせている」。映画では、殺される少年の姿は老父の蔭に隠れて見えないが、原作では、夜叉と化した武蔵の非情さと残忍さをあますところなく表わす場面として、そこは原作者によって自覚的に描かれたのである。

七　求道と野心のはざまで

ここでわたしが関心を向けたいのは、武蔵に対する僧たちの言葉の激しさである。それは子供を手にかけた武蔵に対する世間の囂々《ごうごう》たる道徳的非難を映し出していよう。

剣に託して自己の精神を磨き上げる。剣を魂と見立てて一途に求道を心がける。武蔵遊歴の道は、本人の主観においては、ただひたすら剣の技と義に通じるものでなければならなかったはずだ。

にもかかわらず、高札を掲げて果たし合いに臨んだ以上、武蔵として天下満目をいっぽうで意識していることは明らかである。それどころか、少なくともこの時点の武蔵は、いずれ名を上げて士官のよりよい条件としたい、とひそかに世俗的野心を貯えてもいたであろう。

つまり、剣に託した求道と、剣によって身を立てたいという世俗的野心と、願望が二つながら武蔵には抱懐されている。そこに、剣禅一如をめざしながら、現実とは背馳しようとする矛盾の種子があった。武蔵青春の漂泊をその矛盾がひそかに特徴づけていた。

世間に迎合せずといえども、世間を侮る愚はこれを避けねばならぬ。なぜなら世間の侮れぬところは、そこに人倫の道を指し示す指標がまま隠れてもいるからだ。

とすれば、世間の思惑など意に介さぬていを日ごろ装ってはいても、僧たちをとおして透けて見える世間の道徳的非難に、武蔵が内心たじろがなかったわけがあるまい。武芸者としての自分をここで世間に薙ぎ倒されては、もはや剣の求道者として立つ瀬がなくなる。

おのれが意志して歩く武芸の道である。それ以外の道を武蔵は歩くことが出来ない。よって是が非でもその道は正当化されねばならない。それは必至の道だ。必死の意識だ。それがあの一句を、武蔵の内奥から絞り出させた、というふうに吉川英治は書くのである。

これは桑田忠親や鎌田茂雄らの解釈にくらべて、あるいは小林秀雄や坂口安吾らの解釈に比して、あまりにも通俗に流れる立場であろうか。わたしはかならずしもそうは思わない。

なぜなら、武蔵という人間について、さらにそれ以上のことをも、フィクションたる原作と映画は踏み込んで暗示しているからだ。ときをへだてて映画を見直し、まことに遅まきながらそれがわたしに飲み込めた。

それは、両眼を斬られた林吉次郎や叡山の山法師らからの面罵を受けるまでもなく、非難は武蔵自身のうちにも蟠踞《ばんきょ》していたという事実である。すなわちわれとわが身を責めるもう一人の武蔵がいたのである。それは内部にわだかまって武蔵につきまとう倫理的な自己意識だった。「求道者」としての武蔵をその意識が執拗に追うのである。

そうでないなら、慣れぬ手つきで観音像を彫り上げようなどと、どうしてわれから武蔵が発心したろう。神仏を貴んで神仏を恃まず。――これまた『独行道』の一句だが、その武蔵がどうして観音菩薩を彫るだろう。

戦う人間として、敵の大将をまず斬らねばならない。それゆえ、目指す目標はまだ十いくつかの少年にすぎぬと知ってはいたが、あえてこれを斬った。ことに臨んでぎりぎりどこまでも非情であることは兵法の正道。その正道に従ったまでだ、と一人の武蔵は言うであろう。桑田や鎌田や小林や安吾は、ここに兵法の倫理を含めて武蔵の行為のすべてを見ようとするのである。

だが、剣に道を託したとはいえ、道を全人的に究めようと志す人間として、軍律的なものの徹底を目ざすのではなく、かえって兵法上の正当性すなわち非情を、武蔵はどう自己に納得させられるか。

納得させようとするが、ついにさせきれない。斬ったのは敵の大将だが、子供であることに変わりのあるべきや。もう一人の武蔵がそこを鋭く抉るのである。

割りきれなさ、やるせなさ、つまるところ慚愧悔恨が、とうとう観音像を彫るという作業に武蔵をしがみつかせるのである。

吉川英治の武蔵余禄ともみなされるべき『随筆宮本武蔵』を見ると、「生命懸けで生きる者」として武蔵をとらえる点では、吉川とて前述の諸氏と同じである。だが、武蔵の性格的長所として、反省力の強さということが吉川に注目されている。そのうえで『独行道』についてはこう述べられている。

「彼の座右銘『独行道』は、つぶさにみると、まったく孤そのものである。この寂寥をいかに楽しむか、哲学するか、道徳するか、芸術するか、ほとんど生命がけでかかっている孤行独歩の生活の鞭だと僕は見るのである」[17]

生活の鞭、つまりは日々の道徳的反省力の強さということであろう。そこに武蔵は生命を懸けた。晩年にいたるも武蔵独行の道はそこにあった、と吉川は見ている。

「彼が自己の短所を自己へ向かって、反省の鏡とするために書いた座右の銘であったところに、独行道二十一章の真価はあるのである」

後悔せず、の一句まさにしかり。それはかえって、「彼がいかにかつては悔い、また、悔いては日々悔いを重ねてきたかを、ことばの裏に語っている」

そうだ、それなら分かる。いまだ行為の極意ではない。また、一念凝って呪いのようになった後悔でもない。

内田吐夢による『一乗寺下り松の決闘』の幕切れがいまなお秀逸であるのも、表向き決然たる武蔵の気迫にもかかわらず、悪鬼羅刹の非情をもって子供を斬らねばならなかったという慚愧の念が、その口裏から血のようににじみ出るからだ。内面の倫理的危うさを暗示するその悔悟の念こそ、武蔵を技にたけた兵法家以上の人間、すなわち道に生きようと努力し続ける全人的人間としている。

武士訓『独行道』は武蔵自戒の書、自省の書でもあった。内田吐夢監督は、この吉川武蔵に即して、人はどのように生きるべきかという主題意識をいっそう明確にしながら、一武芸者の人間的弱点とそれを克服しようと努力する姿とをまるごととらえ、大衆娯楽時代劇の枠ぎりぎりのところで描き出そうとした。それなればこそ、武蔵は精神的修行者として描かれなくてはならなかった。

いや、それなればこそ、遊歴修行する武蔵のイメージが今日の精神として生きるというものである。人はどのように生きるべきかという主題は、今日のような混迷の時代に生きる真面目な青年たちにとって、いよいよリアリティを帯びるからである。(18)

八　独行の道

遊歴修行の道を行くとは、それが精神の道であるかぎり、もとより楽しく喜ばしい思い出ばかりを追い求める物見遊山の旅ではない。

おもむく先々にて遭遇するいくたの経験が、危険な誘惑の因ともなり、結果として苦い思い出を産出するものともなりかねぬ。だが、それをむしろわが人格の試練として願い、その試練にあえて自らをさらして学ぼうとする苦行禁欲の姿勢が前提となる。それは、悔いを自覚し、悔いの原因を一歩一歩超克して行く内なる荊《いばら》の道である。

たとえば『独行道』に見えるこういう一条をどう解するか。

「いずれの道にも、わかれをかなしまず」

またこういう一条をどう解するか。

「れんぼの道思ひよるこゝろなし」

もしも表面の文字どおり、なんらの不安もなく、「枯木冷厳の高僧のような心境」であったならば、あえてこれらを詞《ことば》書きとして記し、自戒として自分に言い聞かせる必要は武蔵になかったはずだ。なぜわざわざこれら相似た文言を武蔵は晩年にいたるも書きつけ、自戒の句とせねばならなかったか。

いっそ吉川が言うようであったのではあるまいか。すなわち、かえって「いかに彼がそれへの纏《てん》綿《めん》な愚痴を抱いている煩悩人であるかがわかるではないか」と。

わたしもそう思う。だが、その煩悩との格闘が、武蔵の求道の核心をなすようになるのはいま少し時を経て後年におよんでからのことであろう。

生涯のほとんどを巡歴に過ごした武蔵だが、遊歴修行は聖地巡礼とはおのずからおもむきを異にしたものだ。目的は道の果てにあるのではない。道そのものが日々道場であり、学び舎なのである。どこそこの不動明王を見たいとか、だれそれの扁額を見たいとか、それらすべてが遊歴途上の学びの一端をかたちづくる。

法典ヶ原の開墾地で、孤児城太郎の小屋に一年近く滞在し、二刀を梁に上げて、痩せ地で鍬をふるって開墾作業に精を出す挿話や、市井の片隅にたつきを営む老陶工のみごとな手わざに見入る条りや、また本阿弥光悦の厚誼を受け、遊郭へ誘われる条りや、その遊郭での吉野太夫との一夜の語らいなどが明示または暗示しているように、旅の途次、ある場所にしばしのあいだ滞在して、そこでなにかに引かれ、なにかを学び、なにかを経験する。それが剣のみならず武蔵の全修業なのである。

吉川英治論を書いた尾崎秀樹もこう書いている。

「武蔵には特別な師匠はいない。しかし彼が学んだ人は少なくないのだ。沢庵をはじめ、柳生石舟斎、本阿弥光悦、吉野太夫、愚堂和尚などとの出会いによって、武蔵は多くのものを得ている。彼にとっての人生修業はこういった人々とふれあったことで眼を開かれ、つぎの次元へあゆみ入る(19)」

だが、次の次元へ歩み入る、と指摘しただけでは、武蔵の修業の要諦を十分に説き明かしたことにはならないであろう。

武蔵の学びに特徴的なことがまだ指摘されていないからである。

すなわち、断棄という心の戦いが、武蔵の修業にはつねに伴っていることだ。

執着との凄まじい戦いを武蔵はつねに繰り返している。心に執着を許さず、それらを断棄して、道の先を歩こうとする。さもなければ道は続かない。道が見えてこない。

遊歴修行とは、技能や知識の獲得と精錬をもって目的とするものではない。愛惜するものを断棄する。人生がそれを強いる。とすれば、武芸鍛錬を突き抜けて剣禅一如の道に至ろうとする者、断棄の冷厳さをこそ自己の心のあるべき姿と見なければならないであろう。

愛惜の念薄く、執着の心淡ければ、断棄もまた容易である。だが、反省の深さもさまで要しないということになろう。

吉川英治の描く武蔵はちがった。執着を断棄したうえは、いかにそこの土地柄になじみ、風物人物などに情が移ろうと、未練を振り切れぬということが、ついに武蔵になかったことは仮に確かとしても、断棄を行動において実行すべく、出立する朝、または夕べ、交情を結びながら捨ててゆく土地や人々に対し、武蔵がもはや心をまるで残さぬということはなかった。

内田吐夢の映画でも、それがいっそう際立たせられる武蔵の人間性なのであった。たとえば、吉野太夫のもとを去って行く去り際、太夫から届けられた手紙を一読した武蔵のしぐさをわたしは思い起こさずにはいられない。

「ちぎりてはちる夜々のあだ花の数々よりも、樹の間過ぎ行く月のおん影こそ忘れ得ざらめ(20)」

もとより武蔵の歩き出した道を押しとどめる力がこの手紙にあるのではない。とはいえ、別れを惜しむ太夫の哀切さに鈍感であり得る武蔵でもない。では、手紙のかたちを取った未練の捨てようを、武蔵はいったいどうするのか。黙ってふところにねじ込むか、それとも破って路傍に打ち捨てるか。内田吐夢監督は武蔵を演じた錦之助自身にその始末を任せた。

錦之助のふるまいは水際立っていた。手紙を折りたたみ、つと木戸に近寄って格子にそれを結び残すのである。あたかも神社で御籤を引いた参拝者が、神木の枝にそれを結んでゆくように。原作に武蔵のこのしぐさはない。それでもやはり原作にそれは即しているはずである。

武蔵の断棄の強さとは、おのれの未練執着の強さの自覚であったろう。自覚に反省の強さが対応した。その対応を心とからだで学び取るのが、武蔵にかぎらず実践者の遊歴修行の旅であった。古今それは変わるまい。

『五輪書』のいたるところに、武蔵は「朝鍛夕錬」という言葉を書きつけている。いまだそれは

「自他融和の意志」たり得ず、「自己発展の意志」たり得るにすぎなかろう。とはいえ、朝鍛夕錬、一歩一歩独行の道を行く。武蔵は生涯その道を歩き続けた旅人にほかならない。だからこそ武蔵の旅が今日に生きてくるのだ。精神の旅をそういうものとしてわたしは考えるのである。

註

(1)松本昭筆「吉川英治――その人生の歩みと作品の関連」、齋藤愼爾編集『《武蔵》と吉川英治――求道と漂泊』(東京四季出版、二〇〇三年)一三一ページ

(2)『宮本武蔵と日本人』、磯貝勝太郎・縄田一男編集『武蔵と日本人』(NHK出版、二〇〇二年)に再録。一〇二ページ

(3)坂口安吾著『堕落論』、全集第十四巻(ちくま文庫、一九九三年)所収、四六一ページ

(4)復刻版吉川英治全集月報、齋藤愼爾編集『《武蔵》と吉川英治――求道と漂泊』再録。

(5)自筆年譜は松本昭著『人間吉川英治』(学陽書房、二〇〇〇年)所収。

(6)吉川英治著『宮本武蔵』5、吉川英治歴史時代文庫第十八巻(講談社、二〇〇二年)二二六ページ

(7)司馬遼太郎著『宮本武蔵』(朝日文庫、二〇〇二年)五〇ページ、魚住孝至著『宮本武蔵――日本人の道』(ぺりかん社、二〇〇二年)四九ページ、などを参照。

(8)桑田忠親著『敵に勝つ技術宮本武蔵「五輪書」入門』(日本文芸社、二〇〇一年)二〇五ページ

(9)鎌田茂雄著『五輪書』(講談社学術文庫、一九九五年)一七ページ

(10)菊池寛著『話の屑籠』全集第二十四巻(高松市、一九九五年)所収、二四〇ページ

(11)小林秀雄著『私の人生観』全集第九巻(新潮社、一九六七年)三二ページ。坂口安吾、前掲書、四二四ページ

(12)小林前掲書、三二ページ。ただし、角川文庫版によって現代表記に変えた。

(13)坂口前掲書、四二四ページ

(14)坂口前掲書。吉川武蔵に対するアンチテーゼである短編『よじょう』の作者山本周五郎は、直木三十五と同じように武蔵が嫌いだった。だが、周五郎は問題の一句をめぐって安吾とほぼ同じ解釈だったようである。縄田一男は「周五郎にとって『我事におゐて後悔をせず』というのは、後悔をしたという証しであり、『れんぼの道思ひよるこころなし』というの

は、恋に悩んだ証しなのである。にもかかわらず、死に臨んでこれらのことを自省自戒の書として書き残した武蔵は、周五郎の目には正しく《見栄で固まったきちげえ》として映ったことであろう」と書いている。吉川が求道を見たところに、周五郎は「見栄で固まったきちげえ」を見たのである。『宮本武蔵と日本人』前出、四〇ページ

(15)吉川前掲書『宮本武蔵』2、一七四ページ

(16)吉川前掲書『宮本武蔵』4、三六六ページ

(17)吉川英治著『随筆宮本武蔵』吉川英治歴史時代文庫補巻5(講談社文庫、二〇〇二年)所収、二六一ページ

(18)明治期以来の日本人の「修養主義」的心性もしくは「修養イデオロギー」が、「軽さやダラシナ系に代表される安楽志向が強いといわれる現代の青年」男女にもいまなお基本的に残存していることを、調査の結果明らかにした長谷川教佐の論考「現代青年における修養主義」を参照のこと。長谷川は、「『最近読んだ本』(人気のある本)としては『宮本武蔵』はすでに過去のものである。しかし現代青年の意識においてはなお『宮本武蔵』に表現されているような修養主義の内容はすべてではないにせよ評価されているのである」と書いている。水野治太郎、櫻井良樹、長谷川教佐編、『「宮本武蔵」は生きつづけるか——現代世界と日本的修養』(文眞堂、二〇〇一年)所収、一六九ページ

(19)尾崎秀樹著『吉川英治・人と文学』(新有堂、一九八一年)三九ページ

(20)吉川前掲書『宮本武蔵』4、二一七ページ

あとがき

まず本書のカバー写真に写る一本の樹木であるが、遠野の高原を登ってゆくと、その木がいつも忽然とわたしの前に姿を見せるのである。遠野地方では古くからマダの木と呼ばれている木で、シナの木と呼ばれることもある。樹齢数百年とされるが正確には分からない。なにしろ古木である。早池峰と薬師岳を背に負う荒川高原に立っている。郷里に帰るとわたしがかならず会いに行く木である。

晩秋、日も暮れかかるころに行ってみると、すっかり落葉して裸身をさらし、大小の枝を四方に張り広げている。さながら野に立つ千手観音のようだ。『遠野物語』拾遺に語られるマダの木の話のように魁偉《かいい》な大男が周囲を徘徊しないまでも、さながら物の怪か山の霊でも棲みついていそうである。

葉に覆われている夏の時期は目立たぬが、主幹の数メートル先から上が、鋭く削いだように欠損しているのがはっきりと分かる。しかもこの幹は空胴である。がらんどうなのである。トルソーなのである。事実、おとなでもしゃがめばすっぽりはいってしまう吹き抜けの穴が根元に大きく口をあけている。こうなったのはむかし雷に打たれたためだろうと人は言うが、樹幹を中途から失い、がらんどうのままで、どうして立ち枯れもせずに生きていられるのか。

霧の出ている日や黄昏《たそがれ》どきに見上げるその木の風情にはいちだんと凄愴の気が漂うようだ。だがわたしが打たれるのは、尋常ならざるその力強さである。削がれても屈しない。穴をうがたれても屈しない。峠をわたる強風に年中吹きさらされる。それでも屈しない。この不動のエネルギーは何処からくるのか。山そのものと一体となった雑木の持つ強さというほかはない。じっと眺めていると力づけられ、勇気づけられる。なにがあろうと恐れるにたりぬという気持ちになる。それゆえ、年々このマダの木に畏敬の念を覚えるようになってこんにちにいたる。

自分が何処を旅し、何処を漂泊しようと、自分のうちに一本のマダの木が根を張っている。そう思うことにしている。

本書はわたしの郷里である遠野および周辺を歩き、考え、感じたことを前半に配している。後半には、北は北海道から南は沖縄、奄美大島にいたる各地方に足を伸ばしたおりの紀行を配した。いうまでもなく隈なく歩いたというにはほど遠いが、それぞれの旅で自分の目が見たもの、見ようとしたものを、おりおり書き留めた。

以下に初出一覧を掲げておく。

第一部　遠野物語をめぐって

第一章　花冷えの道　（初出題名「吉里吉里四十八坂」）『「遠野物語」を読む4』
明治大学リバティアカデミー、二〇一七年三月

第二章　沖縄と遠野　（初出題名「三つの手紙」）『「遠野物語」を読む』
明治大学リバティアカデミー、二〇一四年三月

第三章　遠野物語の土俗的想像力　『「遠野物語」とその周辺2』
明治大学リバティアカデミー、二〇二〇年三月

第四章　河童と羅漢　『「遠野物語」を読む2』　明治大学リバティアカデミー、二〇一五年三月

第五章　語り部礼讃　（初出題名「遠野物語と千夜一夜物語の語り手」）『「遠野物語」とその周辺1』　明治大学リバティアカデミー、二〇一九年三月

第六章　忘却を恐れよ　大津波の痕　（初出題名「《東日本大震災その後》三陸被災地を行く」）『思想運動』二〇一一年四月十五日号

第二部　道の精神史として

第一章　北海道への旅　（初出題名「朱鞠内湖への旅」）『思想運動』　連載全六回、二〇一五年一月一日～四月一日号（隔週掲載）

第二章　津軽への旅　（初出題名「砂の器・人間の器　龍飛崎の記憶」）『世界の「聖地」を

旅する　第一の旅路』明治大学リバティアカデミー、二〇一六年三月
第三章　秋田への旅　（初出題名「戸嶋靖昌紀行　風土と人間のまなざしを見つめて」）
『思想運動』二〇二一年一月一日号
第四章　若狭への旅　『トルソー』第四号、二〇一九年二月
第五章　土佐への旅　（初出題名「土佐物部川紀行」）『社会評論』第一八二号、二〇一五年秋号
第六章　関門海峡への旅　書き下ろし
第七章　奄美大島への旅　（初出題名「奄美への旅　田中一村紀行」）『思想運動』二〇一一年
一月一日号
第八章　精神の旅　（初出題名「宮本武蔵と独行道　道の精神史1」）明治大学文学部紀要
『文芸研究』第九一号、二〇〇三年九月

かぞえてみると彩流社から刊行の機会を与えられたわたしの紀行もちょうど十冊目となる。同社社長である河野和憲氏の並々ならぬ友情と理解が、このたびも本書の上梓を可能にしたのである。心からの感謝に堪えない。

わたしの感謝は、各発表紙誌の寛容さにも向けられる。また、いくつかの旅に同行してくれた友人たち、文中に私信を織り込むことを黙認してくれた人々、各編の発表時に的確な意見や批評を寄せてくれた尊敬すべき知友、またこれまで拙著に厚意を寄せてくれた読者にも感謝している。これ

らの人々こそわたしの旅の真の同行者ではないかと思っている。

二〇二一年六月二十二日

著者識

【著者】

立野正裕

…たての・まさひろ…

1947年福岡県生まれ。明治大学文学部名誉教授。岩手県立遠野高校卒業後、明治大学文学部に入学。明治大学大学院文学研究科修士課程修了。その後、同大学文学部教員として英米文学と西洋文化史を研究。反戦の思想に立ち、今日の芸術と文学を非暴力探究の可能性という観点から考察している。また「道の精神史」を構想し、主としてヨーロッパへの旅を重ね続ける。主な著書に『精神のたたかい—非暴力主義の思想と文学』『黄金の枝を求めて—ヨーロッパ思索の旅』『世界文学の扉をひらく』『日本文学の扉をひらく』(いずれもスペース伽耶)、『紀行　失われたものの伝説』『紀行　星の時間を旅して』『スクリーンのなかへの旅』『スクリーン横断の旅』『根源への旅』『百年の旅』『紀行　辺境の旅人』『紀行　ダートムアに雪の降る』『紀行　いまだかえらず』(いずれも彩流社)等がある。

紀行《きこう》　忘却《ぼうきゃく》を恐《おそ》れよ

二〇二一年七月三十日　初版第一刷

著者――立野正裕

発行者――河野和憲

発行所――株式会社 彩流社

〒101-0051

東京都千代田区神田神保町3-10大行ビル6階

電話：03-3234-5931

ファックス：03-3234-5932

E-mail：sairyusha@sairyusha.co.jp

印刷――明和印刷(株)

製本――(株)村上製本所

装丁――宗利淳一

本書は日本出版著作権協会(JPCA)が委託管理する著作物です。複写(コピー)・複製、その他著作物の利用については、事前にJPCA(電話03-3812-9424　e-mail: info@jpca.jp.net)の許諾を得て下さい。なお、無断でのコピー・スキャン・デジタル化等の複製は著作権法上での例外を除き、著作権法違反となります。

©Masahiro Tateno, Printed in Japan, 2021

ISBN978-4-7791-2767-0　C0095

http://www.sairyusha.co.jp

フィギュール彩

〈既刊〉

㉑紀行　失われたものの伝説

立野正裕◉著

定価（本体1900円＋税）

荒涼とした流刑地や戦跡……いまは「聖地」と化した「つはものどもが夢の跡」。聖なるものを経験することとは何か。じっくりと考えながら二十世紀の「記憶」を旅する。

㉟紀行　星の時間を旅して

立野正裕◉著

定価（本体1800円＋税）

文学・歴史・美術をめぐる省察。もし来週にも世界が滅びてしまうとしたら……その問いに今日依然として「わたし」は答えられない。それゆえ、いまなお旅を続けている。

⑲スクリーンのなかへの旅

立野正裕◉著

定価（本体1800円＋税）

「聖なるもの」を経験する映画＝劇場への旅。最短の道を行かずに迂回しあえて選ぶ険しい道、眼前に立ちはだかる巨大な断崖。身近な旅は「劇場」のなかにある。